疯狂旅游

张永婷◇编著

北京工业大学出版社

图书在版编目（CIP）数据

疯狂旅游 / 张永婷编著．--北京：北京工业大学出版社，2012.12

（社会现象透视丛书）

ISBN 978-7-5639-3310-5

Ⅰ．①疯…　Ⅱ．①张…　Ⅲ．①旅游-研究-中国
Ⅳ．①F592

中国版本图书馆CIP数据核字（2012）第271731号

疯狂旅游

编　　著： 张永婷
责任编辑： 钱子亮
封面设计： 尚世视觉
出版发行： 北京工业大学出版社
（北京市朝阳区平乐园100号　100124）
010-67391722（传真）　bgdcbs@sina.com
出 版 人： 郝　勇
经销单位： 全国各地新华书店
承印单位： 唐山才智印刷有限公司
开　　本： 787mm×1092mm　1/16
印　　张： 16
字　　数： 194千字
版　　次： 2013年1月第1版
印　　次： 2021年1月第2次印刷
标准书号： ISBN 978-7-5639-3310-5
定　　价： 32.00元

总序

在生活中，我们必须用辩证的方法看问题，走极端是要犯错误的。事物都具有两面性，我们应该审慎对待，否则就会出问题。从认识论的角度来说，也许反面的例子更能给我们真正的启示和帮助。“社会现象透视丛书”针对很多当代人缺乏理性的不科学的生活方式，通过大量发生在现实生活中的事例，提出独到的见解和建议，希望能让读者从中受益。

“社会现象透视丛书”包括：《疯狂投资》、《疯狂创业》、《疯狂跳槽》、《疯狂上网》、《疯狂婚恋》、《疯狂崇拜》、《疯狂旅游》。通过阅读这套丛书，相信读者朋友会做好调整，建立良好的生活方式，保证健康的体魄，赢得事业的成功。

前　言

不知从何时开始，网络上就流传着这样一段话："只要（在北京买房）半个平方米的价格，日韩新马泰都玩了一圈；一两个平方米的价格，欧美列国也玩回来了；三四个平方米的价格就可以去埃及南非这些更为神奇的地方……"旅游，在心灵上能带给人一种成长的感觉，因为在旅游过程中有很多时刻会让人更加体会到感动、珍惜、知足还有超越自我。

旅游带来的收获是眼界和知识上的拓展。本书的购物旅游、美食旅游、乡村旅游、城市旅游、生态旅游、探险旅游、度假旅游、自助旅游、亲情旅游、情侣旅游这十章内容，将会帮你获得更多的知识，拓宽眼界，带来一种满足感，获得人生中最重要的自信。

目　录

第一章
购物旅游，扫货“血拼”也疯狂

购物旅游是以购物为主要目的的一种特殊旅游方式。游客对旅游目的地的商品及具有地方特色的传统产品往往怀有强烈兴趣，以购物为主要旅游动机。但问题在于，购物旅游，要选对时间、选对目的地、选对物品、计算机票、计算汇率、用对银行卡，等等，这的确不是一门简单的学问。从本章的案例中我们不难看出，在旅游过程中，同样应该理性消费的购物却演变成疯狂的扫货行为，并“血拼”到底。事实上，从“血拼”到“贫血”的旅游扫货，某种程度上已经失去了“旅游”的本意——不再是一种审美过程和自娱过程，因而没能使人获得真正意义上的心理快感，以至于成为一种在炫富心态驱使下的非理性消费行为，由此反映了人的虚荣和攀比心理。

“海外代购族”助推旅游扫货狂潮

受2008年金融危机影响，名牌货如LV手袋、欧米茄手表等，在欧美国家也开始竞相打折促销。尽管对之心仪已久，但多数人并不具备出国“淘宝”的条件，于是，海外代购应运而生。

“初四生平第一次去香港，想补贴点旅费，如有想代购包包金饰的JMS可以跟我联系。”“在英国，施华洛世奇正在打折，春节我要去，可代购。”……2009年春节期间，这样的帖子在网上层出不穷，而假期刚一结束，飞到世界各地在旅游中仍不忘通过代购赚钱的白领们已开始忙着发货交易了。欧美、澳大利亚、东南亚的线路全线飘红，而其中最受欢迎的便是澳大利亚、中国香港、韩国、美国、法国、英国等一些因为货币贬值、商场打折使得奢侈品价格大幅下降的国家和地区。

由于地区差价，亲赴境外扫货比在国内购买节省很多钞票。消费者足不出户，就可以从境外买到国际名牌商品，而且价格比在国内购买便宜很多。“海外代购”因其便捷和实惠，受到越来越多人的青睐。巨大的市场潜力和可观的利润，让专门从事海外代购的人群逐渐壮大，越来越多的人成为“海外代购族”。他们拿着别人的钱游遍全球过足了购物瘾，每月还有可观的收入。

随着从事海外代购的人群逐渐壮大，他们中的很多人加入旅游大军，成为掀起旅游扫货狂潮的重要力量。请看下面3位“代购丽人”的亲身经历。

南希是职业代购人，2008年年初第一次从老家武汉到香港旅游她就注意到，香港的东西普遍比内地便宜许多，这一发现让她萌生了做香港代购的想法。回来后，她试着在某网站论坛上发帖，征集有代购需求的买家，没想到短短几天时间跟帖数就达到十几页。南希带着第一批订单前往香港“扫货”，足足买了一麻袋的东西，花了很大的力气才拎回来。初战告捷的南希信心大增，索性在淘宝上开起了自己的香港代购网店，越来越多的买家开始找她代购。

南希的代购生活很有规律，每月中旬固定去一次香港。她一般从武汉坐晚上7时的火车，第二天早上7时就可到深圳，吃完早饭，等待入关，11时左右到香港，随后便开始马不停蹄地四处“扫货”，一直逛到晚上7时左右回深圳留宿，第二天一大早再接着去香港逛，这样大概两天的时间便可买完订单上的东西。她一个月去一次香港，要代购的量往往非常大，订单品种也很复杂，要跑很多地方才能买齐所有的东西。她代购的大都是护肤品，有时也会帮忙带一些奢侈品，比如GUCCI和LV的包。

南希当时一般都在卓悦、SASA购买护肤品，这两家卖场在尖沙咀、旺角、铜锣湾都有分店，由于每个分店价格有少许差别，有的分店有时也会出现断货，所以她一般都会在尖沙咀、旺角和铜锣湾来回跑。卓悦和SASA往往逛的人很多，店里常常都是挤满了人，她拖着拖车在里面购物，每次逛完就出一身汗。

菲菲于2005年大学毕业后，进入上海一家外企工作。因业绩突出，一年后，她的薪水在整个部门名列前茅。可尽管收入丰厚，菲菲却是个不折不扣的“月光族”。和所有时尚爱美的小白领一样，她酷爱逛街购物，尽管衣橱里塞满了“一时冲动”买来的东西，一旦品牌店进了新款服装鞋帽或包包，她还是无法抗拒诱惑，一次次疯狂刷卡，又一次次懊悔，购物的快感令她欲罢不能。迫于经济压力，后来菲菲不得不把自己那些新潮却不实用的名牌货摆进网上小铺打折销售，还不无自嘲地将网名改成了“败家美眉”。

2008年“五一”前夕，公司从各部门评选出10名优秀员工畅游香港，一切花费由公司埋单。作为骨干精英的菲菲也在赴港之列。能有机会到神往已久的香港旅游，对菲菲来说无疑是个天大的喜讯。她兴奋地把这个好消息告诉了好友和同学，艳羡之余，大家纷纷表示：“听说香港是免税港，那里的品牌化妆品、服饰和电子数码等商品很便宜，机会难得，你可要为我们每人捎点好东西啊！”接着，朋友、同学们塞给她一份长长的购买清单。

香港的商品琳琅满目，价格极为诱人，同一种品牌的东西，要比在内地购买便宜三分之一，甚至一半！菲菲帮一位“相机发烧友”代购的NIKON相机，在上海购买最少要9000元，而她在香港只用6500元就“拿下”了。还有那两块欧米茄表，是菲菲帮一位商界好友捎带的，比在内地购买足足节省了3000多元！

菲菲此行收获颇丰，赴港时仅背一个双肩包，回上海时却多出两只大拉杆箱，里面装满了令人眼馋的奢侈品。从香奈儿服装到日本数码产品，从德国的水龙头、泡腾片到印度尼西亚的鱼翅、燕窝……种类繁多到令人眼花缭乱。

菲菲的香港之旅，不仅让崇尚品牌的同学、朋友们拥有了正宗的大牌商品，还为他们节约了不少“银子”，大家无不欢呼雀跃。令菲菲感到意外的是，几位同学和朋友出于感激，竟不约而同地塞给她几百元辛苦费，那位买NIKON相机的男同事，更是拿出1000元酬谢她，并执意要菲菲收下，因为她的代购为他节省了2500元钱。还有人表示要请菲菲吃大餐。这次香港游，只不过顺道帮人捎带了一些品牌商品，没想到菲菲居然赚了2700元“跑腿费”！

时隔不久，菲菲的那些同学和朋友，又纷纷问她：“你什么时候还去香港啊，去的话再帮我带点东西吧，那边的商品就是物美价廉！”听了这些话，菲菲脑子里忽然迸发出一个大胆的念头：既然仅在自己的同学和朋友圈子里，就有那么多人有海外代购的需求，随着金融危机对欧美等国经济的巨大影响，像LV手袋、欧米茄手表之类的名牌货，如今也开始竞相打折促销，加之外国货币多在贬值，而人民币却日益坚挺，也使得洋品牌的价格下挫，这正是千载难逢的“海外抄底”买名牌的良机呀！需要海外代购的白领男女一定为数不少。要知道，奢侈品在国内外的差价很大，就拿比利时生产的手工巧克力来说，一旦摆到国内的商场里，价格要翻三四倍！菲菲想，即使她按行规收10%的手续费，买家付出的价格也远远低于在国内购买。

继而，菲菲又想到在意大利留学的表妹，以及每年都要去美国总部接受培训和述职的公司上层同事，“利用她们的便利条件，我就可以承接这两个国家的代购业务啊！”至于香港、纽约、巴黎等“购物宝地”，如果接到的代购单可观，她则可以考虑亲赴海外“血拼”！拿着别人的钞票游遍全球，过足了购物瘾还有钱赚，这恐怕是世界上最逍遥的职业了！菲菲为这个想法激动不已。

2008年6月，菲菲正式开始了她的海外代购生涯。她想尽办法收集到了海外打折促销的信息，比如每逢圣诞节、万圣节、感恩节等重大节日，外国商场都有“例牌节目”名牌大减价；欧洲夏季打折从6月底开始，一直持续到8月；澳大利亚常年反季节促销；5月到7月是新加坡一年一度的热卖会；6月到8月则是香港的夏季促销时段。

掌握了以上信息，菲菲决定第一站奔赴巴黎。她在各大购物论坛和混熟的QQ群以及自己的网上“代购小铺”里，发布了欧洲夏季打折商品信息，图文并茂的介绍和诱人的折扣价，很快就吸引了不少时尚达人的关注，纷纷与她联系，咨询代购事宜。

然而，有代购意向的人虽多，却没有一个人愿意先付款给她。在虚拟网络上，谁敢轻易相信一个陌生人呢？无奈之下，菲菲只好降低标准，客户在讲清楚所购物品的信息后，只需预付5%的定金，就可以委托她代购海外商品，收到货之后再付清余款。由于她在淘宝网上拥有一个“两钻”的店铺，基于这个交易平台，渐渐就有一些网友委托她代购洋名牌。再加上身边一些熟人的“订货单”，菲菲很快就踏上了欧洲代购之行。

当年7月，一个阳光明媚的午后，菲菲置身于大名鼎鼎的巴黎香榭丽舍大道时，看着满眼的品牌商店、繁华得令人眩目的街景，仍有一种不太真实的感觉：眼前这么多精致的名牌上衣、短裙、长裤、靴子、手袋……难道都可以经自己的手一一签单买下？但她很快就进入了角色，握着厚厚一叠购物单，精明而又干练地为客户挑起了米兰时装、法国香水、瑞典水晶、德国餐具等品牌货。她眼里闪着光芒，像灵敏的猎鹰，十分挑剔又十分疯狂，大牌服装店的模特在她的指挥下不厌其烦地进行着试穿。挑货色，谈价格，付款拿发票，填写退税单，哪怕只是代购一包咖啡或一盒雪茄，她都不敢有丝毫马虎，因为回国后要给客户交上满意的“答卷”。在巴黎的每一天，菲菲都忙得像打仗一样，晚上肩扛手拎着大包小包的“战利品”回到下榻的酒店后，累得倒头就睡，饭都懒得吃。

虽然辛苦，菲菲觉得购买的过程却不乏乐趣。一瓶50毫升的雅诗兰黛ANR面霜，在国内专柜购买起码要880元，在巴黎400多元就能买到。周大福金饰，国际大牌LV、GUCCI包等，价格也要便宜三四成。每当斩获一件折扣很多的商品，菲菲就像为自己捡到了大便宜似的，开心极了！她很迷恋“血拼”的快感，觉得那是一种很过瘾的感觉。

回国时，菲菲在巴黎机场出示护照、购物小票和商品，通过海关人员的检验，取回了一笔丰厚的税款。事实上，只要你在境外购物达到一定数额，并在一定期限内把买的东西原封不动地带回国，就有权申请退税，退税税率最高可达购物金额的25%。如果是在意大利，购买的商品满150欧元即可退20%的消费税，这也是“国际代购”的利润源泉。

从巴黎满载而归的菲菲在入境时，又按规定缴纳了一笔关税。因为根据我国法律规定，旅客从境外带回的物品总值超过5000元的额外商品，海关要按规定征税，服装的税率一般在15%左右，化妆品约为10%；如果携带5万元以上的物品入境又隐瞒不报，一旦被海关查出将按走私罪处理。

这次巴黎“血拼”，菲菲代客户买回了近百件名牌商品，回到上海后，她开始跑快递公司给外地的客户发货。尽管其中有两件衣服因买主临时改变主意而拒收，但一周的辛劳还是让菲菲赚到了8000多元钱。至于那两件被退回的衣服，她并不犯愁，挂到自己的网络店铺上很容易就出手了。

回公司上班后，菲菲仍然沉浸在首战告捷的喜悦中。这时，消息灵通的上司已获知她请假出国“逍遥”的事，把她叫进办公室狠狠批评了一通，并暗示说，金融危及已经影响到外企发展，近期正在酝酿裁员，如果再表现不好，她很可能就在“下岗”之列！第二天，菲菲索性向公司递交了辞呈，她确信已经找到了最适合自己、最能带给自己快乐的职业，那就是做代购买手！

2008年11月，菲菲从巴西购物归来，在入关时，随身携带的一批名贵咖啡种子，以及8个制作精美的植物标本都被海关没收了。这可是她代客户购买的“宝贝”啊，可谁让她不熟悉海关规定呢！要知道，动植物的标本以及干果、干菜、种子都是禁止携带入境的。有了这个惨痛教训，她开始仔细研读相关法规，之后再也没有出现过类似的事情。

做海外代购的时间一长，菲菲总结出了一套宝贵经验，首先是自由港的品牌货最便宜，比如中国香港、迪拜、新加坡、塞班岛都是自由贸易港，由于免进出口税，在欧美等地价格昂贵的一线名牌，在这些地方都能以便宜的价格买到。迪拜的环球免税店最有趣，不仅价廉物美，还免费为顾客提供出租车接送服务呢！

作为一名国际代购者，还应该熟知各国特产，在原产地购物是买手们的首选。比如在英国买Clarks的鞋子，一般只要20到40英镑，比在其他国家便宜很多；爱步球鞋的原产地是丹麦，菲菲一旦有机会来到这个“童话王国”，即使没有接到代购爱步鞋子的业务，也会带回国一些，再转卖时就身价倍增了。还有迪拜的皮货、黄金，阿拉伯的地毯，日本的小家电，德国的餐具等，都是享誉全球的优质商品，在原产地购买，比在国内便宜一大截。

思瑞来自南京，高中曾就读于南京外国语学校仙林分校，后在加拿大多伦多大学读书。2012年4月27日，她在发表于某论坛的帖子里说，自己这学期的课程已经结束了，就从加拿大飞到香港来旅游逛街。为了和大家分享一下自己的收获，她就在网上晒出了自己从香港“败”来的大牌货。

首先出场的是爱玛仕家族。只见地上放着20多个大大小小的爱玛仕包装盒，橘色的盒子堆在一起不仅抢眼还很有冲击力，让网友们“亮瞎了眼”。不过，之后她晒出的照片更令人惊讶。一个个爱玛仕包映入眼帘，有黑色的铂金女包，有白色的铂金女包，还有竺葵红和电光蓝铂金女包，这几款包中的任意一款淘宝代购价都在10万元以上。

爱玛仕是世界著名的奢侈品品牌，一个爱玛仕包少则要十几万元。爱玛仕包得名于法国红极一时的女星简·伯金，一个普通的铂金女用皮包制作时间为3个月，通常订购后6个月到一年后才能取到货。而可以自行选择皮料、扣件等的爱玛仕包更难，等候队伍已经排到了4到6年之后。6万元人民币也仅仅是这款包入门款的“底价”。

晒完价值不菲的爱玛仕包，思瑞又晒出了在爱玛仕购买的其他小物件，如爱玛仕极富盛名的丝巾、TOGO皮质钱包和卡包、手环、项链、烟灰缸，以及给父亲购买的两条领带和给妈妈买的拖鞋。有时尚达人预估，帖子里的大牌潮物总价值逾百万元。

如此眼花缭乱的爱玛仕家族“退场”以后，在思瑞的帖子里，CHANEL、YSL、LV、BALLY等众多国际一线大品牌又陆续登场。这其中最吸引眼球的就是她买给父母的VCA手表，其中一只四叶草带钻的女表在10万元左右，而另一只男款表则需要25万元。

思瑞利用业余时间从事名牌代购，网帖中晒出的很多大牌货都是她准备卖给网友的。如竺葵红铂金女包以及电光蓝铂金女包这两款包她都标注上了待售的字样，另外她购买的限量版爱玛仕卡包等也可以卖给网友。在跟帖中可以发现，已经有不少网友前来议价。

点评与建议

近年来，随着中国人慢慢地变得有钱起来，很多人开始追求国际名牌，大到家具装潢，小到服装首饰，都有很大的需求，于是海外代购这一新兴行业悄然产生。高额价差让消费者获得实惠的同时，也让"海外代购族"获益颇丰。通过代购，卖家获取高额利润，消费者获得优质低价的商品，这似乎是一种近乎完美的交易模式。但海外代购并不是一个只赚不赔的生意，看似完美的"海外代购"背后，依然存在着风险。

由于海外代购比普通网络购物多了一道代购手续，因此不可控因素更多。这种交易多为境外采购，商品质量没有保证不说，一旦产生纠纷，由于缺乏交易凭证，很难追究商家的责任。因此，消费者在选择海外代购的商家时必须慎重，最好选择有信誉的官方代购，特别是在进行较大金额的交易时，一旦发生质量问题，有信誉的网站会协助顾客与商家协商。如果消费者选择私人代购，最好要求代购者全额垫付费用，尽量把现金拿在自己手上，见到货物后再付款。另外，消费者应尽量通过电子邮件等书面方式与代购者签订协议，协议中应注明交易商品的名称、规格、等级、交易时间、付款方式以及违约责任等重要事项，这样会比较安全。对于代购者而言，应提供给消费者相关购物凭证、收银单据及出售商家的联系方式，代购者也应自觉保留购物凭证、邮寄凭证，以防止货品出现假冒、质量问题。

要想干好出境代购这个新行当，并非一件容易事。代购者应该深入了解国内的有关法律法规，对于那些官方禁止买卖的物品，即便有再大的利润，也不要触及。代购者要对奢侈品在各地的售价了如指掌：英镑正在急跌，去英国买LV入门级的Speedy30手提包全球最低价4350元；在美国的Out-lets买Coach手袋，最低价仅为国内的三分之一；在浦东机场买雅诗兰黛的特润护理套装，价格全球最低……代购者还要做好付出时间和体力的准备。要想把上万元的长线游费再赚回来，按照通行的10%代购费标准，至少得代购近10万元的商品，而这些东西最后都得靠代购者赤手空拳拎回来。更有甚者，名品导购论坛出境购物频道的资深代购卖家“经常去香港”，还曾经因为拎着两大箱化妆品在海关被拦下，不得不原路返回香港，再化整为零陆续带回上海发货。而且代购者还要一直上网积累人气赢得客户信任，以及垫付不小的资金等。

事实上，随着新政策的出台，海外代购原本诱人的利润空间当前已不复存在。原因很简单：一是关税上调了，这些名牌产品运到国内后，与国内名牌店的价钱差别不大；二是同类产品的国货，也开始朝着高质量高质量的方向发展，在质量、款式以及各方面性能上丝毫不输给那些国际名牌，但是价格上却会低出很多，自然大家就不再狂热地追求名牌了；三是国内也出台了一些保护本土产品的优惠政策。这样一来，国际名牌除了在名气上占优势外，其他方面与本土产品的差距正在缩小。

在这样的情况下，有些不甘心的代购者，就开始走一些不法途径来欺骗消费者，用仿制品来代替正品出售，这样不但欺骗了消费者，同样也会给自己带来法律上的纠纷。同时，由于对于哪些东西属于违规违禁产品不是非常了解，有时一些人所代购的产品，可能正好就是官方禁止买卖的产品，这样不但代购者要承担很大的风险，有些时候买方还会给自己惹上牢狱之灾。

中国游客在日本掀起扫货狂潮

随着2010年7月日本放开中国赴日旅游签证，越来越多的中国游客进入这个充满时尚与现代感的购物天堂。日本商家为了提振低迷的经济，也在为吸引中国游客敞开钱包而大动脑筋。近年来，中国富人动辄一掷千金令深陷泡沫经济20年之久的日本人震惊，而更多中等收入阶层中国人的到访，正在奢侈品以外的领域掀起更大的扫货狂潮。

在东京最具代表性的繁华商业街银座、新宿、表参道等地，随处可见中国游客的身影。在春节期间，三越、松屋等大型百货商店内也到处悬挂着欢迎中国游客的条幅，播放着中文广播。商场内不仅有会说中文的导购，而且所有柜台都可以使用中国银联卡刷卡消费。

比如，日本连锁西服成衣店青山洋服银座店为吸引中国游客花了很多心思，根据统一要求，他们在市中心所有大型店面都配备中国店员。比如，在银座店就有3名中国店员，3人轮流倒班，以确保每天都有会讲中文的店员接待中国游客。

由于欧美奢侈品在日本的定价原本就高，加之受日元升值的影响，在日本购买品牌皮包、化妆品的花费不仅大幅高于欧美，甚至高于中国国内，因此并没有太多价格优势。所以最受中国游客青睐的日本产品主要集中在家电、个人护理品及食品领域。

日本著名的电器大卖场淀桥相机曾经公布的2011年春节期间中国游客消费情况显示，从2月3日到9日，中国游客购买数量最多的产品是手表，其次是数码相机。平均每名中国游客的消费额达9.56万日元（约合7638元人民币），大幅超过外国旅客5.18万日元（约合4138元人民币）的平均水平。

数据显示，仅2月6日一天，中国顾客通过银联卡刷卡支付的金额就达2300万日元（约合183.77万元人民币），此外还有1000万日元（约合79.9万元人民币）的现金消费。此外，在中国游客中人气极高的日本原装高档电饭煲几乎成为赴日中国游客每人必买的产品，以至于日本电器厂商如松下等品牌已经专门开发了适合中国家庭使用的220V电压电饭煲，东芝公司推出的新产品还应中国顾客之需添加了蒸煮功能，即使售价在3000元至4000元人民币之间，也依然受到追捧。而日本国内普通家庭购买的电饭煲售价大致在1000元人民币上下。

除了电器和数码产品外，中国赴日游客扫货的另一大重点就是食品，特别是婴幼儿食品。扫货者普遍认为，在日本买奶粉，主要注重两点：一是质量较为放心，二是相比国内市场价格低廉。特别是在价格方面，有人算过这样一笔账，同样的某品牌奶粉二段产品（供9个月至3岁婴幼儿食用），每桶（1000克）在日本售价折合人民币约为90元，但在国内的正式售价则高达300多元，即使在网上代购也要150元至160元。按照孩子每个月吃4桶奶粉计算，如果直接在日本购买，可以省下700元至800元。这算是一笔不小的开支了。

除了奶粉以外，婴儿纸尿裤、婴儿辅食等也颇受中国顾客热捧。由于国内中高档婴幼儿用品在一定程度上存在价格虚高的情况，不少产品在日本购买后，即使用船运方式邮寄回国，其总成本依然低于国内市场平均售价。

这种观点在众多来日本购买保健食品以及药妆类个人护理产品的国人中具有相当的代表性。据在东京工作的一位中国女员工介绍，她每次回国前都会受国内朋友之托去药妆店扫货。日本药妆店的开架柜台集合了美容保健品、彩妆产品、美发用品、非处方药甚至是内衣、食品等五花八门的产品。由于日本的药妆店遍布大街小巷，并非集中在中国游客最常出现的银座、新宿等大型商业区，而且产品售价较低，因此还不能做到银联卡消费，但是这丝毫不影响中国游客特别是年轻女性游客的扫货热情。

点评与建议

在日本旅游购物是一大乐趣，尤其是在东京等日本大城市。大百货店和廉价家电销售店以及百元市场等处销售的众多品牌的电子产品、时装、化妆品以及有田烧等瓷器、茶具、餐具和千代娃娃、纸扇、和服、浴衣等传统小礼品，种类繁多。日本商店摆售的货物都会明码标价，基本没有砍价的习惯，质量保证率很高，冒牌伪劣商品极少。不过，在此之前要做足功课，这样才会买到既实惠又实用的东西。

去日本化妆品是一定要买的，买日系的产品，大约是国内的三分之一价格，相当划算，什么DHC、资生堂、高丝……都很便宜，在日本的药店和超市都能买到。不过日本国内的化妆品，特别是药妆店里的药妆，更新换代是非常迅速的，所以对于一般的旅游者来说，如果日语一般般但又想买到好货，最好是直接到药妆店里找会讲中文的店员。现在到日本的中国人越来越多，很多店里专门请中国留学生在那里担任翻译，而且是一对一的贵宾级服务。翻译会针对你的问题做出推荐。在没有中文翻译的情况下，就直接看标示牌，上面写的最受欢迎、最有人气或者销量最好的产品一般都不差。另外，手表也比中国便宜，而且质量也非常好。折合人民币才几十元的手表质量和国内二三百元的差不过，卡西欧的手表也是国内价格的一半，而且都是日本原装的。

当然，这里必须强调的是：出国旅游消费需要回归理性，呼吁全社会共同努力，让海外购物潮回流国内，成为拉动内需，刺激经济增长的新动力。

不懂缴税知识，游客心存忌惮

年底打折季到来，此时此刻选择出境旅游去“血拼”还是合算的。但是无论是苹果计算机还是LV包，合不合适去扫货，还是要掌握缴税知识才可以买得放心与明智。学会退税就等于学会省钱，买得多省得多，看似复杂的退税规则其实有窍门。进入12月，中国香港以及日本、美国、欧洲等地的购物折扣季拉开大幕，正是出游购物的好时机。不过鉴于海关总署规定了进境携带超出5000元人民币的个人自用物品要征税，这让不少计划出境“血拼”扫货的游客心存忌惮。

从国外旅游归来的燕燕怎么也没想到，自己竟然撞到“枪口”上去了。大牌包包，名牌手表，都是她在国外喜欢购买的商品。身为LV包的“超级粉丝”，燕燕这一趟出国游除了看风景，另一项主要任务就是扫货。在LV包的专卖店里，她看看这个也喜欢，看看那个也放不下手，索性一口气买了3个，另外还特意去钟表店给爸爸买了一块30万元的手表。虽然同行的团友好心提醒，回国的时候被海关查到要征税，但当时的燕燕已经完全被购买“超性价比”LV包和名贵手表的喜悦冲昏了头脑，并坚信自己不是那个“最倒霉的人”。

为了回国时顺利“通关”，过海关前，燕燕想出了各种各样的办法。她把买来的手表直接戴在手上，还对LV包特意进行了伪装，把其中一个新购买的LV包背在了身上。但非常遗憾，她的这点小聪明完全逃不过海关人员的“火眼金睛”。虽然被查到时还在不停辩解，可燕燕自己知道，自己的这些说辞是多么苍白，越说声音越小，越说越没底气，只能缴纳关税。为了“闯关”成功，燕燕把购买LV包和手表的凭据也扔了。3个LV包，海关人员按每个1万元估价，按照20%的税率，燕燕需要缴纳6000元的关税。6000元，够得上一个基本款LV包的价钱了。手表的税率是分段征收的。如果手表价格在5000元至1万元之间的，按20%的税率征税；如果手表价格超过了1万元，则按30%的税率征税。一块30多万元的手表，光是征税就要达到近10万元！

点评与建议

境外购物到底要注意什么？说来说去还是这句话：太高档的最好别买。根据相关公告：进境居民旅客携带超出5000元人民币的个人自用进境物品，经海关审核确属自用的，海关仅对超出部分的个人自用进境物品征税；对不可分割的单件物品，则全额征税。此外需要提醒旅客的是，海关在审定完税价格时，境外购买物品的凭证是重要参考数据，旅客最好能予以提供。如果旅客不能提供境外购买的价格凭证，可不要以为海关人员会去查找境外官网的价格，人家可都是以内地售价为准，如果以内地价格征税，对旅客来说就不太划算了。因此，如果出境时携带计算机、相机、摄像机、名牌包等物品，最好主动申报。一般出境大厅就能看到申报表，填写后由海关人员盖章，入境时凭借这个申报表就能避免被征税。

燕燕的做法听起来很具操作性，而且对于那些在国外买大牌真正出于自用目的的人来说，更是显得很实用。可百密一疏啊，您别忘了，按照规定，如果您背着LV包出国的时候就得主动申报。如果不能提供申报证明，又不能提供在国内购买的凭证，回国的时候被海关"逮着"了还得一分不差的把税给缴了。好不容易出一趟国，不扫点货回来不甘心，但如果被海关"逮着"征税，那可就更不甘心了。如果您像燕燕一样偷鸡不成蚀把米，省钱不得反倒是花得更多，岂不是得不偿失？所以，了解和掌握国家缴税规定，合理购物，理智扫货，这才是省钱之道。

从实践来看，环球免税店是国际旅行者的最佳选择。从1995年在关岛开业的第一家DFS环球免税店开始，迄今，DFS共拥有13家大型一站式精品商城——DFS环球免税店，遍布世界各地，面积从约2000平方米到1.6万平方米不等。这些店分布在奥克兰、巴厘岛、凯恩斯、关岛、火奴鲁鲁、冲绳岛、塞班岛、新加坡、悉尼、中国香港（两家）和中国台湾。

在不同的机场免税店要有不同的“实战”技巧。只有掌握这些信息和技巧，才能最大限度节省费用。

荷兰的阿姆斯特丹机场免税店：阿姆斯特丹的机场很大，国际候机楼的免税店有以下品牌，产品都非常齐全：CD、CHANEL、JURLIQUE、SISLEY、KOSE、HR、MAC、IPSA、ORIGINS、BOOTS（这个品牌是唯一产品不多的）、雅诗兰黛、娇韵诗、碧欧泉、资生堂、欧舒丹、雅顿、娇兰、倩碧、植树秀、欧莱雅、露华浓、露得清、妮维雅、旁氏、琼森。

阿姆斯特丹的国际候机楼很大，能购物的地方也特别多，要提前了解清楚到登机口的线路和所需时间。荷兰人的服务态度超级棒，哪怕只是买一件产品，还是会主动询问想要什么赠品的。当然，买一件最多也就能送一个小样，但如果买得多的话，送的小样和化妆包什么的通常都比专柜还多。游客在荷兰购物也能享受退税，只是要在同一间店铺消费满50欧元（约合人民币500元）才能取得退税申请表。阿姆斯特丹的候机楼里，有很多很多卖花和花种的店铺，如果直接从阿姆斯特丹飞回香港，有兴趣可以购买郁金香花种（不是一粒粒的种子，是类似洋葱的那种），很容易养活，而且非常漂亮，在市区买的是不能过安检关的，但在候机楼内买的就没问题，从香港带回深圳不会检查，可以放心携带。但如果直接飞回国内其他城市的话，建议还是别冒险了。

奥地利的维也纳机场免税店：维也纳机场很小，免税店也小，所以很多品牌虽然有，但产品很不齐全，建议JMS别抱太大期望，这里的品牌有雅诗兰黛、娇韵诗、碧欧泉、雅顿、娇兰、倩碧、欧莱雅、妮维雅等。

如果大家搭乘的航班并不是直飞国内，而是需要转机的话，请不用浪费时间逛免税店了，因为转机的乘客是不允许在维也纳机场的免税店内购买免税品的，结账的时候扫描登机牌就能辨别出来的。奥地利的莫扎特巧克力非常有名，但应该尽量选择正宗牌子。在维也纳机场的免税店内，有这个牌子的货架，应该可以说是全世界这个牌子的产品款式最全的了，还有限量珍藏版的，包装的铁盒子也很漂亮。奥地利的白葡萄酒也是挺不错的，而且维也纳机场免税店内不少品牌的白葡萄酒售价都不高，不过这个是相对其他国家机场的售价而言的，没比较过维也纳市区的价格。

意大利有四个机场免税店：一个是玛尔彭萨机场，号称欧洲五大机场之一，但这里的免税店真的又少又小，品牌有雅诗兰黛、娇韵诗、碧欧泉、雅顿、娇兰、倩碧、欧舒丹、欧莱雅、妮维雅等，价格超贵。再一个是纳特机场免税店，这里基本上都是意大利国内和欧洲各国间的航班，所以机场内的免税店，其实应该是含税的，但也有售的品牌，如雅诗兰黛、娇韵诗、碧欧泉、倩碧、欧舒丹、欧莱雅、妮维雅等。第三个是费米齐诺机场，据说是意大利最大的机场，免税店很多。产品挺齐的，但是价格不便宜，如雅诗兰黛、娇韵诗、碧欧泉、倩碧、欧舒丹、欧莱雅、妮维雅等。还有一个是博洛尼亚国际机场，其规模不大，免税店也很少。品牌基本有雅诗兰黛、娇韵诗、碧欧泉、倩碧、欧莱雅、妮维雅。这里的价格会比其他意大利机场便宜，但产品实在太少了。

意大利机场的免税店通常都有额满赠送礼品的活动，但因为服务人员动作很慢，即使买满了规定的金额，也要等很久才能拿到礼品的。罗马机场候机楼内有SWARVOSKI（施华洛世奇）的免税店，但提醒各位别被“免税”这两个字哄住了，一定要确定价格是值得的才出手。游客在意大利购物也能享受退税，但消费最低限额的门坎很高，要满155欧元（约合人民币1550元）才能允许填写退税申请表。而且部分大型商场内的某些品牌，是可以不参与退税的，要在消费前先了解清楚。四是米兰有两个机场，如果要回国，无论是直飞还是中转，航班肯定是在玛尔彭萨机场的。但如果是单纯飞到欧洲其他国家，一定要先弄清楚航班在哪个机场，因为两个机场都有这类的航线，而且两个机场之间的距离挺远的。

丹麦的哥本哈根机场免税店：哥本哈根机场不愧是欧洲四大机场之一，仅是国际候机楼就很大，免税店也非常有规模，但价格贵得离谱，无论吃的、喝的、穿的、用的，无一例外！护肤品牌有：CD、CHANEL、CK、JURLIQUE、SISLEY、HR、MAC、LAMER、HUGOBOSS、雅诗兰黛、娇韵诗、碧欧泉、资生堂、雅顿、娇兰、倩碧、欧莱雅、露得清、妮维雅等。

机场内免税店的东西虽说比其他国家的机场要贵，但还是会比丹麦国内的售价要便宜点，如果和国内的专柜比，还是便宜一大截的，如果仅去丹麦（或北欧其他国家），还是可以考虑购买的。通道两端各连接着一个候机楼和其他免税店，因为两个候机楼间距离很远，而航班又时常临时更改登机口，各位要时常留意自己的航班信息。哥本哈根机场的购物环境很棒，值得好好逛逛，尤其可以留意一下家居用品和摆设，有很多新颖漂亮的小东西，虽然价格贵得令人咋舌。丹麦蓝罐曲奇在国内挺有名气的，但提醒各位尽量不要承诺送这个作为手信，因为哥本哈根市内是很难找到蓝罐曲奇的，问当地的人也大多不知道这东西。哥本哈根不用欧元、美元，提醒各位（尤其是自助游的）最好先在机场换一点丹麦克朗。

扫货省钱之道不仅要了解各国机场免税店的情况和应对策略，还要掌握相关的退税技巧，这样才能真正达到省钱的目的。在境外免税店购物消费的免税方式有两种：一是现场退税，即交易的金额不包含应缴的税金，但前提是你必须要履行该国政府规定的退税手续，否则商户有权从您的信用卡补扣应缴纳的税费；二是事后退税，即交易的金额包含税金，商户在您履行了退税手续后再将退税额退回至您的信用卡中。

因此，出国前请先了解所到国家的退税规定，并留意以下几点：一是购物时仔细阅读退税单的条款后压卡并签名，同时将其中一联交商户，另两联留至办理退税手续时使用；二是离境时（如购物地点属欧盟国家则指离开旅程中最后一个欧盟国家）需在海关办理退税手续，海关核实所购物品与退税单后将在其余两联退税单上盖章，一份装入商户提供的专用信封并投入机场退税专用邮箱，另一份自行保留，一旦发生纠纷，此单可作为解决争议的凭证；三是若未能在过关时完成退税手续，可在回国后向全球回报集团请求帮助，在北京、上海、广州等地的指定退税点继续办理手续。

不同国家的退税规定各有不同。在韩国，一次购买总值5万韩元以上的商品，并在购买商品后的三个月内携带出韩国，可申请退还附加税、特别消费税及防卫税，免税店在收到海关寄回的购物证明书后，20日内将退税金额汇寄给顾客。另外，游客如需将所购商品邮寄回国，需向海关出示邮寄的收据证明，邮寄所需手续费，则在买主的退还款项中扣除。在日本，同一家百货公司一天内购物满1万日元以上，可凭护照与收据，在该百货公司退税5%。在新加坡，购买超过300新元的产品可以申请退税。购物时出示护照，商店会给你一张免税购物发票。拿着发票可以在新加坡机场办理退税手续。在澳大利亚，凡是购买含有货物服务税的商品，或是含有酒类平价税的酒类时，分别可享受11%与14.5%的退税。旅客在同一家商店，若是购物满300澳币以上，要向商家索取税单证明，并在离境时于出境海关办理退税。办理退税时，旅客除了需出示商店开立的税单、护照与登机证外，还要将购买的商品随身携带以供检查。退税金额低于200澳币，可当场领取现金；超过200澳币时，则将透过支票、信用卡或澳大利亚银行户头办理退还。在欧洲，不同的地方退税金额的幅度不同，但都要求同一天在同一家商店内的购物金额达到或超过一定金额，如德国购物数额最少为25欧元，法国最少为175欧元。应注意的是，法国有些商店如老佛爷退税金额为12%，一些化妆品店退税金额为16%，德国大多数商店退税金额为16%。欧盟国家可以在出境国统一办理。具体的退税手续和回退税金额可依据相关规定办理。至于国内退税地址有：北京首都机场国际到达厅中国工商银行望京支行北京机场分理处，东城区东四十条24号中国工商银行东城支行营业室，上海浦东国际机场国际到达厅中国工商银行上海市国际机场支行，上海市南京东路99号中国工商银行南京东路支行，广州市环市东路339号广东国际大酒店中国工商银行广州市南方支行。

总之，喜欢在国外打折季扫货的“购物狂”们，今后可得把缴税知识学明白了再买。

抄底有风险，出游须谨慎

“抄底”一词来源于股票市场，指以某种估值指标衡量股价跌到最低点，尤其是短时间内大幅下跌时买入，预期股价将会很快反弹的操作策略。买最便宜的股票是所有投资者都向往的投资机遇，更是价值型投资者信奉的盈利模式。但是，究竟什么样的价格“最便宜”，或称“底”，并没有明确的标准。抄底往往是对已经发生的在最低点买入的描述，但很难判断未来什么样的点位是底部。

新一轮经济危机的爆发，将抄底的概念引入了旅游业，各个商家纷纷亮出抄底牌，将“此时出游，花钱即是省钱”的概念植入消费者的脑子里。与股票市场类似，在价格最低点出去旅行、在外币贬值时购入商品，理论上确实能够省下一笔钱，但是不要忽略了，股市的抄底是以预期股价将会很快反弹作为前提的。低买高卖带来的经济收益在股票市场确实成立，但是在旅游市场，并不存在“卖出”，收益自然无从谈起。

2008年，冰岛一夜之间宣告国家破产，论坛上声势浩大的“每人一块钱，我们收冰岛”活动立刻火了。2009年，美国房价跌破历史最低，前往加州买房圈地的“抄底旅行团”硬是牛到登上央视头条。2010年，受希腊主权债务危机不断恶化的拖累，欧元、英镑等货币纷纷大幅贬值，“抄底游欧洲”一跃而成为最流行的口号，就连讨厌的火山灰也无法阻止人们远赴欧洲旅游的空前热情。在各大旅游门户网站上，如何“抄底”出游成了热议话题。有网友甚至说：“中国游客抄底世界的最佳时机终于来临！”新浪、搜狐、网易等主流网络媒体也号召网友们“多比较，广积粮，带着票子向欧洲”，天涯和猫扑上关于如何抄底扫货的讨论帖不断增加。而旅行社方面，众多商家争相推出欧洲抄底游和“血拼”购物游的线路，留学机构则大炒“秒杀欧洲留学”计划，甚至连代购公司都亮出了“邮购欧洲”的旗号……商家与媒体一边倒的推波助澜，让“抄底游”时代已然降临的错觉无处不在。

以美容专家为例，外出旅游时，他们除了大口吃大碗喝之外，当然少不了使劲买当地的一些极具特色的美容产品。他们下手准，眼光狠，买到的准是美容尖货。看看他们都买了什么吧！

彩妆专家妍妍最近到英国旅游时，她发现这里对于医学美容的开发相较于日本来得更加成熟，这可能和欧洲国家很早就热衷医学美容疗程有很大关系。在此之前，妍妍在许多欧美流行杂志看到许多明星疯迷通过口服SOD（超氧化物歧化酶）胶囊来维持肌肤的最佳状态，因为有研究表示，人体抗氧化能力的衰退期已提前至35岁左右，而人体自身产生的SOD已经无法消除身体的氧化压力，所以补充SOD是非常有必要的。还有HGA美肌喷雾，妍妍初次遇到的这款喷雾是长期旅居美国的友人所赠送的，是现今好莱坞女星爱用品牌HGA所推出的。记得那时候刚拿到时，妍妍脸部正好出现爆皮现象，正好派上用场。这款喷雾使用时感觉非常的滋润舒缓，帮了她一个大忙。妍妍知道，它能帮助处于空调室内的女性朋友们在不破坏妆容的情况下为肌肤补充水分。一般在干燥空间内单纯使用喷雾式矿泉水，水分仍会快速蒸发，但这款喷雾锁水能力相当强大。SOD胶囊和HGA美肌喷雾都让妍妍爱不释手，各自买了5份。

美妆专家小布觉得，在韩国买护肤品的特色就是“送”！买一瓶精华液，可以送一整组的旅行组加上数十包的试用装，花一个产品的费用就可以体验到许多产品。蜗牛蛇毒EGF三合一精华液号称是目前韩国唯一将这3种目前最夯的护肤成分结合在一起的保养品。

其中EGF能促进肌肤生长，是一种良好的肌肤生长因子；蛇毒具有阻断神经传递、减少动态纹路产生的功效；而蜗牛的黏液具有丰富黏性蛋白质，有强效的保湿锁水效果，同时具有修复痘印、淡化痘痕的效果。从瓶身可以看出3种成分被各自包裹，使用时按压的同时可以将3种成分瞬间融合，确保每个成分有效发挥作用。在明洞，整条街上每两三步就是一间化妆品专卖店，甚至同个品牌在同条街上都有两三家店。小布信奉“法国香水韩国粉”这句话，所以每次到这里来，都要大买特买彩妆品，店员热情的服务让她忘了语言不通的障碍。

美肤专家家弘每次去台湾都会花上一两天的时间逛逛药妆店，其中让他最有印象和感兴趣的就是台湾当地的专业医学美容保养品牌和“俘获”许多姑娘的高性价比美妆保养品。他认为去台湾扫货，首当其冲的当然是台湾本地的品牌了，虽然这些品牌也已进驻大陆，但很多产品线还是不全的。比如去角质舒芙蕾，它能温和代谢肌肤的老旧角质，每次使用完他都感觉皮肤非常舒缓干净。圣克莱尔GPS胜肽抗皱精华液是一个台湾本地的有医学背景的品牌，此类品牌最近在市面上风头挺强的，当然也不能错过。台湾小区型的连锁药妆店一定要去逛逛！其中“康是美”是很好的淘宝的地方，在店中可买到许多性价比很高的台湾美妆品牌。另外在台隆手创馆有很多日系美妆小物，许多台湾影视歌明星也常到这里来买些日本最新流行的美妆产品。

点评与建议

在琳琅满目的美妆产品中，像美容专家们这样偏偏只钟情于奢华的美妆产品，不选贵的，只选对的。是什么样的美妆产品有如此强大的功能？是什么背景和动因促使美妆专家们“血拼”狂扫呢？其实，正是错误信息与自身的消费理念导致了“抄底游”！

抄底有风险，出游须谨慎！若以货币的波动为例，欧元的贬值、人民币的升值将使得中国游客出境游的购买力增强，而目前人民币是有升值预期的，欧元的走势也是在变动之中，何时是低谷，何时该抄底，言之尚早。另外，超低团费、超低机票等都是导致“抄底游”的主要因素，但大家其实也都明白，这种价格上的抄底必然伴随着其他成本的提高，比如时间成本、安全成本等。

游客被强迫购物，律师做专业解答

春暖花开，国民旅游消费迎来由清明节、五一劳动节、端午节及“中国旅游日”组成的春季旅游旺季。然而在旅游市场秩序方面一些问题凸现出来，其中尤以强迫购物最为突出。国家旅游局及全国旅游行业采取了各种措施，整治旅游市场秩序。目前人民群众最不满意的，还是欺客宰客、强迫或变相强迫游客购物等违法违纪现象。

春节前，老张和老伴参加了某市一家旅行社组织的云南六日游活动，并与旅行社签订了书面合同。到达目的地后，导游将他们委托给当地旅行社。

旅游途中，老张他们被拉到一个专卖银器的大卖场，导游提出，随团出游的50人平均每人购物要达到1000元，否则，就不带他们到下一个景点。无奈，游客们大多被迫买了一些不愿买的银器。

旅游回来后，老张很“堵心”，详细看了当初签订的合同，发现上面并未写明要将旅行者委托给当地旅行社，且合同上竟然未加盖公章。老张决定向律师问个究竟。

某律师事务所的一位律师解答说，某市旅行社组织收客，云南当地旅行社具体操作，两社系拼团关系。云南当地旅行社在未取得游客同意的情况下，在行程中擅自增加、变更了购物点，损害了旅游者的合法权益，违反相关规定。

依据《合同法》第37条规定，旅行社与老张订立的旅游服务合同，虽未签字盖章，但这家旅行社已向游客提供了旅游服务，表明该合同已实际履行，这份未签字盖章的旅游合同具有法律上的效力。

依据我国《旅行社条例》第55条规定，这家旅行社在无合同约定且未经游客同意的情况下，擅自将旅游业务委托给当地旅行社管理的做法属于明显的违法、违约行为。导游不购物就不带游客去下一景点的手段，是变相强迫游客购物的违法行为，被迫购物的游客不但可要求退货且可向旅行社索赔违约金。

《消费者权益保护法》规定，消费者有购物或接受服务的选择权，经营者无权要求消费者购买或接受服务。《合同法》规定，被胁迫签订的合同被胁迫方可请求仲裁机构或法院撤销。被迫购买银器的老张等游客可向旅行社提出退货要求。虽然银器经营者未直接强迫游客购物，但该银器卖场显然和旅行社有密切的经济联系，导游的行为已构成胁迫游客购物，因此，银器经营者和旅行社应对强迫游客购买银器的违法行为承担连带责任。

另据，国家旅游局《旅行社服务质量赔偿标准》第10条规定，旅行社及导游或领队违反旅行社与旅游者的合同约定，强迫或者变相强迫旅游者购物，损害旅游者合法权益的，每次向旅游者支付旅游费用总额20%的违约金。老张在提出退货的同时，还可按所支付的旅游费用总额的20%向旅行社索赔违约金。

老张可从旅游合同结束之日起90天内，向旅游行政管理部门、旅游质监机构或旅游执法机构投诉。律师特别提醒老张进行投诉时，应提供如下证据：旅游合同、行程表、发票及与旅行社签订的各种有效凭证或材料；旅游中权益受到侵害的事实凭证，如购物发票、有关物证、声像资料等。

点评与建议

旅行社强迫游客购物，已经成为影响和制约我国旅游业发展的一个顽症。目前，各地的旅行社数量众多，服务质量参差不齐，旅游广告更是五花八门。因此，消费者外出旅游须慎选旅行社。

一是选择具有合法资格的旅行社。一要看该旅行社有没有《旅行社业务经营许可证》，二要看有没有《企业法人营业执照》，三要看其核准的业务范围是否与实际相符。

二是不以价格高低作为选择旅行社的首要条件。要跳出只求价格低，不顾服务质量的误区，多角度衡量旅行社的优劣。构成旅游价格的因素很多，交通工具、住宿饭店等级、餐饮标准、导游级别、行程路线的不同，都会影响旅游价格，千万不要贪图价格便宜而选择没有质量保障的旅行社。

三是应选择规模较大、客源丰富、实力雄厚、管理规范、服务完善、员工素质高、消费者满意度高的优秀旅行社。选择了可信赖的旅行社，一旦遇到主观或客观因素影响旅游计划的实施，消费者也可得到合理的赔偿，而不至于投诉无门。

出境"露财"、"炫富"，结果被盗被抢

许多人认为欧洲、美加、澳新等地的治安好，客观来说，这些国家和地区的总体治安水平是比较不错的，但绝不可以就此认为到当地旅游便能确保百分之百的安全，因为那里可不是夜不闭户、路不拾遗的"世外桃源"。

一方面，从近期西方媒体的报道中，不难看出欧洲、美国如今遭遇经济衰退，由于经济问题也难免滋生更多抢劫等不良的社会现象。另一方面，西方媒体在近两年总是报道华人游客在当地的消费额惊人，再加上当地部分华人确实已经富裕起来，造成一种"华人很有钱"的片面印象，因此如果当地有人动起了抢劫的念头，"很有钱"的华人包括华人游客便会是袭击的主要目标。其中，"露财"、"炫富"的人群中招率就会更高。还是请看下面的一些报道吧！

有一媒体人士在微博上接连发出几则微博，讲述自己2010年10月在新西兰一家餐厅吃完饭准备赴机场回国，突然发现乘坐的大巴车窗玻璃被砸，被砸处恰好是他的座位，搁在椅子上的两个背囊及计算机包全部被盗走！报警之后，警方却说没人员伤亡不出警，而餐厅更表示无能为力。此媒体人士损失了两个包里的苹果笔记本计算机、证件若干及各种票据杂物。

2011年，法国曾发生过多起中国游客被盗被抢的事件，很多都是在旅游景点中发生的。一对中国夫妇想在埃菲尔铁塔前合影，恰好身边一个当地人用中文和他们打招呼，他们便托他照相，对方欣然应诺，并以照铁塔全景为由，身体向后退，等退到一定距离，这人拿着

他们的相机转身跑向一辆摩托车，然后飞车逃窜。还有一中国游客在巴黎市中心某豪华酒店门前被抢，损失2000欧元，原因是当他走出酒店时，有陌生男子上前主动热情地用中文说“你好”并搭讪，正当他以为遇到一位热情浪漫的法国人时，该人却趁其不备突然抢走他手中的钱包并在同伙的接应下乘车逃走。

2011年11月，一个浙江杭州某酒店的30人旅行团在南非被歹徒打劫。据报道，当时一辆挂着警灯的民用车拦住刚从商场出来的旅游大巴，几个男子拿着枪冲上旅游大巴打劫，还好中方女导游马上用中文对车上的游客说，大家赶紧藏好自己的护照和刚刚买来的钻石。劫匪在抢走了一部分游客随身携带的行李和现金后就离开了。

2012年1月，意大利接连发生针对华人的劫杀惨案，引发众多关注。虽然这些恶劣事件针对当地居住的华侨，但有舆论称，案件频发源于“炫富”。有意大利媒体指出，华人之所以频频遭抢大都是因为“露富”，由于近些年少数华人和留学生的攀比“炫富”之风盛行，确实给当地留下了“华人很有钱”的印象，所以华人也更容易成为劫匪洗劫的对象，对华人来说，这也成了一个安全隐患。

点评与建议

国人在境外的时候，没必要将一些能显露身价的物品全都带上身，比如名牌包、金光闪闪的钻石黄金玉石首饰，以及价格不菲的智能手机等，这些物品容易帮贼人认定你的身价，并增加被设定为“猎物”的危险性。比如法国的巴黎机场、凯旋门、香榭丽舍大街、巴黎歌剧院、埃菲尔铁塔、巴黎圣母院、卢浮宫以及著名大酒店等都位于巴黎的中心区域，如今却成了案件高发区。由于这些热门的旅游景点总是人潮汹涌，方便了犯罪分子趁机作案。像以上的例子，犯罪分子更是利用了中国游客遇人搭讪容易放松警惕的心理，趁其不备抢夺财物。所以，对过分热心的陌生人，还是应该少一点幻想，多一点警惕。

同时，出境前最好将行李清点一次，不必要带的物品就不要带，少带贵重物品和那些补办麻烦的物品，尤其是现金。如果非带不可，无论任何时候、任何地点，出外旅游时贵重物品一定要随身携带，即使是去吃饭，甚至是上厕所都如此，除非有亲朋好友或同行的人帮忙照看。

另外，护照、银行卡、车票等相关重要证件和卡要随身携带，最好复印护照页和签证页，放在行李中，遇有人检查时，不要轻易答应，如果对方是警察，要记下对方警号及车号以防万一。进出房间及时关门，确定门锁好后再离开。如果房内没有保险箱，可将贵重物品寄存在酒店。购物时要保管好随身物品，最好不要到人多拥挤的地方购物，面对那些价格比国内便宜许多的名牌也不要买得得意忘形，因为当你双手拎着大把名牌购物袋走在大街上时，也就可能无暇顾及自己的钱包了。

旅游者应该小心导游带你购物

跟团出游，虽然省心省力，但经常会被导游带到一些莫名其妙的所谓景点，说白了就是指定的商店，浪费了大家的时间不说，有时候可能还会买到劣质货，游客对此抱怨很多。

27岁的公司职员小方有一次参加公司的春游，第一天，导游安排他们在某个人造景点游玩，景点无趣就不说了，游玩时间还很短。小方心里奇怪，行程表上明明写着五点才开往下一个景点，干嘛要提前两个小时集合呢。一下山，小方就明白了。导游把他们领到山下的一个山货市场，给他们安排了两个小时的购物时间。小方也买了点山货，结果所有的山货只有上面一层是新鲜的，下面的全都一股怪味。

第二天一大早，导游就把他们拉到一处小商品市场。因为购物耽搁了时间，再加上路上堵车，当他们赶到下一个景点的外围时，原先预订的整点游船马上就要开了，可汽车又开不进去。导游像赶鸭子一样把他们赶下车，一路吆喝着他们狂奔过去。几十个人气喘吁吁地坐上船，在湖面上兜了一圈，汗还没完全干，导游就告诉他们已经逛完了。大家都觉得莫名其妙，不待他们抗议，导游又赶着他们驶向下一个目标，一个茶庄。买茶叶本应是附带的项目，导游却安排了两个多小时，其用心不言而喻。

回来的路上，一车的人都很郁闷。这算什么旅游嘛，每个景点都只能走马观花、蜻蜓点水，之后就被赶去买东西。大家一肚子的不满，可这是单位组织的春游，大家顾忌组织者的面子，不好抱怨什么。小方心想，下次旅游再碰上导游把大家往商店带，一定要捂住钱袋子，一分也不掏了！

26岁的行政助理晓燕前不久到西安出差，去之前，她就知道陕西产玉，早就计划好带上两块有名的蓝田玉回来。那几天的晚上，她特地跑到市区的大商场里，询问了蓝田玉的一些品种和价格，也请教了辨别玉器的方法。她想，商店里虽然质量保证，但肯定比玉器厂要贵很多，不如再到玉器厂转转。正好出差多出了一天时间，她跟了一个散团参观秦始皇陵，那里正好经过产玉的蓝田。

据晓燕所知，这种小旅行团是绝对会把客人拉到指定地点购物的，在西安，她猜想不是买古董就是买玉器。果然，在参观了秦始皇陵之后，车子就来到了一家玉器厂。当时有游客抱怨浪费时间，但是导游解释，这是他们固定的用餐地点，可晓燕明明看见，要到餐厅必须先经过一个长长的玉器柜台，而且提供的饭菜很简单，留出的时间根本用不完，摆明了就是让游客在前不着村后不着店的地方除了买玉器就干不了别的。而且下车后，导游就给他们每人发了一张8.8折的优惠券，还无比关心地说，要是买东西的话，用优惠券会划算一些。晓燕看在眼里，并没有发牢骚，因为她本来就有买玉的打算，进去看看也挺好。

晓燕比较了市区的玉器和厂里的玉器之后，很快就有了心理价位，标价880元的一个芙蓉玉镯，促销人员在那里劈里啪啦折扣来折扣去以跳楼价420元卖给她。她朝促销员瞥了一眼，淡淡地说："160元两个。"见她坚定的神色，促销员马上压低了嗓门让她不要声张，还说就做次亏本生意也算交了一个朋友，接下来就替她开了票，她立马付钱走人。

像晓燕这种在旅游景点买东西的事情也不能一刀切，如果你确实有购物需要，而且也有一定货物鉴别能力的话，在确保不会被狠宰的情况下，买一点纪念品还是可以的。

阿云退休在家，有一次她带妈妈跟团到香港去玩。回来时，旅游团在珠海入关，导游顺道就把他们带进了一家珠宝行。店员热情地接待了他们。在交谈中，店员看似漫不经心地问大家是哪里人，当得到徐州人的回答时，店员惊呼道："啊呀，我们老板就是徐州人，老乡啊！"果然，一会儿老板就出来了，一口一个老乡，感叹异地闻乡音真是缘分！原本老板表示要请大家吃午饭以尽地主之谊，在得知因为行程安排他们必须赶在中午前离开时，老板当即拍板："让利老乡，所有珠宝一折！"阿云跟的这个旅游团里阿婆阿公比较多，大家一听这么便宜，个个都欣喜万分，争先恐后地购买。

上了火车，大家正在美滋滋地念叨这次遇上老乡捡了个大便宜，却听到隔壁那个北京的旅行团也在说什么老乡"一折优惠"。阿云感到奇怪，那老板明明是徐州老乡啊？结果，几个旅游团的人一对证就发现有问题。大家在一个火车上，但凡去过那家店的，都享受了老板的"老乡优惠"，同样的珠宝从2000元到800元，价格差异惊人。显然，其中必有猫腻。一下火车，阿云他们整个团就急忙找了个地方做珠宝鉴定，结果发现所有人买的东西全是假货。

后来，阿云跟的这个旅游团整个团联合起来向旅游公司投诉，并且向媒体和有关部门举报。旅游公司迫于舆论和有关部门的压力，最终同意退货。

其实，阿云本来对导游导购并不是那么反感，她不是不明白导游跟商家的那层暧昧关系，不过她觉得大家都要生活，只要导游推荐的地方价格公道也没什么不好。可这次的这个导游做得实在是太离谱了，弄得她现在已经对导游导购完全失去信任。

公司职员剑华跟团去香港三日游。也许是深知内地游客喜好购物的心理，接待他们的导游小姐非常卖力，几乎马不停蹄地带他们走街串巷四处购物。一次，他们去九龙一家珠宝店采购，一路上，导游小姐不厌其烦地向他们介绍老板是香港的珠宝大王，什么"最负盛名"、"最有信誉"……还说，到了香港不去金店枉此一游。剑华相中了一款名为“时来运转”的白金项链，正在犹豫之际，导游小姐过来了，夸她识货、有眼光。经不住导游小姐的一再鼓动，她终于掏钱买了下来。价格可不便宜，1.6万港币，还是打了8折的。

回到住地后，同团的一位行家告诉剑华：“你被宰了，像这样的项链上海也有，价格不会超过1万元！”听人家这么一说，剑华十分后悔，于是吵着要导游小姐陪着去退货。导游小姐先是不肯，后来又说晚上去商量商量。结果第二天一早，导游小姐塞给剑华一条金脚链，说是人家送的。剑华当时心一软，也就算了。剑华现在想想，真是吃亏大了。但是又能怪谁呢？权当是吃一堑，长一智，今后出游买东西再也不听导游的了。

点评与建议

在旅行中，你遇到过被旅行社带去商店购物吗？对于这样的安排，你会如何应对？

对游客来讲，首先，去旅游的时候，当地旅行社会提供行程表，你可以仔细看看各行程点，有没有购物点，如果有，你可以叫旅行社撤销，这一般都是可以的。这样就可以有更多的时间游玩了。其次，旅游的时候进了购物点，导游就会建议你多多少少买点东西，其实钱在你自己的钱包里，喜不喜欢买当然由你自己决定。

对导游来讲，给游客导购首先应该树立一个态度。导游不能只为钱，而是应该把讲解放在第一位。导游就是靠讲解和服务博得客人的欢心的，如果你的功利性太强，除了购物之外什么都不讲，容易使客人反感，感觉你这个导游不会别的，只懂得挣钱。一个好导游应该把购物等经济因素考虑到讲解的过程中，通过幽默有趣的讲解，让客人对你产生信任，这样一切事情都会好办。同时需要指出的是：只要你的讲解到位了，除了真正没有钱的客人外，其他绝大部分都会支持你，这是一个真理。

建议导游，特别是新导游，在学习挣钱前，先学好讲解。导游给客人讲解时应该做到以下几点。一是要开诚布公，甚至对一些客人可以把回扣方面得事情说的稍微明白一些，告诉客人，如果你们进这个店我会有小费，希望客人鼓励一下，客人在游程不紧张，经济情况允许的情况下会同意购物，而且效果不错。二是欲扬先抑。这种方法要求导游在面对客人时，尽量少说赞美的一些空话和套话，不要让客人形成固定的观点，让客人的心理状态稍低一点，然后在实际游览过程中，用精彩的景点和优质的服务使客人有一种感性上的认识，自我感觉景色漂亮，从而对一些物产产生兴趣，激发客人的购买欲望。三是博学。导游应该具备广博的知识，从产品的产地、历史、种类、市场价格、分辨真伪的标准等各个方面进行了解，从中提取一些客人比较需要的东西，在平时讲解的过程中回馈给客人，使他们感到放心。同时在选择购物店的过程中要尽量保真，让客人产生信赖，效果也会不错。四是主动示范。一般来讲，客人的眼球总是围着导游转，认为导游买的东西肯定不会是假的，他们也会积极购买。五是心理暗示。导游在服务过程中要装作不经意间向客人透露一些商品信息，多次重复后就在客人心里留下痕迹，当客人遇到商品时，自然会掏钱购物了。六是价格对比。导游在服务过程中就应该了解市场行情，比如一件商品在不同城市销售的价格不同，同类商品的不同档次销售价格也不同，如果导游心中有数，在购物过程中把价格分析得比较透彻，客人怎么不愿意少花点钱呢?

总体来说，旅游购物就应该以微笑和礼貌为前奏，以博学和轻松为铺垫，以优良的产品为保障，以诚信和服务为依托，这样才能有好的效果。

第二章
美食旅游，尝遍特色也疯狂

美食旅游是旅游的一种类型，是以“美食”作为吸引物的享受过程。旅游美食是在旅游过程中品尝到的美味食品，可以是在旅游途中携带的体积小、轻便、新颖的旅游小食品，也可以是坐下来享用的风味大餐。旅游美食是美食旅游的重要组成部分。美食旅游不仅仅包括餐饮过程，还有其他与美食相关的参与性活动，如烹饪比赛、啤酒节、水果节等。旅游餐饮更多地注重旅游者的餐饮行为及餐饮质量，如在旅游过程中的饮食安全、卫生、营养等。从本章的描述中我们可以看到，当美食摆在眼前时几乎人人都难以抵挡，会毫不犹豫地马上吃，很少有人会停下来先考虑一下怎样吃才更健康。游客食物中毒的案例告诉人们，只贪图美味，不仅不利于健康，而且还有更大的安全隐患。因此，在享受旅游美食的同时，游客更应该注重景区食品安全问题，如掌握食物禁忌，不能吃带毒的食物等。

游客眼中的世界特色小吃

游客每到一个新的地方，总习惯从食物上开始寻找这个地方的文化，一种带着本土特色的文化传承，它或许淳朴、或许热情、或许醇香、或许苦涩……总之它来自于市井小巷，来自普通老百姓的手里。在游客眼中，世界各地的街头巷尾都有不同一般的特色小吃。

下面这些国家的特色饮食让很多游客很是怀念。

中国美食：中国地大物博、美食也是种类繁多，各有各的特色，如上海生煎包、油炸蚂蚱、台湾庙口夜市的美食等。这方面内容在下节专门介绍，故这里不赘述。

摩洛哥薄荷茶：在杯子中倒满薄荷，再加上一块有助健康的方糖，享受一下这种摩洛哥与众不同的绿茶吧！这种薄荷茶具有提神醒脑的功效，可以让在炎热的马拉喀什漫步的游客们精神为之一振。但它不仅仅是一种解渴的饮料，配制和享用薄荷茶是摩洛哥文化中不可或缺的一部分。到摩洛哥的游客一定要尝一尝薄荷茶。

秘鲁酸橘汁腌海鲜：这种小吃在整个拉美国家都非常受欢迎。酸橘汁腌海鲜就是在橘汁中腌制和调配的各种生鱼和海鲜。

泰国面条：劲道十足的面条刚从热腾腾的锅中挑出来，这一切都在曼谷唐人街的厨师掌握之中。这种令人眼花的厨艺，再加上扑鼻而来的香味，让众多过客不可抗拒。

泰国烤鸡肠：街头摊贩将这种小吃称为isaw manok，也就烤鸡肠。它的做法是，首先将鸡肠泡在卤汁中，然后将其烤熟或炸好。这种小吃一般带有甜味、酸味或者辣味。

越南三明治：越南的摊贩满脸笑容，叫卖着一种带有殖民时期色彩的小吃。越南三明治美味扑鼻，让人无法抵挡。在越南芽庄街头出售的这种越式三明治，在法国长棍面包里填充了各种美味的肉类和蔬菜。这种小吃在越南极受欢迎，人们都喜欢用它当早餐或午餐食用。

印度海鲜小吃：海滩游客在印度的果阿邦度假时，人们通常都会品尝这些美味。安朱纳海滩会无限供应这些小吃，其中有咖哩角、鸡肉、冷饮以及其他价廉物美的食物。这个地方曾一度是嬉皮士的天堂，全世界的人们都到这里晒日光浴，找乐子。

法式长棍面包：在法国街边的面包店里，法式长棍面包是不可或缺的一样食品，价钱不贵，个头却不小，两三欧元就能买一大条。一口咬下去，淡淡的蒜香，脆脆的外皮、软软的内瓤，满足感油然而生。

英国炸鱼薯条：一提起英国小吃，就会想到炸鱼薯条。在英国的路上行走，无论什么时间，都经常可以看到人们手捧一个纸包，里面是浇了西红柿酱或者芝士调料的薯条和一大块煎鱼。

德国香肠：德国的香肠品种繁多，整根的、成串的、切片的，琳琅满目。饭馆的菜单上，香肠绝对是主角。据不完全统计，德国香肠总共有1500多种，香肠色拉、农式香肠、巴亚白香肠、法兰克福小香肠等等数不胜数，而且各种都有自己的风味特点，德国香肠绝对是德国小吃的代表之一。

有些食物快捷简单，但却未必有利于健康，多数会有让你的腰围大一圈的危险。那些有益健康的食物则要么贵得离谱，要么根本在菜谱上就见不到。下面这些国家的饭菜就让很多游客的胃很想家。

美国：美国人的食物结构近些年已经改变很多了，但多数还是离不开汉堡包、薯条之类，而且食物量大得惊人。你感觉已经满桌子菜了，但其实只是上了一份开胃菜而已。这样的场合对于不习惯浪费的人来说简直就是一场噩梦。

墨西哥：很多到过墨西哥的人会发现，当地食物玉米饼碎肉卷简直是天下最好吃的饭。但是当你一连吃了几天以后，你会发现，玉米饼碎肉卷也好，墨西哥煎玉米卷也罢，好吃是好吃，但好像除此之外就没别的了。想吃些热气腾腾的蔬菜，好像只有跨越边境了。

俄罗斯：在圣彼得堡或莫斯科这些大城市，寿司很常见。这就意味着你至少可以吃到半新鲜、相对健康的食物。但是到了俄罗斯的其他地区，食物则充满了油腻。浇着酸奶油的饺子，水煮肉或者夹肉面包，看上去都很丰盛，但却未必有益健康。

希腊：在一些游客看来，“希腊”也许该叫做“油腊”才对。如果你碰巧去对了当地餐厅，是有可能吃到色拉和烤肉等可口菜的。但是多数主菜往往都是油汪汪的，而且并不好吃。

荷兰：正宗的荷兰人在饮食方面肯定是十分注重健康的，看看他们精干的身材就知道。但是对于游客来说，要吃到新鲜的蔬菜实在是太难了。蛋黄酱薯条等食物固然不错．但也似乎应该来点色拉搭配才对口味。

苏格兰：苏格兰人会将任何食物都油炸。他们不放弃火星巧克力棒、罐装可乐、比萨饼、羊肉杂碎布丁和薯条等任何会导致心脏病的食物，并美其名曰“诱惑难挡”。

阿根廷：在阿根廷能吃到什么呢？只能说除了肉还是肉。当地人对于肉食的痴迷让人感觉吃蔬菜才是罪过。唯一能让人缓口气不碰肉的机会就是早餐，你总算能吃到一块糕点。

捷克共和国：外面很冷，你想吃点既暖和又顶饱的食物，在捷克的餐厅里，你最终选定了面包球，结果却像吃了一肚子板球一样。想吃烤肉，却满眼都是裹着肉的浓腻腻的调味汁。如此吃了几天之后，你不得不给自己买一条肥一点的裤子。

点评与建议

一种食物代表一种文化，不同的文化承载不同的人群的历史记忆。对于很多在异国他乡旅游的人来说，相比于体验各地的民俗文化和看看各地的人文风景，最重要的还是要品尝各地的风味小吃。其实人们多数情况都是在紧张的路途中随便填饱肚子就完事，吃到一顿可口的饭菜可不是一件容易事，因此尤须注意饮食卫生安全方面的问题。

旅游达人尝遍中国美食如是说

俗话说："民以食为天。"去旅游，总少不了品尝美食。把"吃"作为国内旅行的第一要义，这一点儿也不夸张。中国美食有太多的花样与流派，如果你要去一个地方旅行，品尝当地美食一定会是这一次旅行中最重要的内容之一。当你需要把旅行进行一次升华，从简单的去看、去听，转而到了用心去感受、去体验，那么美食其实就是一个非常简单的载体，你会发现，美食代表了一座城市的精神。

在这里，就让我们和旅游美食达人一起分享他们在各个城市的美食攻略吧！

旅游美食达人说："吃在中国，味在成都。"作为成都的名片，小吃算得上一个精华中的精华，成都小吃风味独特、品类繁多，从各色小面到抄手、饺子，从腌卤到凉拌冷食，从锅煎蜜饯到糕点汤圆，从蒸煮烘烤到油酥油炸，琳琅满目，各味俱全，种类不下200种。成都的大街小巷，到处都能看到小吃店。

在成都，喝茶、聊天、龙抄手、担担面等，这些传统的生活方式和文化特色仍然得以传承；传统与现代的和谐使人们既能加快脚步寻找投资、就业、创业机会，又能放慢脚步悠闲地享受轻松的生活……具有成都特色的生活方式，更是让居住于此的人，爱上成都，感受到住在成都的幸福。而在达人们看来，来成都必吃的3样小吃如下：

一是钵钵鸡。钵钵鸡的口味多样，红油味型油多汁少，咬起来两颊生香；麻辣味型麻辣爽口，是大众容易接受的传统风味；藤椒味型是最近开始流行的一种风味，藤椒可以压腥增鲜，麻而不腻，清香袭人；还有一种鲜椒味型，鸡汤里放了青红尖椒，以汤汁为主，色泽素雅，营养健康。锦里一条街是成都标志性的小吃街，除了钵钵鸡，锦里小吃的招牌菜还包括伤心凉粉、蛋烘糕、鹅肠串、香辣凉糕、叶儿粑、竹叶粉蒸肉、张飞牛肉、肥肠粉，担担面……太多了，数都数不过来。而且价格适中，是游客来成都的必经之地。

二是三大炮。就其根本来说就是红糖糍粑，“成都花会三绝”之一。它的特色并不在于原料或者口味，而在于它呈现在食客面前的过程。准确地说，它是因为制作时发出的声音而得此名称。这铜盘发出的巨响，以及糍粑团在簸箕内滚动的热闹景象，可比声声吆喝更能吸引买主。比较出名的有福禄轩耗子洞和李长清店，都曾荣获“成都市名小吃”的称号，有幸的话在“赶花会”还能见得到厨师制作三大炮的精彩表演场面。

三是伤心凉粉。这个小吃据说是因为吃的人都会被辣得流下眼泪而得名。添加的作料“色泽鲜亮”，凉粉“爽口滑嫩”，小米椒威力巨大，真是让人“一把眼泪一把鼻涕”啊，“越吃越伤心”。也只有再来碗“甜甜”的开心冰粉“才能化解”。伤心凉粉在成都普及程度很高，而成都东山的洛带镇，是一个客家古镇，风味正宗；盐市口茂业百货附一楼美食城，在那里还能吃到其他成都特色美食，如夫妻肺片、肥肠粉等。

旅游美食达人说：“食在广州，让人留恋。”闻名遐迩的广州小吃，别具特色。广州小吃属岭南风味，多来源于民间，大都被流传下来而成为传统名食。如果要请各方来客，无须到星级宾馆，只要在城中走上一圈，把地道的各式小吃品尝一遍，就会让人信服，想起来，常常让人回味不绝。在达人们看来，必吃的广州的明星小吃有以下几种：

一是广东明星小吃——炒河粉。活跃于广州各大早餐宵夜档的炒河粉，曾经被美国《洛杉矶时报》评为年度十大食谱的冠军。河粉也叫沙河粉，沙河粉是广州一种大众化的米制品。论口味，酸、甜、苦、辣、咸五味俱全，论做法，炒、捞、汤、蒸各式齐备，以广州沙河镇最为著名。在沙河粉的各种烹饪方法中，炒河粉最受大众喜爱。

品尝地点不限定，因为这道小吃太家常了，如果有闲趣，和二三好友钻进一个街道小巷里，准能找到你想要吃的美味河粉。

二是价廉美味的肠粉。肠粉是一种非常普遍的街坊美食，它价廉味美，老少咸宜，妇孺皆知。拉肠的最高境界是“玻璃粉皮”，也就是几乎薄到透明，一般常见的以鲜虾肠粉、牛肉肠粉和叉烧肠粉为主，将馅包在粉皮里，而后就可剪断上碟了，看起来粉皮白如雪花、薄如蝉翼、晶莹剔透，吃起来鲜香满口、细腻爽滑，加上酱油口味更佳，还有一点点韧劲，让人一吃难忘，越吃越爱吃！要说肠粉，属位于广州上九路店的“银记”最负盛名，此外北京路永汉电影院斜对面的惠福东路的肠粉也不错。

三是艇仔粥。以鱼片、炸花生等多种配料加在粥中而成，原为一些水上人家用小船在荔枝湾河面经营。小船，粤俗称艇，故名。艇仔粥以新鲜的鱼片、葱花、蛋丝、花生、浮皮、油条屑等作原料，加入粥中冲滚，晾至可入口后即可品尝。用料丰富，味道鲜味，粥底绵烂，粥味鲜甜。猫记艇仔粥几乎是艇仔粥重现的标志，不少人专门开车来到琶洲石基村，就是为了再次在艇仔上吃碗艇仔粥。其次是陈添记，不仅鱼皮出名，艇仔粥也做得越来越有风味，捧场客也越来越多。还有满记，在白鹅潭以小船卖粥而出名，现在虽然上岸了，风味依然，值得再试。

如果能在一早起来，和友人和家人一起来到茶馆喝早茶，点上豉汁凤爪、水晶蒸饺、几笼烧麦，喝上一杯清新淡雅的龙井，坐着看报纸，或是尽情地聊天，这在广州才能真正享受到生活。广州的早茶文化也让这座城市越显与众不同。广州的休闲文化很多元，因为人们的自我选择是多元的，每个人都有自己的一种方式，一个目标，大家都不张扬，事实上，这也是一种理性的生活态度。在广州，地铁上、公交车上，每个人都很忙碌，广州的生活也可以处于一种更加放松的状态之中，因为他们知道明天又是新的一天。

旅游美食达人说：“逛帝都，品尝特色民味小吃。”北京小吃融合了汉、回、蒙、满等多民族风味小吃以及明、清宫廷小吃而形成，历史悠久、品种繁多、用料讲究、制作精细，堪称有口皆碑。在以前，小吃都在庙会或沿街集市上叫卖，人们无意中就会碰到，因此老北京形象地称为“碰头食”。

来到首都北京，这座拥有众多名胜古迹和人文景观的政治文化中心，只是爬长城，逛故宫已经不能满足游人的心愿。随意地逛逛胡同，骑着自行车绕着北海游玩一圈，听听最正宗的京剧京腔，去人少的国贸使馆区领略一下异国风采与时尚之都的魅力，或者体会北京的夜生活精彩，到三里屯、南锣鼓巷酒吧街看看，岂不是一件惬意之事，在北京，总会找到属于你的休闲方式。而在达人们看来，来北京必尝的3样经典小吃如下：

一是口味独特的京味小吃——豆汁。北京人爱喝豆汁，并把喝豆汁当成是一种享受。《燕都小食品杂咏》中说：“得味在酸咸之外，食者自知，可谓精妙绝伦。”豆汁极富蛋白质、维生素C、粗纤维和糖，并有祛暑、清热、健脾、开胃、去毒等功效。喝豆汁必须配切得极细的酱菜，讲究的要用老咸水芥切成细丝，拌上辣椒油，还有配套吃炸得焦黄酥透的焦圈，风味独到。隆福寺小吃街，您可以悠哉悠哉地边逛边吃，这里有正宗的豆汁，焦圈，卤煮，还有各式烤串。当夜幕降临，小吃街更是热闹非凡，长达百米的小吃摊，热气腾腾的场面、此起彼伏的叫卖声不绝于耳。

二是口味香脆的爆肚。爆肚是北京风味小吃中的名吃，是把鲜牛肚（指牛百叶和肚领）或鲜羊肚洗净整理后，切成条块状，用沸水爆熟，蘸油、芝麻酱、醋、辣椒油、酱豆腐汤、香菜末、葱花等拌制的调料吃，质地鲜嫩，口味香脆。吃爆肚时一般一口只夹一块，要抹着碗底托着香菜葱蘸起调料入口。同时吃爆肚要讲究“齿感”，如果邻座的人听声音以为您在嚼一块嫩黄瓜，那不用问了您已经是一位吃爆肚的老行家了。在京城，很多地方都能品尝到正宗的爆肚，护国寺、鼓楼东北角、什刹海前海东沿一带的小吃店都有美味的爆肚。

三是北京炸酱面。炸酱面是北京有特色的食物，也称为“杂酱面”，由菜码、炸酱拌面条而成，地道的老北京炸酱面精髓都在炸酱上。老北京炸酱面里一般会配上：芹菜丁，豆芽，黄豆，心里美萝卜丝，白萝卜丝，黄瓜丝，香椿末儿。吃起来非常清爽劲道，是难得的一道小吃。吃了还不易发胖。到了北京要吃炸酱面，就找海碗居老北京炸酱面大王，在海淀区甘家口增光路11号楼，平时可要早点去，要不门前的两条长板凳上都是坐着等号的人哦！

旅游美食达人说：“到扬州，品正宗淮扬菜。”来到美丽的扬州，怎么能不品尝这里的小吃，扬州菜属淮扬菜系，菜品风格雅丽，讲究有型，口味和北方菜系非常不同。

来美丽的扬州旅游，除了瘦西湖、大明寺、唐城遗址、汉陵苑这些必去的景点，品尝扬州的小吃是必不可少的，扬州出名的还有各色点心和小吃。逛累了，腿酸了，何不坐在一间惬意宜人的茶室，品上两口淡茶，尝尝精致点心，和友人聊聊天，岂不乐哉，休闲城市自有休闲法。而在达人们看来，来扬州必尝的3样经典食物如下：

一是扬州盐水鸭。扬州盐水鹅有着两千多年的淮扬菜里面不可或缺的一道名菜，有着悠久的历史。在盐水鹅的制作过程中，不仅注重作料配方，更注重火候，以达到色、香、味、形俱佳。扬州盐水鹅作为地方特色闻名遐迩，早在清代后期就开始生产，一度曾成为宫廷贡品。盐水鹅白里透黄、滋润光滑、清香醇厚、油而不腻，是一道上等精致的扬州美食。扬州市宝应县通和路附近的一品盐水鸭值得推荐，味道正宗，服务态度也不错哦。

二是扬州猪头肉。扬州人制作猪头，已有二百多年的历史，制作工序复杂，得一天的工夫，讲究的是焖。每每此刻，那浓郁诱人的肉香，溢满殿堂，弥散在空气中，简直让客人、游人馋涎直淌。扬州人制作的猪头肉，可分扒烧和熏烧两类。扒烧是最完整的、带有卤汁的；熏烧是不带卤汁、分切成片的。一般来讲，饭店只出售扒烧的，熏烧摊上只卖熏烧的，这是有区别的。想要上等的、口味正宗的扬州猪头肉，在扬州凤凰桥附近，或者江都三号路太阳城对面一家叫“朱三猪头肉”的店面都很不错。

三是臭大元。因为做的形状是圆形的，所以扬州人称为臭大元，名称为臭大元，实际上却很香。砂锅炖出来，热气腾腾，只有香味没有臭味，里面有黄豆芽、干香菇、精肉等。更有一种昂刺鱼臭大元，在臭大元的基础上，里面加上了昂刺鱼，使得臭大元里又渗透进了鱼的鲜味。价格也超划算，六七元即可搞定。口碑最好，最富盛名的臭大元品尝地，首推福星臭大元，扬州人最爱去福星吃臭大元了，有时要等半小时以上才能吃到，所以要吃得早点去哦！

旅游美食达人说：“浪漫厦门，体味魅力小吃。”厦门小吃是厦门食俗的一个重要内容。这不仅由于厦门小吃体现了厦门人的想象力和创造性。小吃的品种丰富多样，全国罕见；也不仅由于厦门小吃的风味独特，令人难忘；更因为对厦门人来说，小吃既可是点心，亦能作正餐，甚至可以上宴席待客。可以说，来厦门，吃当地的小吃可是必不可少的一项。

“城在海上，海在城中”，厦门是一座风姿绰约的“海上花园”。这里风景秀丽，气候宜人，可以说这里是全国环境最好的城市之一。海水环绕、沙滩广阔、阳光和煦，生态环境良好，吸引着众多的游人来此旅游，甚至养老，漫步在这样一座浪漫的城市中，是多么惬意的事情。在达人们看来，来厦门必尝的3样经典小吃如下：

一是土笋冻。土笋冻是福建小吃的一大特色，到底是一种海味，淡淡的味道，胶质感，有点腥味，但是非常的鲜甘，“土笋”可不是什么山间的“竹笋”，而是海边的一种虫子，有人叫它“海蚯蚓”。从海滩上捉来后，洗净并养一些时候，让其将肚内的泥沙吐出。然后，放在锅内加清水煮，直至煮出胶质。吃时，根据个人喜好，蘸着芥茉、酱油等作料。据当地人厦门人说，很Q，很好吃。要想品尝可是需要勇气的。夜幕降临，想要吃土笋冻是很容易的哦，在海滩边、在路旁、在小巷，很随意都能吃到土笋冻，这是一道非常平民的家常小吃。

二是虾面。虾面的主料是虾和面，然而妙处却不在虾，也不在面，而在汤。先把虾去壳水熟，捞起虾仁，再用这汤熬虾壳，熬了第一遍后，把虾壳过滤出来，捣碎，掺上冰糖再熬。然后和上熬过的猪骨头汤，撒上葱花、蒜末，方才成为虾面汤头。吃的时候，要将面搅熟。捞置碗中，放上几只蒸熟的虾仁和几片猪肉，加上一小匙葱头油及些许蒜泥，再舀进熬好的虾汤，撒上胡椒，味道之鲜美，令人难忘。比较正宗的虾面有“正宗虾面弟”、“一声虾面”馆，口碑、味道、价格都很不错，值得一去。

三是芋泥、芋枣、芋包。芋泥是把槟榔芋头蒸熟，捣成泥，然后包肉、笋等，用蒸笼蒸过。什么也不包，只加糖，搓成一粒粒如大枣，再油炸，即成芋枣。若是加糖，油炒，则成芋泥。芋泥起锅后，面上油多，很快就不冒烟，但内里却是十分烫，不知底细，就要吃亏。也有咸芋泥，如南普陀素菜的“香泥藏珍”，即把苹泥包上各种菜，整碟或整碗蒸熟，边上再撒些油炸过的酥脆可口的青菜叶丝，吃起来十分可口。芋包清淡不油腻，加之芋头本身“益脾胃、调中气”的食疗功效，实为习惯了鱼肉生活的现代都市人的健康美食选择。刚出笼的芋包，透着热气清香扑鼻，佐以甜辣酱、芥末、花生酱等味道更佳，品后让人垂涎难忘。要来品尝经典的芋泥、芋枣、芋包，首选吴再添小吃店，小吃大师的拿手绝活，老手艺的美味小吃。另一家，佳味再添小吃店，荣获中华名小吃的传统老字号，都可以去尝尝。

点评与建议

旅游美食达人信奉“生命诚可贵，美食价更高”的信条，认为美食是馋嘴的通行证。只有旅游美食达人，才会对各个城市的美食有着深入骨髓的感情和了解，他们会告诉你，到了当地该去吃什么，该去怎么玩，从而让你的美食旅游变得更加随意而疯狂。

沿着京沪高铁一路狂吃到上海

京沪高铁开通后，“高铁游”呼之欲出。乘客用3天时间就可游遍南京、苏州、无锡、上海等地。除了已推向市场的线路，不少旅行社还策划了新产品。游客有望从上海出发，乘坐游轮到扬州，再通过旅游巴士的接送依次游玩镇江和南京，最后在南京乘坐城际高铁回上海。长三角地区的游客可先乘坐高铁来上海，再乘坐飞机前往全国各地游玩。较远地区的游客则可先乘飞机抵达上海，再乘高铁游玩长三角。

京沪高铁开通，一路经过江苏、安徽、山东、河北、天津，几十个旅游名胜区，特色美食数不胜数。沿着高铁运行线路出行已经成为热门的旅游方式。在一波又一波的旅游大军中，不乏一路游玩，又一路大快朵颐的游客。

今年35岁的盛强是个“美食家”，平日里只要听到哪里有特色美食，必是倾囊于旅资、不辞辛苦地前往一饱口福。尤其在国内，凡是他认为美食多多的地方更是必去亲尝一番。京沪高铁开通前，他已几乎跑遍了世界各地，高铁开通更为他遍尝中国南北美食提供了便利。别看盛强只有35岁，其实他可是有大计划的，那就是准备以亲历者的身份出一本世界美食大全之类的书。眼下他已经在亲历过程中搜集了大量的写作素材，包括一百多万字的旅行笔记和上千幅图片。下面就让我们看看他对京沪高铁沿线美食的描述吧！

北京高铁站在北京南站。盛强一出北京南站，就在不远处上了地铁。在这里换乘地铁特别方便，可以轻松游遍整个北京城。

北京的传统美景早已闻名遐迩，近几年又新添不少热门地标，比如2008奥运会国家体育场“鸟巢”和“国家游泳馆水立方”，小资胜地南锣鼓巷，还有独领潮流的北京798艺术区，足可以一日游体验风情多变的新北京。如果你是个“吃货”，那就痛痛快快冲着老北京的小吃去吧，集中华精粹的首都名点，摆出一席“满汉全席”都不在话下。

盛强来到什刹海逛，只见摊面上的豆面糕、艾窝窝、糖卷果、姜丝排叉、糖耳朵、面茶、馓子麻花、焦圈、糖火烧、豌豆黄、豆馅烧饼等，令他眼花缭乱目不暇接，实在不知从哪一样开始吃起了。盛强听人说夏天时到北京最好去寻觅一道冰凉清甜的杏仁豆腐，他心想，今年一定要在这里过几个甜蜜的夏日！

天津高铁站在天津西站。盛强了解到，在这里可以直接乘坐地铁一号线到市区各景点，乘坐24路区间车可以直达南开区古文化街，乘坐37路车可到达红桥区“天津之眼”。好了，上路吧！

天津的夜晚，海河映照着城市的灯光，如水晶一样流淌，新地标“天津之眼”就立在海河边，乘坐摩天轮到最高处，底下水光桥影，头顶彩灯闪烁，好似圣诞节提前到来，一片梦幻。五大道的旧租界也绝对值得一去。五大道在天津中心市区的南部，东、西向并列着以中国西南名城重庆、常德、大理、睦南及马场为名的5条街道。天津人把它们称做“五大道”。五大道就是一个风情区，马场道，睦南道，大理道，常德道，重庆道，旧租界的小洋楼每一幢房子几乎都是保护单位，房子前低调地挂着介绍历史的金属牌，有一些却令人诧异地并未严守门户，以开放的姿态供人入内欣赏。有几幢明显好久无人造访，窗户玻璃都卸下了，令人遐想过去这又是一户怎样的人家，发生过怎样的故事呢？

盛强的鼻子大概有特异功能，他一来到古文化街就发现，这里是天津富有盛名的小吃街！只见整条街就像个大庙会，街口就是大名鼎鼎的十八街麻花店，除了大大有名的狗不理包子外，竟然还有同样出名的猫不闻饺子、耳朵眼炸糕，之前闻所未闻，那就一定要尝尝。熟梨糕铺子前总是拥着人，趁排队的时间一定要提前决定好加哪四样果酱。盛强逛累了，正好街中间还有个戏台在唱戏，对面的台阶上全坐着本地人，每人手上都是一碗热乎乎甜滋滋的茶汤。他想何不也来上一碗，坐下来喝一个畅快，听一场滋味吧！

济南高铁站在济南西站，这里已正式开通K156路、K157路两条公交线路，以方便旅客往返城区与高铁站。其中K156路由西站开往火车站，K157路开往营市街。

大明湖畔的济南以泉水甲天下，有“泉都”之名。据说济南有四大泉域，十大泉群，733个天然泉，天下第一泉“趵突泉”就位于市中心。盛强来到趵突泉，但见三股大泉从池底冒出，翻上水面两三尺高，泉水如腾空一般，气势颇为壮观。据广告牌介绍，这三眼泉从清代乾隆年间至今，昼夜不停地向外冒腾。一边赏泉的时候一边再品碗香茗，这里的茶是用泉水沏的，能沏出茶的真味。

品完茶觅食去！盛强想，到济南当然要吃正宗鲁菜。一道道数起，诸如鲜香红辣的是宫保鸡丁，红油赤酱是九转大肠……大明湖特产的蒲菜质地鲜嫩，造就出一道奶香醇厚的奶汤蒲菜，是鲁菜中的第一汤菜。最后来一碗特色的把子肉干饭，肥瘦相间的猪肉切成长条，先用麻绳捆成一把煮好，再放在酱油中炖。盛强在这里白米饭浇肉汤，把子肉下饭，饱食一顿，满足而归！

泰安高铁站在泰安站。这里有两条公交线路到市区，18路20分钟到达火车站，从火车站坐4路到达岱庙站。高铁站与泰山相距较近，建议打车前往。还要注意泰安站与泰山站要区别开，泰山站为普快车站。

泰安境内的东岳泰山，历来是“天下第一山”，“五岳之首”。登泰山的路有4条：历史悠久的登山御道从红门路开始，一路集景点精华；天烛峰线路攀登比较艰难，很受驴友们的青睐；最轻松的路线则是走天外村的汽车登山线，从天地广场乘车到中天门，再从中天门搭乘到南天门的高山索道，老少妇孺皆宜；而以自然风光为重的游客，则多选择从桃花峪乘车到桃花源索道站的路线，一路上人文风情不多，但胜在风景最美。

泰山山清水净，天然自得。这种天然也体现在食物上，有名的“泰山三美”，不过是豆腐、野菜和水，历代帝王到泰山，必也是一席干干净净的素宴，以洁身静心。豆腐野菜宴看似平凡，然而不仅取料山间，用料纯正，花样口味也绝对一流，一套完整的豆腐宴有150道菜，道道用豆腐做成，属于令人惊奇的一味百用的功夫。

曲阜高铁站在曲阜东站。这里开通4条旅游专线，即：儒释圣地汶上宝相寺景区、铁道游击队故乡微山湖景区、梁山好汉传说发源地水泊梁山景区，以及孟子故里“二孟”景区。游客可从换乘站直接购票上车，进行一日游。

曲阜有孔庙、孔府、孔林，是儒家文化的发源地，古代鲁国的都城，1994年，“三孔”文化被列入世界文化遗产名册。在“三孔”中，孔府是孔家世代嫡裔子孙居住的地方，气势非同一般；孔庙与孔府相邻，庙宇雄伟壮丽，金碧辉煌；而孔林是孔子家族陵墓，参天古柏开路，神道石像参拜，不愧为世界上延时最久、面积最大的氏族墓地。

在这个积淀千年文化的地方，帝王级的贡品就在日常生活的一餐一饭中，那就是曲阜香稻。这里的香稻历来是专门进献给皇帝的贡品，米色白而略露青头，米质黏细油韧，清香醇口，“一家煮饭，十里飘香”。盛强饕餮完山珍海鲜，又来曲阜吃了一次真正的好米香饭。

枣庄高铁站在枣庄站。枣庄至台儿庄古城的BRT快速公交系统实现了高铁枣庄站至台儿庄古城的快速连接，全长35千米，使两城之间的交通实现快速公交化。

你如果爱好军事，一定要来一回枣庄，这里曾有过震惊世界的“台儿庄大战”、名扬四海的铁道游击队，还有运河支队的英烈、鲁南战役的辉煌。时过境迁，在美丽的山水风光前，似乎无法想象当年战争的情景。但是历史仍然在各处遗留下了痕迹，古城台儿庄保留了目前世界最多的“二战”遗址，一面面弹孔墙记录了往昔的战争岁月，而古老的大运河被近乎完整地保留了下来，“活着的运河”百年如一日，比谁的记忆都长。

没变的还有那几样传统的枣庄风味，台儿庄家家户户都少不了的菜煎饼就是其中一味。路边随处就有煎饼摊子，火腿鸡蛋菜煎饼、豆腐青豆菜煎饼……随意选料搭配，现点现煎，简简单单的营生，成为街头的一道风景。

徐州东站位于徐州市东约8千米处，是京沪高铁七大主要站区之一。高铁站采用钢架结构，无柱式风雨篷呈波浪造型，充分传递出现代感和速度感。高铁站采用了保温、隔音、环保、节能等新技术，充分体现了高铁站区现代高效的建设理念。

江苏美城太多，以至于徐州这个历史名城总被遗忘。徐州是著名的帝王之乡，“九朝帝王徐州籍”，地处南北方过渡地带，向来为兵家必争之地，商贾云集。徐州还是中国烹饪文化的发源地，是中国第一位养生学家彭祖的老家，也是中国佛教的重要发源地。徐州拥有众多当年楚汉相争时期的遗迹。在彭祖故里可以游览彭祖庙、彭祖墓、大彭氏国遗址等；楚风汉韵遗址则囊括了徐州汉文化景区、徐州汉兵马俑博物馆、水下兵马俑博物馆等，文化韵味浓厚。

彭祖是我国烹饪界的始祖，相传在尧帝时，彭祖因擅烹饪野鸡羹，得到尧帝的赞赏而受封。徐州美食主要有易牙五味鸡、符离集烧鸡、霸王别鸡（姬）、鸳鸯鸡等。

蚌埠高铁站在蚌埠南站，这里配合高铁已经开通了128路公交车，完成了南站与市区、原客运西站、蚌埠火车站、长途汽车中心站的“无缝对接”。

蚌埠并不算多有名气，却是很多美丽史话的发源地。4000年前大禹治水时的涂山，就在今天怀远县4A级风景区涂荆山。涂山也是当年大禹会诸侯之地，他在此娶涂山氏女为妻。与涂山隔河相望的荆山，相传当年卞和在山西面的卞和洞发现绝世美玉，献给楚王却不为楚王所识，不想卞和所献的美玉，就是历史上最有名的和氏璧了。2200多年前著名的“垓下之战”也发生在这里。在固镇境内，现在还保留有霸王城、韩信点将台、虞姬墓等遗迹。这些是2009年新发掘的考古遗址，真实的历史放在眼前，“四面楚歌”、“十面埋伏”、“霸王别姬”，是否还和传说中一样美丽？

“美食家”盛强在蚌埠有些失望：在这里除了感受一下文化氛围，竟然没有能引起自己食欲的美食！来去匆匆，盛强急奔下一站——南京。

南京高铁站在南京南站。南京南站现为亚洲最大的火车站，交通衔接便利，公交、长途汽车、出租车、地铁1号、2号线，旅客可通过多种途径到达市区。

以夫子庙、秦淮河为中心的老城南，一直根植着南京之魂。看看那些老房子里的民生家常，走走悠长的巷子，卖葫芦的人家依旧在一个绳圈上挂上几十个可爱的小葫芦，挤挤拥拥好不热闹，老居民们仍旧热衷于养鸟逗乐，鸟笼子挂成一排，像是小小的鸟类展会。这里是老城南最后的静谧，趁着消失之前，不妨来体会一番老南京依恋的风情。

盛强到了光华门一带，不往大店去，偏往小巷子里走，只是为了吃那些小吃店的鸭血、小笼包、锅贴、糖芋苗。桂花糖芋苗是南京的一道特色甜点。新鲜芋苗蒸熟后剥皮，加上特制的桂花糖浆，再放在大锅里慢慢熬制。将芋苗煮出红彤彤、诱人的颜色，快软烂的时候加入藕粉，浓稠美味，润滑爽口。

镇江高铁站位于镇江南站，高铁配套5条公交线路，分别是D5线、K202线，优化39路、100路、K208线，直达江苏大学、镇江新区、伯先故居、谏壁等交通枢纽。

因为位于长江与京杭大运河相交的十字路口，镇江的故事总是和水脱不了干系。南岸金山上的金山寺就是给白娘子水淹了一回，留名千古，王昌龄在芙蓉楼谱下“洛阳亲友如相问，一片冰心在玉壶”的心曲。北固山以甘露寺为代表，辛弃疾的一首“千古兴亡多少事，悠悠。不尽长江滚滚流”即是于此地有感而发。焦山的碑林里，陶弘景的《瘗鹤铭》被称为书法“大字之祖”，如今雷劈半残，笔画力气犹存。“山不在高，有仙则名”，这长江畔的京口三山，如此多的墨宝留于此地，如何能不得盛名。

毗邻长江，镇江的鲥鱼、刀鱼、鮰鱼之鲜美，早已闻名。镇江还有“三怪”更出名，肴肉、香醋、锅盖面，俗话说，“香醋摆不坏，肴肉不当菜，面汤里面煮锅盖”，一个比一个奇，让人很好奇个中乾坤究竟如何。盛强找了一家镇江小饭店，来上三样，一尝新鲜。

高铁无锡东站位于无锡市安镇。整体设计非常人性化，站房与交通枢纽及下沉式广场处均架设有多层透明雨篷，雨篷之间交错重叠，乘客在各站场换乘时可享受“无缝遮挡”。

“太湖明珠”无锡是国家历史文化名城，已有3000多年历史。碧波荡漾的太湖水让这个城市充满了灵气，太湖灵山区一景一传奇。鼋头渚被誉为“太湖佳绝处”，灵山大佛为世界最高的露天青铜释迦牟尼立像；东林书院、清名桥、南禅寺，古色古香中蕴含着悠久历史；江南名园寄畅园、天下第二泉、蠡园、梅园则展现了园林秀色。

太湖“三白”银鱼、白虾、白鱼为水中上品；秋季湖蟹体壮黄肥，包你馋得合不拢嘴。市内主要美食去处有崇安寺二楼皇亭美食城、南禅寺商城及美食街、中山美食购物一条街。

苏州北站位于江苏苏州市西北，与阳澄湖相隔不远。站房造型像正欲展翅高飞的大鹏鸟，两侧“羽翼”为无柱雨篷，遮盖桥上的候车区域。

“上有天堂，下有苏杭”，虽然邻近现代化大都市上海，苏州却如此柔情似水，不疾不徐。以前从上海到苏州坐火车要一个多小时，如今从上海虹桥站出发，不到半小时就能到达。苏州古城古色古香，就连公交站点都被设计成古典亭阁样式，风雅之至。苏州园林名噪天下，拙政园、狮子林、留园，园园精致；狮子山、天平山、灵岩山、虎丘，山山秀美；古镇周庄、同里、木椟、山塘，水水相依，处处演绎着“小桥流水”的别致。

苏州名菜，春有碧螺虾仁、笋腌鲜，夏有西瓜鸡、清炒三虾，秋有鲃肺汤、大闸蟹，冬则有母油鸡、青鱼甩水等。苏州小吃闻名天下，蜜汁豆腐干、松子糖、玫瑰瓜子、虾子酱油，都脍炙人口。

上海虹桥站位于沪杭高铁、沪宁高铁与京沪高铁的交会点，地处上海市西部，东邻上海虹桥国际机场T2航站楼，是高度现代化的铁路客运特等站。虹桥站主要负责高速铁路旅客的乘降，设高速和综合两个车场，总规模为16台30线，其中高速场10台19线，综合场6台11线，高速场和综合场均拥有一个侧式站台。

上海简称“沪”，别称“申”，又称“上海滩”，地处中国漫长海岸线的最正中，世界第三大河、亚洲第一大河——长江的入海口以及亚太城市群的地理中心。上海是中国第一大城市，四大直辖市之一，中国国家中心城市，中国的经济、科技、工业、金融、贸易、会展和航运中心，拥有中国最大的外贸港口和最大的工业基地，货物吞吐量和集装箱吞吐量均位居世界第一。上海也是一座新兴的旅游城市，具有深厚的近代城市文化底蕴和众多的历史古迹，并成功举办2010年世博会。如今上海已发展成为一个闪耀全球的国际化大都市，并致力于在2020年建设成为国际金融中心和航运中心。

上海是个海纳百川的美食城，中国几乎所有的菜系（京菜、川菜、粤菜、湘菜、扬州菜、潮州菜、安徽菜、素食菜等）都会聚在这里，世界各地的佳肴（意大利菜、俄罗斯菜、法国菜、越南菜、韩国料理、日本料理等）也都能在上海觅到踪迹，融会中西精华而又别具韵味的本帮菜更是不可不尝。本帮菜又称海派菜、上海菜，以烹调鲜活著称，特别是鱼虾，非鲜不取，非活不用，有浓油赤酱、色泽鲜亮、注重原味的特色。盛强在上海住了10天，上海典型菜品油鳝糊的润而不腻，八宝辣酱的滑软鲜嫩，让他终身难忘！

一路上盛强遍尝特色美食，只是因为时间仓促，其间有几个站他没有下车，如安徽宿州东站、安徽定远站、安徽滁州站、江苏丹阳北站等。但这次饕餮之旅，盛强在计算机上留下了几十万文字的笔记，还有300多幅图片，可谓收获颇丰！

点评与建议

高铁改变生活，高铁改变旅行方式，高铁更便利人们的饕餮之旅。如今，高铁旅游已经是最时尚、最热门的旅行方式，搭乘高铁，不仅能感受贴地飞行的速度感，连起城际、省际旅行生活圈，更能快速拓展游玩版图，尝遍南北特色美食。随着京沪高铁的正式运营，沿线餐饮业必将进一步升温。

景区食品不安全，游客中毒打官司

人们在做外出旅游的计划时，很少会注意到饮食卫生，提防食物中毒的问题。多年以来，游客食物中毒事件不断曝光，这表明黑心商家利欲熏心，为了牟取暴利，不惜损害游客的健康。这种情况也和相关部门管理不力及游客本身缺乏安全饮食常识有关。

2009年7月21日、22日，李女士报名参加由A旅行社和B旅行社组织的到某海滨城市的海边旅游。在旅游期间，游客的食宿均由B旅行社组织安排。22日中午12时许，李女士和其他游客被B旅行社安排在该城市某酒店集体就餐，当时的食谱有鱿鱼烧豇豆等。

吃完午餐后，李女士就随团乘车返回，途中与其他游客相继发病，症状均为腹痛、腹泻、呕吐、发热。由于病情严重，李女士去临近的医院急诊，经诊断为急性肠胃炎。截至同年7月24日下午，该批游客中共有20人出现症状，17人去医院就诊。

当地疾病控制中心的检测和卫生监督所的调查结果显示，包括李女士在内的20人的病症系由副容血性弧菌污染食物而导致的食物中毒事故。根据副容血性弧菌致病特点及该病潜伏期临床特点，2009年7月22日的午餐是导致此次食物中毒的主要原因。

由于酒店提供的食物不卫生，组织旅游的两家旅行社未能注意和制止，导致李女士食物中毒。李女士因此起诉要求酒店和两家旅行社公开赔礼道歉并赔偿检测费3200元、医疗费1635.32元、误工费160元、住院伙食补助费72元、护理费160元、营养费60元、精神损害抚慰金100元，合计5387.32元。

法院受理后，于2009年11月8日、12月12日公开开庭进行了审理。

被告明某所经营的酒店已于2009年11月29日在工商部门办理了注销登记。明某为原酒店业主，系个体工商户。明某辩称无法确认原告到酒店就餐，疾病预防控制中心出具的检测报告和卫生监督所作出的调查报告不符合有关法定程序，认为原告的诉讼请求缺乏事实和法律依据，请求驳回原告的诉讼请求。

被告B旅行社辩称，2009年7月21日至22日该社接待另一家旅行社客人38名，李女士为其中客人之一，7月22日中午该社安排原告等38人在酒店就餐。

被告A旅行社辩称，李女士参加该社的赴某海滨城市的海边旅游，2009年7月22日中午在B旅行社安排的酒店就餐，引起食物中毒。

法院经审理认为：本案中原酒店由于过错提供了不合格菜肴致原告食物中毒，侵害了原告的身体健康，应当承担赔偿责任。因该酒店已经注销，应当由其业主被告明某承担赔偿责任。被告B旅行社、A旅行社作为经营旅游业务的单位，对游客在旅游过程中遭受的人身损害具有相应注意义务。原告的人身损害与被告B旅行社、A旅行社组织旅游的行为具有因果关系，应当承担补充赔偿责任。被告明某称疾病预防控制中心检测报告不符合有关检测程序，卫生监督所出具的调查报告不符合有关认定程序，未能举证证实，本院不予支持。

据此，法院一审判决酒店业主明某于判决生效后十10日内赔偿原告李女士经济损失2987.32元。同时判令B旅行社、A旅行社对上述费用承担补充赔偿责任。

点评与建议

游客食物中毒事件再次为景区食品安全问题敲响了警钟。旅游景区应严格落实旅游景区餐饮服务食品安全责任，做好食品安全工作，杜绝违法违规行为。另外，2010年，国家旅游局实施旅行社责任保险全国统保，将旅游交通事故、食物中毒等责任列入保障范围。据此相关条款，游客应该主动投保游客人身意外险，事后可以根据鉴定结果向负有责任的单位进行追偿。

旅行社一定要带游客到证照齐全、信誉良好的餐饮单位用餐；在带领游客就餐之前，旅行社应当提前对餐饮单位进行考察，并与合作的餐饮单位签订合作协议，明确权利、义务与责任；一旦发生事故，带团的导游员或领队要立即报告所在旅行社，旅行社要及时向当地卫生监督和旅游管理等相关部门报告，寻求帮助，同时妥善做好事故调查处理的协调配和工作；旅行社要把安抚、治疗游客要放在首要位置，并应主动垫付医药费等。

另外，导游员一旦发现有游客食物中毒，要让患者多喝水，以缓解毒性；用手指刺激舌根、咽部，促其呕吐；尽快送医院，请医生开具诊断证明；迅速向旅行社领导报告，将诊断证明复印件备案，以便追究供餐单位责任；如果有游客多人集体中毒，必须同时报告卫生防疫部门，以便采取有效的防治措施。

另外，一定要保留食物样本。由于确定中毒物质对治疗来说至关重要，如果身边没有食物样本，也可保留患者的呕吐物和排泄物，以方便医生确诊和救治。

针对游客食物中毒事件频发这一现象，有必要做好相关知识的普及工作，使更多的人掌握食物中毒的症状和处理这类事故的应急措施，以做到有效防范。

不少景区地处高原地带或者海拔偏高，会出现水烧不热的情况，人们出于常识考虑，就会对水进行长时间加热。另外地些地方会有放置过久的腌制食品或者泡菜类食品。以上这些都有可能引发亚硝酸盐中毒。再如大家都知道的维生素C与甲壳类海鲜混食，会产生几乎和砒霜完全一样的产物而直接导致死亡。在旅途中，这些情况都必须加倍留意，避免发生。

第三章
乡村旅游，体验生活也疯狂

我国是农业大国，更是乡村大国，乡村是中国大地上的重要景观。所谓乡村旅游，就是到乡村去了解一些乡土民情、礼仪风俗等，如观赏乡村土产和自然景观并了解它们背后的故事。旅游者可在乡村及其附近逗留、学习，体验乡村生活。本章向读者介绍北京、上海、重庆及南京等地周边的一些乡村的状况，描述北国乡村的冬天和南国乡村迷人的田园风光。另外，本章还向读者介绍引人入胜的澳大利亚乡村游和享有盛誉的意大利乡村游，以开阔视野，并借此激发读者走遍世界去体验“田园生活”的欲望。

北京郊区春节乡村游

乡村旅游是近两年新兴的旅游项目。很多在城里住惯了的城市居民开始选择去农村体验民俗年。在城市游客在体验乡村生活的过程中，很多原本不为人知的淳朴村落渐渐走进人们的视野。

上磨村位于延庆母亲河妫河源头——黄龙潭旁，距县城17千米。明代黄龙潭有3座水磨，最北一座称上磨，该村由此得名。悠久的历史、丰富的文化内涵和优美的自然风光使上磨村吸引了众多游客。该村民风淳朴，文化底蕴丰厚。一年一度的“黄龙潭庙会”，荟萃了种类繁多的民间艺术。届时，远近村民云集，热闹非凡。该村除“垂钓餐厅”之外，尚有民俗户10多家。品一席虹鳟鱼宴或农家美食，赏一次独特的民间艺术表演，实为人生一大乐事。

平谷的新花峪客栈也很著名。来到平谷熊儿寨乡花峪客栈，就像进入了东北的龙泉山庄。刚到门口，游客就会被一排排驴子、骡子和马吸引住，它们松散地排成一队，暖暖地晒太阳。而门口的一株大杏树，则在红灯笼的映衬下透着憨憨的佳节喜庆。餐厅门外的梁上挂着金黄的玉米，单间里一张大大的炕，大家席炕而坐。餐厅是一水儿的木质结构，外面一圈侉炖大锅，热气腾腾地给客人炖着鱼和鸡。院子正对着的是仿古的大戏台，这里不演二人转，演的是云南民族歌舞。别小看这个农家客栈，娱乐还真不少，什么歌舞厅、台球室的，足可以让你打发晚上的时光。用餐区的正中还有两个石磨，牵头小驴子，磨点玉米什么的，也别有一番乐趣。客房都是用木头、青砖等自然材料建造的。青砖的四合院独门独户，院门口挂着老式马灯，木门上两个门神把守着，旁边还有灶王爷的“小阁间”。屋子里的摆设也是极尽返璞归真之能事：墙上贴着戏剧剧照般的老画，老旧的大笨木柜子、土炕、老式缝纫机等等，恍如时光逆转，回到了20多年前的乡下姥姥家。套间虽然没有院子，却有一个“宽广”的客厅，能在里面用餐，还能唱歌，一小群人一起疯玩最过瘾了。

密云县的遥桥峪古堡始建于明朝万历二十六年（1598年），东西长163米，南北宽135米，城墙高7米。南面正中城门上有城楼，四角有放哨用的角楼。现在角楼已不存在了，但整个城楼保存得非常完好。当地人说：“两个门才叫城，我们只有一个门，所以叫堡。”当年长城遇上敌情，在城楼上执勤的哨兵就会点起狼烟，把长城上的报警信号传到城堡内，城内立刻集合部队迅速增援。遥桥峪古堡内至今仍然生活着50户居民，大多数都从事民俗旅游接待。每个旅游接待户的门口都挂着金灿灿的牌子，上面写着标号，这都是密云旅游局统一制定的接待户标志。遥桥峪古堡村现在已经发展到民俗户66家，并拥有云岫谷、雾灵湖、雾灵西峰三大景区。古堡的特色美食——贴饼子、黏饭似乎也为古堡增添了浓重的历史感，因为这两样农家饭至今仍是用最传统的大柴锅做的，味道极其传统和正宗。遥桥峪古堡的城墙很高，住在里面似乎与外界完全隔绝了。在遥桥峪住上几天，除了能享受“住农家院、吃农家饭、干农家活、享农家乐”的闲适与乐趣，最重要的是远离城市的喧嚣，感受放飞心灵的超脱与宁静，宛若置身于桃花源中。

门头沟区斋堂镇爨底下村，又名“古迹山庄”，已有400多年的历史，保存着500间70余套明清时代的四合院民居。村分上下两层，看似古堡又似山城，高低错落，线条清晰，坐北朝南，布局合理，结构严谨，建筑艺术高超，颇具特色，被称为北京地区的“布达拉宫”。古镇小村的几十套四合院，主次分明，青砖灰瓦，玉阶雕梁，古香古色。全村统一构思，各成单元，并配有防汛、照明、防盗设施。四合院内，设计独具匠心，门楼等级严格，影壁构思巧妙，砖雕、木雕、石雕刀法朴拙，颂辞、壁画、楹联俊秀典雅。村中一条东西走向、完全用彩色石板铺成的小巷，曲径通幽。

当然，除了上面的这几个地方，其他还有很多好去处，这里就不一一介绍了。

点评与建议

北京市旅游发展委员会于2012年1月公布统计数字显示，在春节黄金周期间，北京市共接待游客827万人次，旅游总收入34亿元，比去年同期增长9.3%。其中，京郊乡村旅游仍持续火热，假期共接待游客76万余人次，实现旅游收入7532万元，分别比去年同期增长10%和8%。

从近几年来的实际情况看，春节期间京郊乡村游呈现如下特点。一是京郊旅游新形式，环保低碳成特色。

京郊游实际上也是体验乡村俭朴生活的旅程，低碳的经营模式与这种生活不谋而合，且在为乡村旅游带来更多经济效益的同时，让游客真正体会到青山绿水的纯净世界。京郊农家乐成为市民拥抱自然、排解压力的首选。哥本哈根气候大会后低碳概念渐入人心之际，密云作为北京市首个低碳旅游实验区，试图升级京郊游，开发京郊旅游新方向。例如：

青菁顶骑车代替自驾。自2009年开始，密云县就遴选出五个“骑行”基地，提供150辆山地车和双人情侣车向游客出租。黑龙潭北1千米处的青菁顶民俗度假村就是首批成立的“骑行”基地之一，在春节期间，度假村山脚下的车棚里停放着颜色鲜艳的自行车，吸引了不少从城里来体验乡村生活的年轻人。

黑龙潭低碳冰雪世界。坐落在石城乡鹿皮关北的黑龙潭，2009年刚刚成为国家4A级风景区。这条全长4千米、水位落差达220米的峡谷在春节期间成了一个晶莹剔透的冰雪世界。景区的冰都是就地取材，像一个人工的琉璃世界，不需要消耗大量水电。每一块冰都取自景区内天然冰冻的峡谷山泉，景观依山势蜿蜒装点。等到春暖花开时，只需要将冰雕中的彩灯取出，融化的冰水便又还原为山泉，碳排放非常少，没有一点儿污染，让游客在欣赏晶莹剔透的冰雕的同时又推动了低碳旅游的发展。

石塘路超导液供暖。超导液是先进的高科技产品。走进干净敞亮的客房，迎面是贴着红砖墙纸的仿真大炕，没有了柴火煤烟的味道，大炕却依然温暖，原因就在炕炉下的细橡胶管中，只需烧一小壶水，热气就可以传遍小院的几间房间，全靠这超导液的功劳。

二是民俗文化游依然火爆，“京风京韵”更加浓郁，京郊过年，年味儿更足。

这一特点在2010年春节期间已经形成，依然是民俗庙会、文化节，但不变的是浓厚的京味儿传统，更增加了文化气息。各区县都以自己的文化魅力吸引着各地游客。例如：

延庆县在当地博物馆举行了“微观巨现，方寸乾坤”集邮展，并邀请县内的外地学生、外国学生一同参观展览过大年。传统年会上，村民用365棵果树代替了“九曲黄河灯阵”原本使用的365根竹竿，用绿油油的柏枝连接果树，灯阵的大门东侧设置了观景台，游人不仅可以转灯阵，还可以登上观景台俯瞰整座灯阵。传统的“九曲黄河灯”以棉花做捻，菜油点灯，灯放入水中，如能不碰两旁灯杆，顺利地走出由365盏灯组成的九曲十八弯迷宫，则会“转九曲一年顺通”。柳沟、长寿岭、西白庙、卓家营等民俗村于还推出了“火盆锅”等活动项目。

门头沟区斋堂镇推出“民俗过大年”活动，让游客在古村落体验剪窗花、写春联、放爆竹、包饺子等传统民俗项目；潭柘寺推出春节“祈福纳祥求安康”主题庙会和迎财神主题活动；戒台寺景区举办“敲古钟迎新春”祈福纳祥活动；双龙峡景区推出“赏冰瀑、过大年、抓鸡遇、走吉运”活动，让城里游客体验十里冰川百挂冰瀑、独特的夹皮沟小火车等特色项目。

怀柔区推出了“赶文化大集，展怀柔精品”活动，由7支民间花会300人表演的小车会、舞龙舞狮、高跷、腰鼓、善缘老会等民间绝活精彩绝伦。传统手工艺空竹、琉璃、宫灯、剪纸、泥塑等吸引了众多观众。

大兴的礼贤镇推出了御鹿苑品全鹿宴，“八碟八碗”满族风格餐；长哨营满族乡的传统“二八席”让游客在品味菜品的同时，回想起古时过节时的种种习俗；丰台区推出“五显财神”莲花池公园游园活动，公园中设置了“五显财神”浮雕墙，还组织了“摸元宝沾财气”、“许愿池”、“我是财神爷”、“纳财入门”等游人参与的活动。

三是中西合璧，尽显年节文化。

从2010年开始，“洋庙会”又有了更多的发展，除了开这样的庙会的区县多了，形式也更加丰富多彩了，加之2010年的春节和西方的情人节碰到了一起，使得那一年的中西合璧有了更多的意义。例如：

石景山游乐园的“洋庙会”汇集了中外经典小吃以及琳琅满目的百家千种中外时令年货，还有童话世界梦幻乐园的美丽风景线、五洲风情花车等。

密云的红酒庄园拥有“澳洲红酒庄园”和“康乾行宫”两大庄园，是中西合璧的完美组合。康乾行宫是明清式皇家园林的纯中式建筑，放眼望去红墙碧瓦、亭台楼榭。春节期间，红酒庄园更是借着情人节的机会吸引了无数京城情侣。

顺义区的意大利农场举办了开心农场过新年活动，让众多的城市居民在农场里种植产自意大利的蔬菜水果，还可以喂小动物，在蔬菜大棚里采摘新鲜意大利蔬菜水果。

总之，火爆的京郊游现在已经是十分受追捧的热点活动。正所谓“揽山揽水揽胜景，寻根寻梦寻亲情”，那种返璞归真的精神慰藉和情感寄托，让城里人一生难忘！

上海周边春日乡村游

游古镇、尝小吃、干农活、住农屋……下面介绍的这几条上海周边春日乡村游路线，为向往乡村生活的都市人提供了一份“休闲菜单”，也为“中国乡村旅游”的主题添上了精彩的一笔。

一是古镇文化游和观海踏青游。古镇文化游路线是从枫泾古镇出发，到山农民画村。观海踏青路线是从金山规划展示馆出发，到金山海滩，再到施普桃源。画村分丹青人家、枫泾人家、水上人家、稻香人家和菜园人家。已建成的丹青人家以江南老式民居为主，配以小桥流水、草棚菜园、鱼塘、农家铺子、打谷场等典型的农村景物。

二是奉贤生态休闲游。旅游路线是从奉贤海滩出发，到申隆生态园，再到奉城万佛阁。奉贤海湾旅游区总面积132平方千米，137千米长的海岸线横贯东西。区内有金汇港海岸港口、依港傍海，集江南水乡、田园风光、海岸滩涂、自然野趣于一体，是都市居民回归自然，享受自然，休闲旅游和举行商务会务活动的胜地。上海赶海节正值黄金周，沙滩摩托车、滩涂骑马、蹦极、海盗船、惯性飞车等活动精彩呈现。

三是南汇赏花观光游。旅游路线是从鲜花港出发，到滨海森林公园，再到风电科普馆，最后到滴水湖。来到南汇桃花村，穿过竹篱门，白墙青瓦的农舍掩映在金黄色的油菜花尽头。在千亩桃林中还有一座小岛，岛上有清明一条街。石板路两边店铺很多，吃的玩的样样有。

四是崇明农家乐生态游。旅游路线及景点包括前卫村农家乐一日游，前卫村农家乐二日游，瀛东村渔家乐二日游，明珠湖、西沙湿地生态休闲二日游。前卫村既有城市风光，又有田园诗意。游客在这里可以吃农家饭、住农家屋、干农家活、享农家乐。瀛东村则以淡水养殖为主，其垂钓和捕蟹活动令游客流连忘返。

五是嘉定古城文化游和嘉定汽车休闲游。古城文化游路线是从国际赛车场出发，到科举博物馆，再到古猗园。汽车休闲游路线是从国际赛车场出发，到华亭现代农业园区。华亭现代农业园区内有小木屋垂钓、茶室品茗、风筝放飞、农家菜品尝等活动。中国科举博物馆利用孔庙建筑群的特点，将陈列分为科举制度沿革、科举与儒学、科举与社会文明、科举考试程序以及科举与教育，再现1300年科举考试的兴衰史。

六是青浦古镇生态游。旅游路线及景点是朱家角、东方绿洲、大观园和陈云故居。千年古镇朱家角，镇内河港纵横、九条长街沿河分布，千栋明清建筑依水而立，36座古桥风彩依旧。游客能在此体验到亲自制陶、织土布、摇快船的快乐。挖野菜、抓蟛蜞、赶牛车，横沙岛上的一项项农家活动，让参与的游客感受到与大自然紧紧拥抱的感觉。

七是松江度假休闲游和观光休闲游。度假休闲游路线及景点是东畲山、西畲山、月湖雕塑公园、天马山。观光休闲游路线及景点是松江新城泰晤士小镇、五库农业休闲观光园、华东花卉流通中心。畲山国家旅游度假区有全长550米的旱地雪橇、国内规模之最的蝴蝶园、森林百鸟苑、地震台和竹海乐园等。五原农业休闲观光园内设有番茄农庄、乡格里拉农庄度假村和水乡人家休闲农庄等。

八是闵行古镇休闲游。旅游路线是从七宝古镇出发，到银七星滑雪场。七宝古镇的南大街形成小吃一条街，有羊肉、方糕、海棠糕等；北大街则为民俗文化旅游购物一条街，有酒坊、棉纺织馆、当铺、蟋蟀草堂、微雕馆等。

九是浦东农业科普游。旅游路线是从孙桥现代农业园区出发，到凌空农艺大观园。凌空农艺大观园里的奇花异木、怪石名瓷、民俗风情，还有上海地质科普馆、古生物化石陈列馆等使其成为都市人休闲的新热点。

十是宝山观光度假休闲游。度假休闲游路线及景点包括步道、东方假日田园、罗店北欧新镇。宝山环区步道的绿化种植以意杨、水杉、香樟等为骨架树种。东方假日田园内设农业科普馆、地质科普馆、花卉园、农业展示园和迷你宝贝园等。

点评与建议

说到在上海周边乡村旅游，就不能不说说上海菜的特点。事实上，红烧山羊肉、酱油白米虾、葱油黄泥螺、五香剪刀豆、梅干菜烧乌沧、清蒸板娘鱼、兰花小茄……乍听都是些“草根”菜名，其实它们却都来头不小。上海市烹饪协会和上海市工商业联合会曾经主办上海名点名菜认定暨农家菜展示交流活动，当时有市郊区40家饭店的200多道农家菜参加了展示。结合市旅游委员会推出的10条市郊旅游线路，这些农家菜将为游客的假日行程添彩。

创新发展是上海菜的特点，市郊餐饮企业经过创新改良，推出了点菜率非常高的畅销菜和招牌菜，比如宝山区海宝大酒店的三岛鼎鲜锅仔，将崇明岛的凤尾鱼、长兴岛的野茭白、横沙岛的酸菜三合为一；青浦财兴大酒店的酸菜昂刺鱼和旁鳊鱼，用特产原料结合川菜烹法；南汇茜茜啤酒屋的顶汤一家鲜，用河蚌与河鳗同烹；闵行恒隆大酒店的脆皮南瓜奶是农家菜西做。另外，茄丝饼、草头饼、牛肚雪菜酥饼、南瓜煎饼、双娘团、芹香芋饺和方糕等农家点心也是展会中的一个亮点。

总之，上海的市郊古镇各具特色。仅一个“吃”字，如青浦扎肉、熏青豆，“唔口奴喔哩”农家菜，南翔小笼，七宝小吃等，就足以让人满口生津。若去崇明，换换肺、捉螃蜞；去金山，观海踏浪游画村；去南汇，赏花、游岛住农家，更令人乐不可支。趁着假期，深入农家，走走乡间小路，闻闻水乡古镇的气息，来过一种“乡”味扑鼻的生活吧！

重庆周边踏青赏花好去处

春风，春暖，春日，春长，春山苍苍，春水漾漾。何不趁着春色好、春光旺的清明小长假，到周边透透气、换换脑。这里特地收罗了重庆周边踏青赏花的好去处，有的适合全家老少乡村游，有的适合摄友花海采风，有的适合亚健康人群养心祈福，总有一处春山春水，能让你释放出融融的春心。

一是綦江。清明期间正值綦江永新梨花节，万亩梨花遍地盛放，还可参加千人凤凰鸡宴、自驾车友露营等精彩活动，赏花逛林品美食好不惬意。2012年，永新梨花节在打造现实版的“开心农场”过程中，除了以往的梨树认养之外，还增加了宫廷凤凰鸡、生态猪、黑毛猪及其他家禽、家畜的认养等原生态的农村休闲方式。綦江区近日获得由“中国旅游品牌总评榜”之重庆分榜——“最美重庆”评选活动评选出的“最美重庆·2011年度最受欢迎旅游区县”称号。市民除了到永新赏梨花外，还可到老瀛山、东溪古镇、古剑山等景区踏青。“饭遭殃”焙椒酱、“金角”牌老四川牛肉干、赶水萝卜等，是这里的特色美食。

二是永川。6万亩梨花开得如火如荼，好似一幅清新脱俗的雅致国画，洁白如雪，清香阵阵……2012年3月28日，永川黄瓜山赏花节在七彩蓝莓园盛大开幕，赏梨花逛梨林认养梨树等多姿多彩的活动让游客玩得“畅快”。在赏花节期间，十项野趣活动、百车自驾游、千鸟大赛、万人梨花宴、梨树认养、农副产品展销及美食品尝、诗韵乐风文化活动、梨花杯山地自行车登山挑战赛、珍奇瓜果科普趣味园参观活动等精彩活动将一一上演。棒棒鸡、脆皮鱼、炒米糖开水、鸡丝豆腐脑、鸡丝凉面等，是这里的特色美食。

三是石柱。都说石柱的景色是五彩斑斓的，清明小长假时间充足，天气晴好，正好带上家人一同出游，品赏这里春天的纯净之美。每年3月至5月是石柱春意最浓的时节。此时千野草场的火棘花已开得漫山遍野，黄水的杜鹃花也次第开放。此外，到黄水任何一个土家山寨，都能欣赏到土家风情吊脚楼、情歌对唱、摆手舞。莼菜、烤全羊、土家咂酒、土家腊肉、梨子酒等，是这里的特色美食。

四是石象湖。2012年的保利石象湖郁金香旅游节，是郁金香品种最全的一届，近百个品种的郁金香会聚成强大的阵势，更有罕见的黑色“夜皇后”现身。夜皇后所开的花并非纯粹的黑色，而是在阳光下紫得发黑，着丝绒般的光泽，优雅高贵，其花期预计在3月下旬到4月下旬，清明小长假期间正好盛放。此外，“2012中国·成都乡村旅游节”也在保利石象湖景区举行，有非物质文化手工艺作品展，现场邀请国内和本土优秀的手工艺大师制作表演。跑山鸡、六合鱼、刘烧鸡、叶肥肠、鸡丝豆花、水碾坊、五龙鸭子、百鸡宴等，是这里的特色美食。

五是金佛山。清明前后也将是金佛山最美的时节，特有的高山杜鹃树次第开花，桃花、李花、梨花和各色野花也争相开放，让静静的碧潭幽谷变得热闹和绚丽。特别值得推荐的是，游客可乘坐“旅投·金佛山索道”沿空中长廊而上，观赏到珍稀的高山杜鹃花和各种野花盛开的胜景。游客在金佛山还可认养绿树。方竹笋烧鸡、药羊汤锅、养颜西红柿鱼、手剥笋等，是这里的特色美食。

六是峨眉山。峨眉山踏青赏花分低、中、高山区3个不同层次。低山区油菜花、梨花、桃花、李花竞相开放。中山区珙桐花、报春花和兰花等热闹非凡。而高山区则是杜鹃花的海洋。到峨眉山绝不能错过特色美食村的野菜火锅。锅底采用山野放养土鸡配以秘制腊蹄熬制而成，汤色如奶，可加入茼蒿、枸地芽、竹叶菜、豆瓣菜等十几种野菜，养生又好吃。

点评与建议

在重庆周边踏青赏花能让人感受到在这古老的土地上的浓郁的乡土情意。

另外来到重庆，不能不品尝重庆的火锅，感受它的麻和辣。一进火锅店，就能看见大红灯笼高高挂，火锅热气腾腾，食客汗流浃背，整个餐厅都是种火辣辣的氛围。首先端上来的汤汁，就不一样。汤汁不是纯粹的辣椒味，颜色不是一味的红色，反正吃得不油腻，辣得余味无穷。即使是辣得麻麻的，嘴巴几乎失去知觉，但却根本没人想停下来，直吃得大汗淋漓、爽快无比。而旁边桌子上的男人们光着膀子高声说话，女人们“嘎嘎”笑个不停，性格就像火锅一样的麻、辣、烫。重庆人光着膀子吃火锅是特色。干的时候拼命地干，吃的时候放开地吃，这就是热爱劳动、热爱生活的重庆人。

到南京周边乡村体验慢生活

南京周边的休闲农庄星罗棋布，每到假期，这里一片红火。高淳水乡捉螃蟹、浦口果园摘鲜梨、六合金牛湖看中美艺术滑水大赛、江宁锁石农庄上山捡鸡蛋……憋坏了的城里人，急不可待地逃离城市里的钢筋水泥丛林，投身大自然的怀抱中。徜徉在山林、田园、水塘之间，游人多有感叹：选择在邻近的休闲农庄度假，绝对值！

南京东郊汤山附近有个锁石生态旅游村，许多南京人开着私家车，来此休闲度假。比如在2011年国庆长假期间，就有很多南京人来旅游村游玩。

住在鼓楼的张女士与表姐一起，带着孩子一大早就赶来了。她们的孩子才10多岁，进了农庄，特别兴奋，先是下果园，每人采摘一大袋鲜梨。随后又到附近山坡捡鸡蛋，山上放养了许多草鸡，孩子们拨开草丛，将鸡蛋一个个捡到竹篮里，在阳光下奔来跑去，开心极了。

中午，张女士与表姐在荷塘边树阴下铺块布，摆上带来的食品，两家人一起享受美味野餐和刚摘的瓜果。奔跑了一上午，孩子们狼吞虎咽，吃得十分香甜。张女士本来打算带孩子到常州恐龙园，可看电视上说那儿人山人海，要排长队，想想不划算，黄金周还是到不知名的休闲农庄玩好，人不多，空气清新，环境又好，在这里度假质量高。

午饭后，他们又去玩水车、儿童乐园，参观农趣园，直到夕阳西下，才返回城里。

另一边，家住大桥南路的吴先生也开着车，带着9岁的双胞胎女儿到郊区玩。他们先参观汤山猿人古溶洞，又来到锁石生态旅游村。两个小姑娘十分高兴，一会儿踩水车，一会儿摘葡萄，对试验田里的各类农作物兴趣浓厚，好奇地问这问那。

吴先生说，平时工作忙，没时间陪孩子，国庆放假，到近郊农庄玩最实惠，这里人不多，让孩子亲近大自然，熟悉农事活动，既增长了知识，又放松身心。

到农庄玩的市民有一个共同感触，往年放假长途跋涉到一些名气大的风景区，看到的都是人头，游兴大减，真不如就近到这些休闲庄园，尽享田园风光，度假质量又高。

到周边休闲农庄游玩，还有一个好处就是来回方便，花费时间少，省去路途颠簸的辛劳。特别是一些拖家带口的人，更喜欢邻近的休闲农庄，既达到外出度假放松的目的，又经济实惠。

2011年国庆长假期间，高淳桠溪人气旺盛，日游客量1万多人次，桃花扇广场、大山村、天地戏台等停车场都停满了南京来的私家车。村干部张波说，游客大都来自南京，预计整个黄金周来桠溪的游客超过8万人。

家住南京汉中门的高先生在高淳一连玩了3天。站在一望无际的固城湖边，他做了一个深呼吸，“太美了，这里真是世外桃源，感觉真正回归大自然了，心情都放松了。从南京来一路高速，只要两个小时就到了，机场高速收费从20元降到10元，到这里玩太划算了。南京周边的郊野风光一点不比苏南、浙江等地差。与其花时间去人挤人，不如就近来享受乡野风光。”高先生说。

游客李先生说，去年国庆一家人到北京旅游，各景点人满为患，“哪是旅游简直就是看人，今年在网上看到高淳有个慢城，就想过来看看，来到慢城才真正领会到什么是人与自然和谐相处。”

张先生昨天和朋友三家人一起来到慢城。老人、孩子都很兴奋，张先生指着正在学采茶叶的家人说，这里自然风光太好了，茶园、果园、竹园，漫山遍野的花，感觉很亲切，山花密林中蓦然看到一个粉墙黛瓦的徽派建筑的小山村，大家都感到太惊奇了。

每到长假，许多南京人开车带着家人，到溧水傅家边农业科技园，采摘提子、梨子、石榴、板栗，品尝亲手从树上采下的果实，与从超市买回来的相比，感觉别具风味。过江隧道收费降到10元，而且国庆期间也不堵车，这吸引了许多有车一族开车过隧道到江北游玩。浦口老山森林公园、大吉温泉度假村及一些休闲农庄都举办丰富多彩的活动，很吸引人。

国庆期间，六合区金牛湖举办中美滑水明星对抗赛，惊险刺激的比赛，给人前所未有的视觉冲击，吸引了南京及周边近4万游客一睹为快。长假前6天，金牛湖游客人数约5万人。素有水乡富地、江畔明珠之称的六合龙袍镇，不仅拥有原始的江滩湿地、迷人的水乡风情，更有令人垂涎的特色美食，最著名的当属蟹黄汤包，这几天，许多南京人前来大快朵颐。龙袍镇推出精彩纷呈的文艺演出、竞争激烈的汤包制作大赛、龙袍美食展销会等系列活动，游客在品尝鲜美汤包之余，还可尽情徜徉于长江风光带、百里江堤、万亩芦苇荡、望江亭、中国水杉大道等生态景观里，体验农家野趣。

点评与建议

长期生活在快节奏的南京城里的人们，利用难得的假期到周边乡村去放松心情，得到彻彻底底的安宁，感受静谧与天然，真是惬意自在！在蓝蓝的天空下，躺在草地上，闻着山林田园的气息，懒懒地睡上一觉，更是不错的选择。

勇敢者的漠河之旅

漠河是“神州北极”，是国内最冷的地方，极端最低气温曾达零下52.3摄氏度。这样的低温，冰天雪地，天寒地冻，阻滞了人们探游的脚步。然而，勇敢的旅行者却偏偏选择在凛冽的季节出行。2010年冬，冷锋与几个朋友结伴，抱着大无畏的精神，踏雪北上，去体验一种极度的严寒，感受一种极致的纯粹。

出发前，冷锋他们做了充分的御寒准备。把广告中热热闹闹的“南极棉”、“北极绒”全套上了，帽子过耳，两层手套，三层袜子，真是立体包装，多层防护，俨然一副去极地考察的样子。

一路上，遇到的东北人都感到惊诧，冬天的漠河有什么可玩的？有的说，真要体会冷，到冰柜里体会就行了，何必千里迢迢到那儿去呢？有的说，你们热气腾腾去，肯定会被硬梆梆地运回来！对于这些善意的劝说，冷锋他们淡然置之，仍然满腔热情、豪气冲天、义无反顾。谁叫他们是“城”外之人呢？

从长春出发，经加格达奇转车，穿越林密雪厚的大兴安岭，行程1700多千米，历时28个小时，在傍晚时分，冷锋他们终于到达了漠河县城。

刚下火车，冷锋他们就“投入”了大自然酷寒的怀抱。仅仅一小会儿，他们身上的余热就被寒气“逼”走了。呼出的热气，迅即变成一条条在朔风中飘曳的白烟。凛冽的寒风，像一把把小刀，“刮”在脸上，有丝丝灼痛感。冷锋还感觉到鼻毛嘁嘁喳喳结冰了，变成了一根根冰针。最奇特的是，大家在自己身上观察到了“雾凇”现象，呼出的带有水分的热气，凝聚在眉毛、头发、领口上，形成乳白色的疏松的针状冰晶，远远看去，就像一层冰霜薄薄地涂在上面。经过“雾凇”的精心包装，几个人都变成了“圣诞老人”。大家的四肢尽管防护得很好，但不一会儿，他们的手脚便“失去知觉”。为防止意外，他们不停地蹦跳、揉搓，样子很滑稽、很狼狈。

当地人报气温不说零下，而只报度数，刚开始冷锋脑子拐不过弯来，非得问清是零上还是零下，其实这实在是多此一举。据介绍，当天的最低温度是零下45摄氏度，最高温度是零下35摄氏度。啊，真是冷得舒畅，冻得过瘾，冷锋感觉自己更英勇了。当然在抒发了一番英雄气概后，他们还是不断地进店铺去避寒。大家真怕被东北人言中，变成“冰棍”被运回去。这时候，冷锋才知道什么是冰冻，什么叫温暖，才真正感觉到寒冬肃杀、残酷的一面，体会到科学家们在极地考察、建站的那种艰辛和勇气。

智者千虑，必有一失。冷锋他们关注了身体御寒，却疏忽了所带物品的保暖。凛冽的寒风恣意地蹂躏着：背包冻得僵硬像脆皮似的，大衣变成了硬梆梆的模具，食品变成了棱角锋利的石头……最糟糕的是照相机不听使唤了，弄得大家始料未及，很揪心。幸亏他们来的是漠河，要是到极地考察，后果就不堪设想了！据说，1912年英国的斯科特带了大量燃料去南极探险，但他疏忽了那些盛液体燃料的铁桶焊接用的是锡，锡遇到零下33摄氏度的低温，就化成了灰土。结果铁桶破裂，燃料流失得干干净净，使他无法获得补给，结果被冻死在南极。

为了尽快领略到冰雪世界的诗情画意，冷锋他们于次日凌晨5时就起床了，顾不得用早餐，便急急地怀着美好的憧憬，坐车由漠河县城向其最北的村庄——漠河北极村进发了。

车子蜿蜒穿行在软绵绵的林中雪道上。由于冬季昼短，日出晚，天色还很昏暗，周围的景物扑朔迷离，颇有几分神秘。偶尔从车灯的微光中，隐隐约约可以看见有雪花在飞舞，感到有一种纯净的色彩包裹着他们。

经历了一段迷梦般的时间，晨曦终于降临了，温柔的阳光渐渐从树林间透射过来，万物显现。大家恍如步入了仙境：树林冥迷，群山重叠。厚厚的积雪填平了沟谷山坡，道路是银白的，执着地伸向远方。白桦树银装素裹，亭亭玉立地列于道路两旁。樟子松苍翠欲滴，生机勃勃，以其可贵的绿色顽强地点缀着白色的世界，给人带来一种说不出的感动和安慰。

天空是银白的，只见白白的雪花漫天飞舞。雪是冬天的精魂，让眼前的景色变得简洁起来，给世界营造出了一种纯净至极的美。置身其境，可以荡涤烦恼，可以让思绪飘飞，心灵得到了真正的宁静。

不知不觉间，车子停在了不能再往北开的“天边”——中俄界河黑龙江江畔。江边刻有“神州北极”的醒目石碑，提醒大家：已经到了中国的最北端。

下了车，冷锋他们放眼四望，惊喜得几乎喘不过气来。眼前是一片银白的、耀眼的世界。宽阔的黑龙江雪海茫茫，寂静无声，似乎正为来年的奔腾不息积蓄着能量。主航道中心线处有一道墨绿的清晰界线，下这一场雪时江水还在奔流，现在已经冰封，可以开汽车了。江上陈列着许多天然的“艺术品”，它们都是冰与浪、风与雪共同创造的杰作。那波状起伏的冰坝冰柱，诉说着它们曾经拥有的急流澎湃；那金字塔般的连绵的微型雪峰，是凝固了的柔波，是静止了的粼粼涟漪；那水晶般透亮的冰块中，冻结着还来不及逃逸的空气……

这时，他们看见江中有一位老汉正在凿冰捕鱼。走近些观察，只见老汉长得高大魁梧，气宇轩昂，有着俄罗斯血统。他悠然自得，专心致志，在群山、雪野、冰河的背景下，显现出一种“独钓寒江雪”的意境。

冰面上的皑皑积雪在阳光照耀下，反射出透明的丝绢光泽。雪粒晶莹剔透，一尘不染。冷锋忍不住抓了一把雪放在嘴里，丝丝清凉、甘甜的感觉传来，绝不亚于酷暑天喝雪碧。

寒冷没把大家的牙齿冻坏，却刺激了大家的胃口。他们干脆席地而坐，开始了雪地野餐。冷锋拿出硬梆梆的石头一样的食物，花费了不少力气，才用刀割成一块一块的。在零下30多度的冰天雪地里，吃一口白雪，咬一口“石头”，真是一种意想不到的绝妙的享受，是世间最美味、最潇洒、最刺激的一顿午餐！

大家情不自禁地躺在雪地上，享受着冰雪给他们带来的浪漫与快乐。漠河之冬虽是严酷的，却拥有超脱的美丽。在与冰雪的交流中，冷锋和伙伴们得到了很多，感悟了许多：冬天的静穆和清冽，冰雪的神韵和纯美。雪很厚，几乎掩埋了他们。等他们小心地爬起来，雪地上留下了深深的人形轮廓。不知它它能保留多久，可能有半年时间吧，他们只希望后来的旅人，会因为看到四个不畏严寒、钟爱冰雪的朋友曾探访过这里的“印记”，而获得一点感应，得到一些勇气。

他们依依不舍地离开江边，坐上了马拉雪橇，在通向北极村的雪道上奔驰。

北极村是黑龙江省漠河县最北的村落，同时也是中国最北的村落，是“找北、找冷、找奇”的旅游胜地。

在北极村有北陲哨兵、神州北极、古水井、日伪电厂遗址、最北第一家等。每年夏至江边都会举办篝火晚会，人们载歌载舞、通宵达旦。

北极村以“三九日全食”最佳观测点和北极光、极昼、极夜等奇观而远近闻名，更因连续举办北极光节和国际冰雪汽车挑战赛而备受国内外关注。每当夏至前后，这时有近20个小时可以看到太阳，这便是人们常说的极昼现象，幸运时人们还会看到异彩纷呈、绚丽多姿的北极光。此时一天24小时几乎都是白昼，午夜向北眺望，天空泛白，像傍晚，又像黎明，人们在室外可以下象棋、打球。

北极村属于集聚型村落。房屋建筑很有特色，住房全用木头，人称“木克楞”，富有浓郁的森林乡土气息。屋顶上覆盖着厚厚的雪被，家家户户都有篱笆墙，圈围起一院落的瑞雪。从屋顶烟囱里不断溢出的袅袅轻烟，在清冽的空气中弥散、飘绕，似乎告诉人们，这里是充满活力、充满生机、充满希望的田园，是北极村人温馨的家园……

冷锋和伙伴们的漠河之行结束了。冷锋知道，冬天漠河的那种超脱的纯美和清冽，已经深深地烙进了他的记忆里。

点评与建议

要征服严酷的大自然，仅有冒险精神、顽强意志还远不够，还必须有丰富的知识，有过人的智慧。当然，有成功，也有失败，这样的体验也许会更深刻、更令人难忘。漠河的山林、冰雪、人家，组成了一幅宁静、祥和、美好的画面。徜徉于乡野山林的静谧里，流连于冰河雪海的浪漫中，让人心旷神怡，不忍离去。

感受海南椰寨农家乐乡村游

选择到海南乡下生活两天，体会南国乡村的那份特有的热闹和温馨，这是许多游客的选择。比如，海口周边乡村一日游和二日游、琼海椰寨“农家乐”、文昌椰子公园、澄迈的红湖欢乐园及万嘉果农庄等，都让游客饱览到热带海岛的乡村田园风光，体验到最纯朴的乡间气息。

从琼海市嘉积镇万泉河旅游码头，坐上刚下水的万泉河1号游船，逆水而上，约半小时，便到了当年琼崖革命斗争打响第一枪的地方椰子寨，这里已开辟为富有特色的椰寨农家乐旅游点。

椰寨农家乐大门用竹搭成，两旁书写醒目的对联，“君知民何乐，垄田丰盛喜”，道出了村民兴办这个旅游景点的初衷。

沿着椰林间弯弯的小道往村里走，一边观赏沿途景致，古老的水车、风车、戽水，斗牛场，还有石雕的牛、羊、猪等，一边领略万泉河畔的田园风光，有的游客兴趣来了，踩一踩水车，拉一拉戽水，体味当年农民怎样车水、戽水的情景，还可在椰树下的石板上对弈，其乐融融。游毕玩够后，尚有独特芳香的农家大餐等着游客品尝。中午时分，肚子饿了，走近农家，村民便在院子里抓一只鸡，炒两个菜，招待游客，游客们吃得非常香，说：“这里山好，水好，民情好，不枉此游。”

椰子寨是万全河上游的一个最有特色的景点。这是一个古朴的地方。椰子寨至今保留着200多年前的集墟遗风，街道青砖铺成，房子白墙灰瓦，沿街铺面幡旗广告招展，古风浓郁。据说，自古以来，这里盛产椰子，但交通不便，农民摘椰果子都挑来这里聚集，然后装船，椰子寨因此得名，传至今日。

这也是一处英雄辈出的地方。琼崖革命在此打响了第一枪；海南岛第一支工农红军的创始者杨善集烈士在此洒下热血；中国第一支红色娘子军特务连在此生活战斗，捍卫自己的家园。

散文家杨朔先生来到椰子寨，闻到椰子香，听到革命的故事，留下诗句："椰子寨前椰子香，万泉河畔旧沙扬。"

如今，人们走近椰子寨，已看不到旧沙场，也闻不到火药味，但可以瞻仰"第一枪"纪念广场，可以聆听"红军曾用河水煮野果"、"红军在这里把敌人赶下河"的革命故事。睹物思人，人们会回想这里勤劳善良的妇女们为了求自由，求解放，保卫家园而穿上军装，拿起刀枪，与野蛮践踏美好河山的敌人战斗，从而对这些英雄的女战士产生由衷的敬仰，从而动情的歌唱"我爱万泉河，我爱五指山"。

这里更是一处精致的乡村风情园。走过200多米的步行街，沿着万泉河边，踏着鹅卵石道，穿过一片绿荫，人们可看到一个美丽的村庄——下望坡村。全村的房屋错落有致，庭院外围圈养鸡鹅鸭，房前屋后清洁干净，厅房一尘不染。人们住在这样窗明几净、简朴淡雅的庭院旅馆里，让美梦"随风潜入夜"，让情感"润物细无声"，让心灵融化于这样的乡土野趣中，不觉产生身居世外桃源的感觉。

点评与建议

在椰寨农家乐旅游，可以入乡随俗，探访农家，攀谈农事，和村民同吃、同住、同劳动，"做一天中国农民"，体验"真正的中国农村经历"。

万泉河的风光秀丽旖旎，水流缓慢，碧波荡漾，两岸椰树婆娑，胡椒、槟榔飘香。乘坐竹排顺流而下，远离都市的尘嚣，如行在画中，既可览两岸风光风情，又可观河上帆影与渔翁钓鱼的风趣，还可扬起水瓢水枪尽情戏水、怡然自乐，着实令人流连忘返、乐不思蜀。

引人入胜的澳大利亚乡村游

乡村游在澳大利亚十分盛行。澳大利亚人崇尚自然，他们认为人类是自然的一部分，人类离不开自然，应该和自然和谐共处。从这个意义上说，乡村游更能够满足人们亲近自然、了解自然的愿望和要求。

澳大利亚乡村游一内涵丰富，游客前往城市以外的地区体验生活、参加活动和参观游览，都包含在乡村游的日程里。

当你从帐篷里向外瞥见天上稀疏的星斗和从沙漠的地平线升起的第一缕橘黄色的曙光时，就可以戴上牛仔帽、穿好靴子整装待发了。你会发现在澳大利亚内陆起个大早原来可以感觉这样好，因为你就要骑上马跟真正的牛仔一起赶着牛群去体验内陆沙漠的野外生活了。

这是澳大利亚一项名为“内陆赶牛大行动”的乡村游的一个片段。游客可以一连5天像真正的牛仔那样生活在人烟稀少的内陆地区，沿着200多年前拓荒者前行的沙漠古道，帮助驱赶几百头牲畜，夜宿帐篷，体验那个时代的英雄主义情怀和剽悍粗犷的生活方式。

从南澳大利亚州的乌德纳达塔到马里400千米的路途，将经过布满碎石的平原、隆起的沙丘、古老的丘陵、冒泡的泉水、神秘的咸水湖、干枯的河床和历史遗迹，一派沙漠风光尽收眼底，令人难以忘怀。

澳大利亚人非常重视子女这方面的教育。认识的一位澳大利亚老人曾说过，现在生长在城市里的孩子们对自然了解甚少，他们不知道植物怎样生长，什么时候播种、收获，不知道食物从哪里来。因此，她时常会带着她的孙子孙女们到乡村体验生活，教育孩子们“不忘本”。大人们参加“内陆赶牛大行动”这样的乡村游，也是试图做到“不忘本”。

澳大利亚地大物博，人口稀少，除了在沿海有一些人口集中的大城市外，广袤的内地基本都是小城镇和乡村，这为乡村游的盛行提供了有利条件。政府、小区和民间团体都可以组织乡村游，他们在相关网站上登记、宣传自己的活动，比较大的活动如一年一度的“内陆赶牛大行动”往往有自己的网站。网站上信息齐全，包括活动的内容、适合什么人参加、是否免费、需要带什么东西以及安全注意事项等。政府为了拉动经济发展，鼓励各种旅游活动，还为“内陆赶牛大行动”拍电视片作宣传。

悠闲充实的农场生活在澳洲很受欢迎。游客可以选择在内陆一个农场住下来，关掉手机，暂时摆脱电子邮件等现代信息传媒的骚扰，远离虚幻的网络世界，感受原汁原味的田园生活。游客可以学习打马扬鞭、放牛牧羊，还可以学，挤牛奶、喂鸡喂鸭、浇花种菜、采摘蔬果和收集新鲜鸡蛋等，并用这些“战利品”为自己烹制一顿绿色无污染、味道和营养兼备的丰盛大餐。到了晚上，游客还可以坐在摇椅上观看星象，欣赏玉带一般美丽的银河，或者在篝火前喝酒聊天，听那些豪爽淳朴的农夫海阔天空地讲述他们的传奇故事。

遍布澳大利亚各地的国家森林公园和其他公园也吸引了不少游客。在那里，游客可以在丛林小路上漫步，观赏澳大利亚独有的奇花异草，邂逅袋鼠、袋熊、鹦鹉、鸸鹋和鹿等野生动物。

其他有趣的旅游项目还有：结伴在乡村的小路上骑马或骑单车；参加或观看高尔夫球等体育比赛；开着四轮驱动车在沙漠或丛林中兜风探险；观看澳大利亚独特的民间艺术和手工艺术展；坐着皮艇探索内陆水路、观赏沿岸的野花和荒野；背起行囊进入深山老林探秘；在小溪旁钓鱼，等等。

点评与建议

怀揣田园牧歌式的向往，摒弃都市的喧嚣与繁忙，体验乡村独有的节奏与旋律，这是一种独一无二的旅游之美。

澳大利亚处于与其他大陆完全隔绝的状态，至少持续了上亿年。大陆漂移使澳大利亚不再同“外界”有任何交流，这使澳大利亚的物种具有独一无二的个性。因此，从最纯粹的意义上说，孤独也许是神秘的澳大利亚的特质之一。在千万年的演化过程中，这里的物种对于进化几乎无动于衷。它们对于时光的流逝，不像袋鼠般好动，倒像考拉的个性：永远懒洋洋的，用睡眠而不是警醒对待光阴。它们热爱和平，与世无争，它们在人类的怀抱里没有什么惊讶，也不费力讨好。它们在极度的温驯与慵懒之中带着一点儿婴儿般的天真无邪，而这正是人类正在丧失的东西，或者久已丧失的东西。这种品格，甚至也是我们这颗行星上所有动物都在丧失的东西。

享有盛誉的意大利乡村游

在欧洲，意大利的托斯卡纳早已享有盛誉。从古至今，这里都是名人造访、度假的胜地。19世纪英国诗人夫妇勃朗宁和勃朗宁夫人传奇般的爱情以私奔告终，他们逃离英国后移居意大利，他们没有错过托斯卡纳。勃朗宁夫人写道："这里的空气似乎能穿透你的心扉。"英国作家艾摩·福斯特的多部作品也都以托斯卡纳地区为背景，这里的草地和葡萄园正是《看得见风景的房间》中男主人公向女主人公表白的地方。

托斯卡纳最著名的城市当数佛罗伦萨。佛罗伦萨的旧译名是"翡冷翠"，徐志摩的《翡冷翠一夜》说的也就是佛罗伦萨。虽然看上去略有些匪夷所思，但是这个精致美丽的名字倒颇让人有些幻想。不过佛罗伦萨的基调并不真的如翡翠般的嫩绿。这里最典型的天气就是阳光下的蓝天白云。色彩鲜艳的墙壁，深绿色的百叶窗，深红色的屋顶才是这里的标志性色彩。

佛罗伦萨是文艺复兴的发祥地和重要城市。这座城市的每个角落都散发着古老的文化艺术气息，精美的大理石雕刻和建筑随处可见，有的还是文艺复兴时期留下来的遗迹，从中能看出佛罗伦萨在文艺复兴时期的繁盛。

城内最负盛名的就是佛罗伦萨圣玛利亚教堂。教堂的墙面全部用白色、深绿、粉红三色大理石建成，颜色搭配简单而典雅。正面墙壁上有很多白色大理石雕塑，细致精美却不奢华。教堂建造于1248年，佛罗伦萨人为了显示自己的地位，想把教堂的穹顶建为当时世界上最大的穹顶，尽管教堂完工的日期又因此被推迟了将近20年，但是这一切都是值得的，这座前后花了150多年时间，经过好几代人的努力才最后完工的圣玛利亚大教堂已经成了佛罗伦萨的代名词。

佛罗伦萨随处可见贵族宫殿和别墅，在轻逸的圆拱石墙后面，藏着巨大如广场般的客厅，悬挂七层金色吊灯的餐房，天花板上有几百平方米大的名师壁画……城里还有令人流连忘返的廊桥，无数制造上成金饰品的工匠，著名的费罗加莫的皮鞋博物馆。阿尔诺河傍晚时闪耀着黄金色的光芒，映照着街景和文艺复兴的遗迹，让人真正感悟到了佛罗伦萨的美丽。

比萨也是托斯卡纳的名城之一。在这个古老的海滨小城，广场上的建筑大起大伏，一层层的屋顶直铺展到最高处的大教堂椭圆形的白顶。十字山坡上的圣米尼亚托教堂始建于11世纪，是保存完好的仿罗马式教堂之一。举世闻名的比萨斜塔是教堂的塔楼，建造之始就开始斜了，现在倾斜近5米，层层空透的拱廊都是似倒未倒的飘摇之态，似乎任何一眼都是最后一眼，这种魔力没有一个游客能挡得了。

在托斯卡纳除了佛罗伦萨和比萨，还有著名的古城锡耶纳。如果你在这些充满着文化和艺术气息的城市里游累了，我们建议你离开城市去托斯卡纳的乡村，做一番轻松的乡村休闲之旅。

在托斯卡纳的乡村旅行，有种"腐败堕落、醉生梦死"的感觉，吃、喝、住、行与风景都让人应接不暇，好似一顿盛宴，过了许久还回味无穷。如果说罗马适合观光，米兰适合购物，威尼斯适合游玩，那么托斯卡纳就适合纯粹的度假！无心羁绊、慵慵懒懒地流连于这里，意大利的精华与美丽就沁入肌肤了。

意大利人的生活节奏如此缓慢，在欧洲也许只有希腊人或西班牙人可有一比。托斯卡纳的乡村一天到晚总是静悄悄的，在山上也许你一天也见不到一个活动着的人，商店上午10时才开始营业，12时就闭门谢客了。店主人会和其他人一样去享受一顿漫长的午餐。在意大利一顿午餐也许要吃上几个小时，似乎他们并不在乎吃什么，而是聊着永无休尽的话题。下午4时商店又营业了，可是未到天黑，又早早打烊。当夜幕降临，仿佛全世界的人都只能在酒吧里找到他们的身影。

世界上很少有几个地方，早上可以这么优美地醒过来。窗外是微风如海的广袤谷地，草地中的小教堂立在一道隆起的坡上，飘然孤立，白色面墙，粉红的窗，旁边两棵柏树，一个笔直，一个有点斜。即使画家，也很难把画面安排得如此自然，不着痕迹。

在远处的微丘和低谷之间，伞一样张开的松树像哨兵一样遥相呼应，点缀出一望无际的纵深感。此地的田园和草地面积惊人，有的贵族和庄园主有上万公顷的土地，在高起的小丘上，可隐约望到树后的独家农院，或者古老的别墅……这样弥漫着苍茫和巧妙美感的托斯卡纳景象，叫人有说不出的迷醉。

在距离佛罗伦萨仅仅一个小时车程的格蕾薇小镇的任何一个下午，你都可以看到，鸟在慢慢低下去的太阳的光辉里轻轻唱着，周围极静，在斜的光线里，远处南面的一个高地上可以看见塔楼的剪影……

坐在一个山丘上，腿伸在草里面，那些密而高及膝盖，丝一样细软的青草，尖上有点嫩嫩的鹅黄。它们缓慢地倾下坡去，整齐地、微微有点起伏地伸向下一个开阔的坡地，在坡顶上被一排红色的屋顶打断了一下，接着又在更后面一直伸到天边。你视线所及的地方，都被它染成一种很飘的草色，微风吹过，草叶在光里泛出一浪淡的银毫。

在格蕾薇小镇，当地人在1980年以前过着传统的乡村生活，整个地区只有一条乡村路，不为世人所知。20世纪80年代，首先由英国人发现了这个小镇，后来，越来越多的欧洲人来到这里，享受意大利地中海灿烂的阳光和田园风光，品尝原汁原味的意大利美食和美酒，格蕾薇也逐渐变成了世界著名的旅游胜地。每逢旅游旺季，德国人、法国人、英国人、瑞典人自驾车沿着高速公路来到托斯卡纳，在托斯卡纳地区有很多像格蕾薇小镇这样安静、悠游的意大利乡村小镇，游客们在农民的家庭旅馆里安逸地享受着自己的假期。这里的乡村旅馆或别墅、庄园不但具有古老的风味，而且大都拥有室外游泳池。游客们尽情享受地中海的阳光、美酒和由野猪肉烤制的火腿或香肠。每到正点时刻，小镇广场上传出悠扬的钟声。享受生活、享受悠闲和安宁正是意大利乡村游百分百的真谛。

离开格蕾薇小镇，弯弯的小路伸向山头上的乌伊拉查诺城堡。墙上伸出几株非常古老的橄榄树的枝叶，背后是一个三层古堡，在阳光里散发出一种懒洋洋的、旁若无人的气息。天上没有云，也不是那种地中海海岸般的蔚蓝、耀眼，光线里少了一点嫣红，多了一些碧玉的透彻，光调柔和，没那种对比强烈的锐利。在这里，你随时可以看到如同意大利画家笔下的那种纯田园牧歌式的景致，满山遍野的葡萄架和橄榄树让你顿生感慨，生命如此美好，我为什么要离去呢?

当你到了乌伊拉查诺城堡，主人会热情地欢迎你，并且会请你品尝产自他们城堡的在意大利极负盛名的葡萄酒，还会滔滔不绝地讲述先祖甚至整个小镇的历史、风土、葡萄的品种、酒的特色，打开有着百年历史的藏酒窖让你参观。在这里你不仅可以欣赏到如诗如画的风景，更可以在城堡内品尝到最地道的意大利佳肴。

托斯卡纳是生命中那些稀少而珍贵的事物之一，就好像春日阳光、莎士比亚，或者初恋的感觉，无论怎样描写都不过分。地处意大利心脏地带的托斯卡纳，似乎浓缩了整个国家最好的那些特质，这里有托斯卡纳群岛湛蓝色的海浪，有崎岖的亚平宁山脉，有温柔的奇昂帝山区小村和野性的马勒马高沼泽地，还有许许多多其他的好去处，他们全聚集在这块面积相当于新泽西的土地上。更不用提这里还拥有我们这个世界上最受追捧最暖人心的美酒。

意大利人有严重的葡萄酒情结，他们把葡萄酒与面包、橄榄并列为餐桌上的三要素。而且意大利人认为，葡萄酒能激发人们对生活的灵感和激情。或许意大利人的热情真的和他们钟爱葡萄酒有关。独特的土壤和高海拔的地势，加上地中海的微风，为托斯卡纳成为意大利最重要的葡萄酒产区提供了完美的自然条件。据说托斯卡纳葡萄酒因为有一种高贵的味道而与众不同，产自这里的葡萄酒风靡全球。

这里人人都是品酒的专家。他们对于葡萄酒的每一个细节都有讲究：酒的品质因葡萄的产地、品种、采摘时间、酿造的酒窖、年份、酿制手法、储存时间而相去甚远，甚至连葡萄产在阳坡还是阴坡、土壤中黏土与沙土的比例、某年某地的天气这种小差别也能在最后的口味中表现出来；用某一瓶酒配什么菜、什么奶酪也是件极讲究的事。

在金色的斜阳里，在斑驳的绿阴中，在河上的轻舟上，人们的桌上都不曾缺了葡萄酒；在歌剧院的休息室里，在话剧中场时的吧台前，闲聊时，人人手里也会拿杯葡萄酒；在酒吧、餐馆里，伴着撩人的爵士乐，葡萄酒俨然就是主角。

有时候，很难说，酒与城市究竟是谁成全了谁，谁浸润了谁，谁又感染了谁。只是当城市与美酒间有了声气相投的默契，这个地方就变得异常洒脱而鲜活起来。

托斯卡纳拥有最安静、最原生态的生活。那些中世纪的古老小城，恬静悠闲，在大理石的面板上和面粉，被菩提树上的杜鹃的叫声唤醒，沿着梯田散步，看看橄榄第一天长出时的样子……这就是托斯卡纳的生活。这种生活最诱人之处，并不在于“异域”，而是生活节奏的缓慢悠长。因此，每个被紧张生活压得透不过气来的人，其实都有属于自己的托斯卡纳，那是一个代表了逃离和向往的地方，是一个梦，或者一处确指的所在。在那里，人们“有的是时间”。

点评与建议

在一处古老的地方度过一段安静的田园生活，在托斯卡纳寻找最原生态的生活体验，这种经历所带来的所有情绪是最真实的！毫无疑问，托斯卡纳将吸引越来越多的中国游客前往，同时随着托斯卡纳旅游路线的兴起，也会催生一种全新的旅游方式，即一种纯粹的休闲度假游，在安静享受托斯卡纳沁人心脾的阳光与空气的同时，游客们也开启了一座心中的“托斯卡纳”！

事实上，纵观世界各国乡村旅游的发展壮大，无不与各国政府的支持和鼓励密切相关。就意大利而言，政府也积极鼓励乡村旅游的发展，开展乡村旅游可以享受政府的农业低息优惠信贷和税收减免政策。意大利政府还对全国各地重要的农业旅游资源进行了统一评估和协调，以便使各地能充分发挥区域地方特色，避免同质化竞争。

目前在发达国家，乡村旅游是一种较高层次的旅游行为。欧美发达国家的旅游者最喜欢的旅游方式是度假，他们称乡村旅游为“绿色度假”。一种是休闲观光式的度假方式。他们住在农民的家里，吃着农民自产自制的新鲜食品，观赏农庄周围的自然风景和农舍，到附近不加任何修饰的小池塘里游泳、钓鱼，学习农家制作面包、奶酪、果酱、葡萄酒的手艺，通过感受农家生活来增加对自己的认识。另一种是参与各种农业劳动的度假方式，称为“务农旅游”。

与国外乡村旅游相比，我国的乡村旅游不能只停留在观赏、采摘的表面繁荣上，必须走与生态旅游、文化旅游相结合的道路，营造良好的生态环境，挖掘民族文化中丰富的营养，才能持久而兴旺地发展下去。

第四章
城市旅游，观光游览也疯狂

城市旅游，是指以现代化的城市设施为依托，以城市丰富的自然和人文景观以及周到的服务为吸引要素而发展起来的一种独特的旅游方式。国内著名的旅游城市有上百个，每一座城市都有特殊的自然景观和人文景观。本章选择介绍了4座城市——海南三亚、山城重庆及最大的直辖市上海和首都北京，它们在地域上南北跨度大，风格及特色鲜明，因而能激起人们到此旅游的热望。

海南三亚旅游攻略

三亚地处海南省最南端，古称“崖州”、“鹿城”，历史悠久，文化多姿多彩。三亚拥有得天独厚的旅游资源，不仅具备现代国际旅游五大要素——阳光、海水、沙滩、绿色植被、洁净空气，而且还拥有河流、港口、温泉、岩洞、田园、热带动植物、民族风情等各具特色的旅游资源，在国内外堪称一绝，拥有东方夏威夷的美称。

三亚是个可以令人流连忘返的地方，美丽三亚、浪漫天涯，是对这个热带海滨旅游城市最好诠释。这里有最宜人的气候、最清新的空气、最和煦的阳光、最湛蓝的海水、最广阔的沙滩，椰风海韵、热带风情、神奇物种，最风情万种的美女、最美味的海鲜、最甘甜的水果……都赐予了这座中国最南端的滨海旅游城市最独特的魅力。

三亚的阳光、沙滩、椰风、海浪很美，但出游前别忘了带些护夫品。如SPF30以上的防晒霜是必须配备的，还有晒后镇定修护露、保湿喷雾、美白面膜等。游泳冲浪，那泳衣、泳镜、耳塞都要准备好。替换衣物（昼夜温差大，长袖必带）、茶帽、太阳伞、太阳镜、沙滩拖鞋也要带上。海水很伤头发，所以女士出游三亚时，洗发液、护发素是必备的。还有抗过敏，创可贴、眼药水、消毒棉球等，也要备好。要吃海鲜，也不妨备点氟呱酸，黄连素等药物。带摄像机、录像机、手机、随身听的朋友，可别忘了备足电池和带上充电器。

在三亚吃海鲜，可以先在设在春园海鲜广场的海鲜自由市场购买自己喜欢的海鲜，而且广场内有很多三亚地方小吃，可以满足游客的欲望。经营海鲜的摊位很多，规模相当大，价格也公道。晚上六七点钟的时候最热闹，要是去迟了，市场摊位上可能有些品种的海鲜就会没有了。摊点老板会带你到春园海鲜市场挑选海鲜，摊点所挣的钱就是加工费，挺合算的。有以下“套餐”可供选择：苏眉鱼，清蒸，八个大沙包螺；粉丝蒜蓉清蒸，一斤海虾；白灼，圣指螺、杧果螺各一斤；辣炒，蟹四只；清蒸，一斤海南特产的五指山野菜清炒，等等。

在三亚住宿，最好入住大东海。三亚有三个海湾：大东海、三亚湾和亚龙湾。大东海的优势是离市区近，购物、吃饭、出行、娱乐都方便，晚上沙滩上有烟火，闹中取静，经济实惠。

在三亚游玩，可以在清早先去大小洞天，进园前先了解好去南山寺的中巴车的时间，中午去南山佛教园区的素斋吃饭，然后玩南山佛教园。

游蜈支洲岛一定要在上午，因为那里每天只出售3000张门票。蜈支洲岛北高南低，低的一边可以游泳和看珊瑚礁，高的一边是悬崖峭壁直插入海，有浪时惊涛拍岸，很有几分壮观。最好的观看地点就是观日岩了。摆渡船确实挺颠簸刺激的，但好在时间不长。蜈支洲岛不大，不想走遍全岛的，就没必要坐电平车了。门口就是一个沙滩浴场和潜水区，海水蓝得沁人心脾，沙滩也白得让人陶醉。一般只要走到观日岩就可以了，情人桥观海走廊景色也不错，可以戏水濯足。通往观日岩的山路较陡，而且有几段石板路，走的时候要小心。观日岩面东，大海无边，看日出很漂亮。下面的礁石惊涛骇浪，气势不凡。

在三亚购物，应该尽量买一些有营养又实用的海南特色食品，如墨鱼干、鱿鱼干、虾米、海参、鱼翅、干红鱼、干沙鱼等海产品。这些海产品都可以煲汤以及煲粥，有益于健康。把这些海产品捉上渔船，渔民就把它们弄干净晾晒，就这样一直晒到干才能放进市场卖。不经过加工或打水，只是经太阳晒制而成，这才是最正宗的海产品。当然，也要货比三家，对比价格和质量，才能买到货真价实、物美价廉的海产品。

另外，购买水果时要注意，热带水果不能贪吃，如杧果、菠萝吃多了，很容易上火。空腹不能吃菠萝、杨桃。特别是有糖尿病的人更不能吃杨桃，会有生命危险。椰子有青椰、黄椰、红椰，红椰最好，其次是黄椰。椰子以正午摘的最甜，椰子水滴在衣服上会使衣服变色，很难洗干净，一定在小心。

点评与建议

能够在旅游中见证阳光、沙滩、海浪、椰风，同时还可以听到当地渔民作业的心声，三亚确实是一个不错的旅游目的地。

山城重庆旅游攻略

重庆是我国的历史名城和著名的山城，险隘奇诡，锁巴蜀咽喉，气候湿润，民风崇尚悠闲自在，自古就称做“天府”。重庆夜景自古雅号“字水宵灯”，系清乾隆年间“巴渝十二景”之一。因长江、嘉陵江如两条巨龙蜿蜒交汇于此，形似古篆书“巴”字，重庆故有“字水”之称；“宵灯”更映“字水”，风流占尽天下。重庆也是出了名的不夜城，晚上夜游两江之上，寻找重庆的山城之美。清人王尔鉴有诗云：“高下渝州屋，参差傍石城。谁将万家炬，倒射一江明。浪卷光难掩，云流影自清。领看无尽意，天水共晶莹。”

乘飞机前往重庆云中漫步间，还未抵近山城，就领略到重庆滋润的气息。从高空往下窥，絮棉般的云朵，层层叠叠，“满目顽云拨不去”。底下渝州的山山水水，躲闪在云幕后面，不肯露一丝容姿。

飞机在一团团扑面而来的烟雾中降落，走出机场，只见淅淅沥沥的雨丝，纷纷扬扬。和风细雨的样子，使人感觉不到秋日的凉意。雨丝沾在脸上，反而有种爽心的感觉。重庆的细雨，有着烟笼杨柳的意境，满是柔情。

车子穿行在细雨中，路两旁丘陵起伏，幢幢高楼，绕山依水，若隐若现。真是“城郭大都依壁岸，人家一半住烟岚”。此后在重庆的几天，都是在云罩雾遮中度过的。重庆始终笼着一层面纱，像传说中的巫山神女。

游重庆，就在这朦胧中，爬上歌乐山俯瞰，踱步磁器口古镇的深巷，驻足朝天门码头极目望……窥见重庆的瑰丽，如浏览一幅从容舒展开来的山水画。

“壁垒三面，襟带两江，穿三峡，通江汉。”这是形容朝天门险隘的诗句，站立在朝天门，凭栏远眺，只见烟霭沉沉，江天一色。长江浊浪翻腾，如从天上注泻而来，宛若游龙。环城的嘉陵江，平和缓行。一急一静，一清一浊，两江在朝天门风云际会，急奔三峡而去。夹江的两岸，石壁嶙峋，江中的流水，湍急不息。

眼前此景，不由使人油然有“滚滚长江东逝水，浪花淘尽英雄。是非成败转头空，青山依旧在，几度夕阳红”的思古之幽情。

游重庆最得其神韵的，大约是打着雨伞，缓步在磁器口的小街上。几尺宽的街道，依山延伸，两旁的房屋，一头倚在岩崖上，缘山坡而建，掩在树荫中。街道铺着碎块的青石板，微雨细落，石板铿亮，真是“天街小雨润如酥”。寂静的街道，廖无行人，踩踏光滑的石板，心中想起戴望舒的《雨巷》，空气中似乎有些丁香的气味。

窄窄的街道蜿蜒，沿途没有遇上，结着忧愁，丁香花般的女子。只有屋檐下三两聚坐的人们，悠闲喝茶抽烟，大摆龙门阵。间或有幽深的房子里，传出劈啪打麻将的声音。静谧的小巷，大有怡然自得的意思。

游在重庆的几天，感触良深的就是这种悠然自得。虽然重庆处处高楼在建，街上行人步履匆匆，一派繁华纷沓。但街头巷尾遍布的茶楼、麻将馆、火锅店、书场，却处处显示着重庆内蕴的自在。重庆的吃，大约最得其悠闲自适的妙谛了。

重庆的吃，不讲究山珍海味，而是讲究安逸。八一路的好吃街，塑着一尊吃火锅的雕塑，极其传神。矮桌上摆着几碟藕、茄子、辣椒等素菜，桌中嵌着盆火锅。一个穿汗衫的汉子，脚上趿着拖鞋。左手持扇子，右手伸筷子从火锅中夹出块藕，眼睛微合，正沉溺于美味的享受，神情陶醉。那种恬然自乐的风骨，道尽了巴蜀精髓。

劳作一天，呼朋引伴，大家围着火锅，席坐一隅。锅底炉火纯青，锅中红浪翻滚，桌面摆开七盆八碟的菜肴，嗅闻着又是香麻、又是辛辣的味道，食指大动。从容不迫地持筷子夹菜，边吃边聊，其乐融融。与其说是吃，还不如说是休闲。在重庆的火锅馆，所见大半都是这样的情景。置坐其中，受其熏陶，有时会忘却自己是个行色匆匆的游客，不由得恬静下来。

在三峡广场的大厦高层，有些贪婪地浏览夜色下的重庆。窗外仍然是烟雨蒙蒙，远近周边的茶肆酒楼上，霓虹一齐闪烁，暮霭中灯幻红雾，耳边隐约是伊声呀韵。南北走向的大街上，车水马龙，滚滚流动。底下的商铺，人潮涌动，熙来攘往。真是“夜市千灯照碧云，高楼红袖客纷纷”搬的一番景象。

点评与建议

感受像火锅一样火辣辣的重庆人，感受遍布大街小巷的各种娱乐场所，感受水灵灵的重庆美女和灯红酒绿的夜生活，就像看王家卫的电影一样，觉得重庆就是一个大大的快乐森林……

中国最大城市上海旅游攻略

上海简称“沪”，是中国的第一大城市，也是中国的经济、科技、工业、金融、贸易和航运中心。上海也是一座海纳百川的城市。它在融汇了中国文化精华的同时，也吸纳消化了很多的外来文化因素，创立了带有自己独特个性的海派文化。上海的都市风光、都市文化和都市商业，每天都吸引着众多的来自世界各地的观光游客，成就了一座独具魅力的旅游城市。

到上海旅游，需要了解上海的景点、美食、娱乐、购物、人文及最佳旅游时间。

上海的景点主要有：上海欢乐谷、上海野生动物园、上海杜莎夫人蜡像馆、东方明珠广播电视塔、上海长风海洋世界、上海中国航海博物馆、崇明东平国家森林公园、上海锦江乐园、上海植物园、上海海湾国家森林公园、ERA—时空之旅、上海大团桃园景区、上海鲜花港、崇明明珠湖公园、上海东滩湿地公园、上海月湖雕塑公园、上海环球金融中心、上海海洋水族馆、上海金茂大厦、上海浦江源温泉农庄。

说到上海的美食，不能不说说上海传统的餐饮文化。上海传统的餐饮文化可以用两个字概括——“考究”。从就餐环境到就餐工具，从原料火候到菜色菜品，无一不考究，最突出的例子就是大闸蟹。大闸蟹不是上海的物产，却在上海吃出了名。关于吃大闸蟹的讲究可以出好几本书，“青背、白肚、金爪、黄毛”是对大闸蟹品种的考究；“九雌十雄”是对品蟹时节的讲究；配以黄酒姜茶是对大闸蟹寒性对冲的考究；用白底瓷盘装蟹是对品蟹心情的考究；用“蟹八件”如工艺品般慢慢地品琢，吃完后蟹壳仍能完整地拼出一只完整的蟹，更是将考究发挥到了极致。如位于福州路603号的王宝和酒家的大闸蟹、蟹粉豆腐在上海好吃蟹的小饕老饕的心目中算是一块金字招牌。店堂十分有老上海的风格，桌子椅子都很紧凑，各种摆设看上去也很有些年代，不禁让人回忆起当年那些陈旧的时光。再如位于自忠路338号2楼的六会馆的蟹粉小笼、蟹粉豆腐和蟹柳芦笋都是本帮菜的口味，每一道菜店家都做得十分精致细心，让人下筷子时都不得不矜持。

本帮菜又称海派菜、上海菜。响油鳝糊、八宝辣酱就是典型的本帮菜。上海本地的各类风味快餐花费不高却能让人大快朵颐。如果对美食有浓厚兴趣，不妨去藏在市区各个角落的美食街转转，一定不会失望的。如位于福佑路242号豫园的上海老饭店创建于清代光绪元年（1875年），是本帮菜的发源地，著名中华老字号，地处豫园旅游商业区，以正宗上海菜闻名于海内外。这里经营的本帮菜有100多种，油爆虾、八宝辣酱、糟钵头、红烧河鳗、八宝鸭、清炒响鳝、炒圈子、虾子大乌参等是其招牌特色菜，风味胜似当年。再如南京西路1081弄22号的梅龙镇酒家是不可不说的上海菜老字号，古色古香的装潢，很有风格。梅龙镇的菜不讲排场，每一道菜皆选用真材实料，没有多余盘饰，呈现老而朴实的原味。比如“炒虾蟹”这道菜外观实在不起眼，材料却相当昂贵，以新鲜蟹黄煸出蟹油再以虾肉入菜，因为真实，所以经典。

在上海，面食是另一类不得不被提到的美食。虽然不似北方的面食文化有那么悠久的历史，款式上也没那么多花样，但上海也发展出了自己的一套面文化。上海的面条汤清味鲜，清淡爽口。从汤头、面身、浇头、下面、调味，每道工序都有讲究，再加上上选的材料和环境，真是“面面俱到”。在一些不起眼的小巷街边，有一些颇有传奇色彩的面馆和面摊。如卢湾区淮海中路706弄10号的吴越人家（淮海路店）第一家店，它镶嵌在淮海路一条弄堂中，苏式评弹、红木八仙桌、六角凳，一切都是那么陌生又亲切。带着弹性的细面和清扬的高汤俱已入道，对得起门口“面面俱到”的招牌。推荐浇头：醇香排骨、罗汉净素、八宝辣酱、鳝丝。再如位于瞿溪路1072弄1号的宝泰面馆是上海屈指可数的24小时营业的面馆。这家的汤是浓油赤酱类型的，油水够重，非常浓郁。面的浇头基本都是现炒的，很入味，量也足。中午的时候人气特别旺。推荐浇头：炒大肠、青菜肉丝、猪肝、素鸡。

上海是个海纳百川的城市，几乎所有的中国菜系（京菜、川菜、粤菜、湘菜、扬州菜、潮州菜、安徽菜、素食菜等）都汇聚在这里。如上海城隍庙一条街，它与豫园毗邻，又称老城隍庙，位于方浜中路，东至安仁街，北通福佑路，西至旧校场路。这条街经营各种上海风味小吃，绿波廊的特色点心、松月楼的素菜包、桂花厅的鸽蛋圆子、松云楼的八宝饭、南翔小笼、宁波汤团和酒酿圆子等，可称得上是“小吃王国”了。

云南南路美食街地处市中心，北起延安东路，南至金陵东路，是上海人下馆子去的最多的地方。曾有人戏言：“步入云南路，口福，口福，淌下口水无数。”这里有长安饺子楼、金陵酒家、三和楼菜馆、老正兴菜馆等，可以品尝到美味的北京烤鸭、小金陵盐水鸭、“鲜得来”排骨年糕、“小绍兴”白斩鸡、“南翔”小笼包、天津狗不理包子、新梅居热气羊肉、“老四川”火锅、“新疆烤羊肉”等。再如仙霞路美食街，作为一条老牌而口碑悠久的美食街，仙霞路的魅力依然为众多食客津津乐道。台湾菜、日本料理、韩国料理、东南亚风味，仙霞路上不单种类齐全，有些品牌连锁菜馆最初就是在仙霞路创的业。仙霞路上还有着年轻人喜欢的情调，茶坊、酒吧，玩具吧，既有情调，价格也可以接受。

上海的娱乐生活相当丰富，各大主题公园、乐园中现代化的设施和自然风光，令人烦恼尽消，心情愉悦。上海作为中国电影的发祥地和世界九大电影节之一的举办地，拥有众多影音设备顶尖的电影院，在此可以感受到无与伦比的观赏效果。如果你是追星族、发烧友，那么在上海，一系列世界一流的艺术场馆、剧院绝对会让你大饱眼福。

当你想停下脚步稍事休息时，遍布上海的茶坊、书场是最好的选择。茶坊都是24小时营业，有一部分提供无限量畅饮，在里面打牌、聊天，轻松自在。上海的运动健身场所很多，其时尚的游乐体验深受年轻一族的喜爱，锻炼身体的同时享受快乐。当华灯初上，夜上海尽在灯红酒绿中，夜总会、卡拉OK、酒吧、咖啡馆等娱乐场所热闹非凡。酒吧有校园酒吧、音乐酒吧、商业酒吧等；各种演出有歌剧、话剧、戏曲、音乐会，以及大大小小国内国外的明星演唱会；国际体育赛事包括NBA篮球赛上海站、F1（世界一级方程式锦标赛）国际赛车大奖赛和国际田径黄金联赛等；主题公园和展馆有上海科技馆、杜莎夫人蜡像馆、上海野生动物园、锦江乐园、上海博物馆、上海图书馆、共青森林公园烧烤、崇明岛东滩候鸟保护区等。在上海你可以尽情地娱乐，释放自己。

在上海购物，地铁是既方便快捷又能一网打尽的交通方式：1号线沿线的陕西南路站位于淮海路的精华地段，徐家汇站的地铁商场人气十足；2号线的南京东路站、南京西路站、静安寺站串起了南京路的过去与现在。每逢换季、节庆或店庆时，各大商场都有惊人的折扣，是购物的好时机。

城市商圈有徐家汇、人民广场、正大广场、中山公园、五角场浦东新上海商业城、不夜城和浦东机场免税店。

徐家汇位于华山路、虹桥路、漕溪北路、肇嘉浜路与衡山路5条道路交会处，这里有素有“四大金刚”美誉的东方商厦、港汇、太平洋百货和汇金广场。此外还有百脑汇、太平洋计算机广场、宏图三胞形成的数码广场和美罗城。

人民广场是东起西藏中路西侧人行道，西至黄陂北路东侧人行道，南起延安东路北侧人行道，北至上海大剧院和人民大道200号外墙沿线范围内的公共区域。作为轨道交通枢纽型商业中心，目前已有10多家大型商场落户在此。这里的购物点有香港名店街、迪美购物中心、南京路步行街、第一百货、来福士广场等。

正大广场位于黄浦江畔，坐落于享有“东方曼哈顿”美誉的陆家嘴金融贸易中心的核心地带，毗邻东方明珠塔和金茂大厦，是目前上海规模最大的购物娱乐中心之一。在设计上，正大广场融入了全新的“四季”理念（不同的楼层采用不同季节的象征色）及贯穿二楼到五楼的“黄金大道”，提供集购物、餐饮、休闲和娱乐于一体的现代化服务。

中山公园这里有龙之梦购物中心、新宁购物中心、玫瑰坊商业街、米兰时尚广场、多媒体生活广场、贝多芬广场等。其中的龙之梦购物中心是国内首座城市枢纽型轨道交通商业设施，内有百货、美食城、特色餐厅、书城和超市等，集商业、文化、旅游和商务办公于一体。中心内的地下一层和二层开设了龙旺美食城，其他每一个楼层都有特色风味餐厅。

五角场正发展成上海东北角的徐家汇。这里云集了万达商业城、沃尔玛、东方商厦、百联又一城、东上海乐活广场等现代化商厦。其中万达广场内有沃尔玛购物广场、巴黎春天百货、第一食品广场、万达国际影城、新华书店、和乐国际家居广场、黄金珠宝城等，而街坊式布置的广场特意辟出了三条休闲街。

浦东新上海商业城位于浦东陆家嘴金融贸易区中部的张扬路一带，是目前亚洲最大的零售商店所在地。商业城中有第一八佰伴、中融国际商城和新梅双塔为主体的中高档购物商厦，也有三鑫世界商厦、鑫联广场和华诚大厦食品城等休闲场所，还有太平洋数码广场三期。

不夜城位于上海火车站地区，是上海新型的商业中心，包括不夜城商厦、名品商厦、环龙百货、太平洋百货、闸北广场等，内含多种产业形式。周边的休闲、娱乐、餐饮等设施也是一应俱全。同时火车站地铁广场也是一个不错的购物去处。

浦东机场免税店只对出境旅客开放，因此只有飞国际航班的时候才能看到免税店。免税店集中于国际出发区15号至20号登机口附近。日上免税行经营世界畅销香烟、酒品、香水及各式化妆品。东权免税店主营箱包、皮具、名表、服饰等百货类商品以及各类免税食品。

商业街有高档街区、平民大道和淘宝乐园。南京路高档商业街区素有“中华商业第一街”美誉，是上海最早的一条商业节，解放前以“十里洋场”而闻名。街区东起外滩、西至西藏中路，全长2.5千米。这里拥有100多家中华老字号特色商店及现代化的商厦、商场，如第一百货、华联、新世界等综合性百货商厦。还有第一食品商店、老介福、宝大祥、亨得利、吴良材等百年老店。静安寺、南京西路是南京路商业街的西延伸段，既有满足大众化消费的商场，也有价格不菲的奢侈品专卖店，如恒隆广场、梅陇镇广场、久光百货等。淮海路是上海著名的商业街，名店与专卖店云集，有香港广场、上海广场等高档写字楼，百脑汇、赛博等计算机广场和太平洋百货淮海店、大上海时代广场、百盛、巴黎春天、二百永新、华亭伊势丹等综合商厦。

平民大道包括四川北路、陕西南路、长乐路、香港名店街迪美购物中心。四川北路位于虹口区，商品以高品位、中低价为主，故有“平民商业大街”之称。这里云集了东宝百货、巴黎春天等商厦和宏图三胞等数码广场，还有一大批中低档品牌的专卖店。陕西南路连接着淮海路与南京路，是一条充满个性的小街。装修风格各异的小店并排伫立，令人眼花缭乱。虽然每一家的店面都不大，但是胜在家家都有“舍我其谁”的气势，拿得出“只此一家”的东西，而价格却不过是大百货公司的几分之几。长乐路有人说是条“妖怪街”，东边的小店卖39元两件的廉价毛衣，西边对面的小店卖近1000元一件的T恤。这里的店铺不如隔壁的陕西南路那么密集，装修也没那么用心，甚至老板也不像陕西路上有那么多养眼的美女。但就是有一群人喜欢往长乐路跑，买一些粗看不怎样，仔细看却越看越叫人喜欢的东西。香港名店街迪美购物中心位于南京路市百一店斜对面的人民广场地铁站内。迪美购物中心的商品琳琅满目，有古灵精怪的饰品、稀奇古怪的鞋包，还有满是花边珠片的衣服等。为了节省腰包，建议找一个会砍价的朋友一同前往。香港名店街里则汇聚了一系列名品专卖店，出售各种服装、化妆品、小饰品等。

淘宝乐园包括七浦路、东台路古玩街。七浦路东起河南北路，西迄浙江北路，南到山西北路，呈“T”字形分布，全长680米。到七浦路，一定要记得淘东西，淘别人没看到的好东西。然后是杀价，按照自己的心理价位狠杀。周末黄昏时分，商家打烊后往往会拿出一部分商品沿街叫卖，价格更是低到令人咋舌。东台路古玩街地处卢湾区浏河路、东台路口，是一条在海内外具有较高知名度的旧工艺品特色街，被称为上海的“琉璃厂”，以经营旧工艺品为主，包括瓷器、玉器、铜器、木器、字画、文房四宝、杂件等。这里的每个店家的店堂装饰都自成风格，极具特色。

上海的人文包括文化和建筑两个方面。文化方面包括海派文化、方言、传统戏曲、体育、宗教及名人故居，建筑方面包括百年外滩、石库门、老洋房和宗教建筑。

“海派”一词是20世纪20年代北京一些作家的创造，用于批判当时上海某些文人和某种文风，海派的对立面是京派，海派和京派象征着中国两种风格迥异的文化。京派是传统的，海派则是叛逆的标新立异、中西结合的产物，充满浓郁的商业色彩和民间色彩。海派文化传承了吴越文化的亲水性特征，以及其敏感和细腻，对其他文化展现出一种宽容的姿态，善于接受新鲜文化因子，形成海派文化多元性的特点。开埠后大量自南而来的浙江人和自北而来的江苏人构成了上海主要的“移民”群。吴越文化大胆开放的冒险性格及雄健恢宏的开拓精神构成了海派文化的开创性特征。之后西方文明又于此登陆华夏大地，上海由一个小镇迅速蜕变为全国性的商业经济重心，中西大汇融的海派文化随之渐趋形成。

上海话称为沪语，是主要分布于上海市区的方言，属于吴语太湖片苏沪嘉小片。上海话是现代吴语区中最强势的方言，在江浙一带乃至全国及海外华人小区都有较大的影响力，因此有人将其当做吴语的代表。历史上的上海对外移民风潮，使得上海话的影响范围不断扩张，如在中国香港和台湾地区，还有美国、日本等国家，上海话的影响力亦不小。

沪剧是上海的代表剧种，流行于上海、苏南及浙江杭、嘉、湖地区。它起源于浦江两岸的田头山歌和民间俚曲，在流传中受到弹词等影响，演变成说唱形式的滩簧。清代道光年间，浦江一带的滩簧发展为二人自奏自唱的“对子戏”和三人以上演员装扮人物、另设专人伴奏的“同场戏”。1898年，已有艺人流入上海，并固定在茶楼坐唱，称作本滩。1914年，本滩易名为申曲。1927年以后，申曲开始演出文明戏和时事剧。1941年上海沪剧社成立，申曲正式改称沪剧。

上海每年举办的常规赛事有F1，ATP（Association of Tennis Profssional，联业网球联和会）1000网球大师赛，国际田联钻石联赛，世界高尔夫锦标赛—汇丰冠军赛，上海斯诺克大师赛等。上海是首届东亚运动会的举办地，也是2008年北京奥运会协办城市之一还举办了2007年女足世界杯决赛和2011年世界游泳锦标赛。上海的主要体育场馆有上海体育场、上海体育馆、虹口足球场、上海国际赛车场、源深体育中心、旗忠网球中心、上海东方体育中心等。

目前上海和中国内地其他地方一样，有5种宗教是得到中国官方承认的合法宗教：道教、佛教、伊斯兰教、天主教和新教。历史上上海还曾经存在过许多其他宗教，例如犹太教、东正教、锡克教等。

解放前的上海是一个名人荟萃的地方，大批经典的历史故事在这里留下烙印，很多历史人物在这里驻足，由此产生了一大批名人故居。

鲁迅在1927年来到上海，到1936年逝世，在上海整整生活了9年，他经常去内山书店，也多次去过虹口公园。后来鲁迅的墓从万国公墓迁到了虹口公园内。鲁迅逝世20周年时，园内一座江南民房风格的鲁迅纪念馆建成，后公园正式改名为“鲁迅公园”。

鲁迅故居是一幢红砖红瓦的三层楼房，为一代文化巨匠1933年至1936年逝世前居住和工作的场所。在这里，鲁迅进行了大量创作、翻译、编辑工作，还组织了“中国自由运动大同盟”和“中国左翼作家联盟”，屋内现陈列着鲁迅生前用过的珍贵物品和写作用具。

距鲁迅故居不远处就是著名的多伦路文化街了，这条在地图上难觅其踪的小街在中国近代文化史上却写下了浓重的一笔。诸多彪炳史册的文化名人如鲁迅、瞿秋白、郭沫若、茅盾等曾在这里聚首、呐喊和战斗。中国左翼作家联盟、中华艺大、上海艺术剧社等，都曾将这里作为“战场”。多伦路及周边的几条马路，从一个侧面集中显现了历史的印迹和文化的缩影。路边那些栩栩如生的街头铜像描绘着当时文人的风采，那些故居遗址静静地讲述着那个时代的故事。

香山路7号是一座幽静的欧式花园住宅，这里是孙中山故居，1918年至1924年孙中山先生与夫人宋庆龄居住在这里。室内的陈列是1956年宋庆龄按当年原样布置的，绝大部分是原物。距此不远处的幽静雅致的皋兰路上，张学良将军在1934年、1935年期间，与赵四小姐曾在此居住。复兴中路512号，绘画大师刘海粟1935年居住在这里，他创办了中国第一所美术学校上海美术专科学校。

淮海中路927弄59号，著名作家巴金在这幢房子的三楼，从1937年起生活了18年，在这里完成了他的代表作《激流》三部曲的后两部

《春》、《秋》和名著《寒夜》的写作。华山路303弄16号的蔡元培故居是闹市中安然恬静的一角，这是一幢欧式小洋房。杰出的民主革命家、教育家蔡元培先生1937年寓居于此。要论到最能牵动人们心弦的名人故居，张爱玲在常德路195号住过的常德公寓，早已成为各地“张迷”们来上海必到的朝圣处所。虽然这里现在是居民楼不能进去，但是仅仅站在屋外，已能体会到旧日上海的华丽与沧桑。

外滩是上海的标志，是这座东方大都市最著名的景观。百余年前，黄浦江的这片江滩曾经是船夫与苦工踏出来的纤道，经过百余年的建设，现如今高楼林立、车水马龙。外滩全长约1.5千米。东面靠着黄浦江，西面为哥特式、罗马式、巴洛克式、中西合璧式等52幢风格各异的大楼。虽然不是同一时期，也不是同一建筑风格，但这些大楼建筑格调统一，轮廓协调，无论是极目远眺或是徜徉其间，都能感受到一种刚健、雄浑和雍容华贵的气势。外滩五彩缤纷的夜景是上海的骄傲。彩色的灯管勾勒出了黄浦江两岸的整排高楼的轮廓，宛如童话世界里的巨大城堡。众多建筑中，最著名的要数中国银行大厦和和平饭店，这两幢沉浸在淡紫灯光里的石砌大楼已成为外滩百年沧桑风云变幻的历史见证。

石库门是老上海的一种房屋结构，半个世纪以来，石库门的变迁也是上海变迁的一个集中缩影。作为上海曾经的主要居住环境，石库门是上海小市民文化的精神策源地，石库门逼仄的空间和纷杂琐碎的氛围培育了上海的小市民精神。而现在石库门则成了旅游景点、流行的元素，甚至是品牌。石库门是一种砖木结构的毗连式房屋，大多成排建筑在里弄内，是上海独有特色之一。石库门的外形像条走廊，中间纵向深入，左右两旁为相互毗连的民居。石库门住宅构成了私密空间与公共空间交错的里弄小区。石库门里弄在最多的时候有9000多处。近些年，随着上海的不断以展，一片又一片充满怀旧风情的石库门逐渐消失，仅有一小部分被改建后保留了下来。位于黄陂南路、太仓路上的新天地就很具有代表性。此外，在永嘉路、陕西南路的步高里等，也能看到上海的石库门。

上海的历史遗迹不多，比较拿得出手的只有建筑。老洋房是老上海建筑中的极品。尖翘的屋顶，小巧的阁楼，饱经风雨的黑色铁栅栏，这些隐匿于现代化繁华大上海的复古建筑，无疑使人们能从这个越来越国际化的城市中寻找出一种历史感和文化感。上海老洋房一般为四面或三面临空，装修精致，有客厅、餐室及数套卫生间等结构较好的独立式或和合式、别墅式住宅。上海的老洋房主要分布在4个市中心区：徐汇区、长宁区、卢湾区和静安区。汾阳路、愚园路、武康路、湖南路、思南路、长乐路、华山路、兴国路、茂名路是老洋房最集中的区域。马勒别墅和周公馆是其中的代表。

上海城隍庙坐落于上海旧时最为繁华的城隍庙旅游区，是上海地区重要的道教宫观，距今已有近600年的历史。城隍庙遭受了重大的打击，神像被毁，庙宇被挪为他用，现已修复。

选择去上海旅游最佳时间及上海最佳旅游季节，并不需要十分苛刻，选择的目的在于能够有备无患，免得出现意外状况。

上海属于典型的亚热带海洋性季风气候，四季分明，温和湿润，雨水充足。上海气温最热的时候是在七八月，超过35摄氏度的高温天气有数十天，不适宜室外活动；最冷的时候是一二月，虽然少有降雪，但湿冷的空气和刺骨的寒风往往令人难以忍受，需要注意防寒保暖。六七月在上海是梅雨季节，阴雨连绵；八九月是台风多发季节，常有突如其来的狂风暴雨。这两个时段游上海一定要带好雨伞。

春秋两季是上海最佳旅游季节，每年的3月至5月以及9月至11月是上海旅游最佳时间。柳絮桃花、自在飞莺的春季最适合郊外踏青。游客可前往南汇赏桃花、品春桃。红叶漫天的秋季是品尝大闸蟹的最佳时节，所谓“秋风响，蟹脚痒”，此时的大闸蟹蟹黄足、蟹脂厚、蟹肉美，令人垂涎欲滴。值得注意的是，清明前后是上海人合家外出扫墓的时节，到周边城市的交通会非常紧张。5月上旬及国庆前后是上海传统的旅游旺季，到时候必定人山人海，所以未必是最佳的选择，前来游玩的游客可以考虑避开人流最密集的时段而不错过最好的季节。

点评与建议

在上海旅游，可以体验外滩老式的西洋建筑与浦东现代的摩天大厦，徐家汇大教堂的圣诗声声和玉佛寺的香烟袅袅，群众小剧场的沪剧滑稽戏和大剧院的交响乐、芭蕾舞，老饭店的本帮佳肴、杏花楼的广式粤茶还有红房子的法国大菜，上海老街的茶馆和衡山路的酒吧……完全可以肯定，每一名游客都能在这里感受到中西合璧、各具精彩的大上海的无限魅力。

首都北京旅游攻略

北京，中华大地上最令人向往的一个地方，既是一座拥有悠久历史的文化古城，同时又是一个朝气蓬勃的国际大都会，融合着传统与现代。北京旅游资源无与伦比，俯拾皆是岁月封尘的记忆，到处都有令人神往的迷人风光：红墙碧瓦太和殿、十里长街天安门、颐和园的明月、长城的风，还有SOHO现代城、三里屯酒吧街、国家大剧院、“鸟巢”和“水立方”……百闻不如一见，赶紧开始这妙趣横生的北京之旅吧！

天安门广场是世界上最大的城市中心广场，是北京乃至全中国的象征。每个中国人肯定都曾“目睹”过它的雄姿，但真正身处其中时很多人仍然会激动不已。如果在北京只能停留片刻，而且可能是此生唯一的停留，那么就去这里吧！到了天安门广场，还可游览人民大会堂、中国国家博物馆、毛主席纪念堂、正阳门等景点。

从旧皇城正门天安门（你肯定能找到）门洞穿过，沿着青砖铺就的道路北行，一大片巍峨宏大的建筑群让人恍然有置身哲学意义的天地之间的感受，没错，你正在走进昔日的紫禁城。紫禁城中路有午门、太和门、三大殿、乾清宫、交泰殿、坤宁宫、御花园、神武门，东路有东六宫、宁寿宫、珍妃井，西路西六宫、慈宁宫、养心殿、漱芳斋。如果只有半天时间走马观花，建议最好以中路为主。爱好书法的朋友不可错过养心殿西暖阁的三希堂。

游故宫当然首先是感受它浩大的气场，所谓“禀天地之灵气”，但也有必要细细欣赏其建筑艺术。故宫建筑都是砖木结构、黄琉璃瓦顶、青白石底座，饰以金碧辉煌的彩画，其建材和建筑手法都十分讲究。故宫外围是一条宽达52米、深6米的护城河；里面是周长3千米的城墙，墙高近10米，底宽8.62米；城墙上开有四门，南有午门，北有神武门，东有东华门，西有西华门；城墙四角还耸立着四座角楼。护城河和城墙都是“皇城根下”最有韵味的地方，可感受到北京人的消闲方式，也特别适合摄影。从东华门穿出，即可进入一个与皇城里截然不同的天地，夏日的傍晚这里最美。过护城河一直往东，可步行到著名的东华门夜市和王府井。到了故宫，同时可游天安门城楼（皇城正门）、中山公园、劳动人民文化宫、景山公园。

天坛是全世界最大的古代祭天建筑群，以“天圆地方”理念规划园区和建筑造型。其中的祈年殿高38米，曾经是北京最高的建筑，也算得上是中国最优美和最著名的古典建筑。天坛的总面积几乎有故宫的4倍大，在气势恢宏的浓荫古树间，浮现着一座座精美非凡的建筑，每当春季，树林间遍地野花，金秋则落叶铺地，在清晨或黄昏时分，最能体会那份岁月流逝的沧桑。对游客而言，与其花时间在一些现代人造景点中疲于奔命，不如用一天或半天时间来品味天坛的脱俗和静穆。

与天坛类似的其他古代祭祀场所还有以下几处先农坛，与天坛在老北京中轴线南端东西互应，是明清皇帝祭祀先农诸神、举行“籍田”典礼的场所，也是国内现存的唯一一座祭祀先农的遗迹。这里不仅有规模可以比拟故宫太和殿的太岁殿，还有古时皇帝借以展现亲耕秀的“籍田”。地坛，位于安定门外大街，春节的庙会十分著名。日坛，位于建国门附近，小而精，围绕日坛是老外们活动的大本营，秀水街就在附近。月坛，位于西城区月坛北街。

北京似乎是个缺水的地方，但其实仅在老城区就有几个水面宽阔的内湖，其中北海更能让人感受到城市中少见的烟波浩渺。北海有江南园林的秀美，也有皇家园林的大气。在北海，冬可溜冰，其他季节可划船，还可遥望中南海，是一个可以坐下来细品其美的地方。著名的九龙壁就在北海。

恭王府是我国保存最为完整的王府建筑群，分为府邸和花园两部分，府在前，园在后。恭王府的开放，早在30年前，就被提上议事日程。1975年，周总理在病床上，以3件未做完的事情托付谷牧，其中之一就是恭王府的开放问题。王府占地约3.1万平方米，分为中、东、西三路建筑，由严格的轴线贯穿着的多进四合院落组成。府邸不仅宽大，而且建筑也是最高规制。明显的标志是门脸和房屋数量。亲王府有门脸五间，正殿七间，后殿五间，后寝七间，左右有配殿。低于亲王等级的王公府邸绝不能多于这些数字。房屋的形式、屋瓦的颜色也是不能逾制的。恭王府的中、东、西三路各有三个院落，其中每一路的后两个院子是游客游览的主要区域。位于什刹海北岸的恭王府是世界最大的四合院，也是今日北京城里60余座清代王府中保存最完整的一个。据说恭王府最早的主人是和珅。自恭王府花园拍摄了电视剧《宰相刘罗锅》、《雍正王朝》和《还珠格格》后，这里名声日盛，成了北京的一个热门去处。恭王府的花园据考证为恭亲王奕䜣所建，有着某些《红楼梦》中所描绘的景物，因此有人说它是大观园的蓝本。

明城墙始建于明永乐年间，是老北京的重要象征。随着人事的变迁，如今北京城内仅存两处明城墙，已用公园的形式加以保护的东便门至崇文门的一段便是其中之一，而其东角楼更是全国现存最大的城垣角楼。

皇城根遗址公园位于北京城中心地带，呈带状公布。皇城根遗址公园南起长安街，北至平安大街，西邻北河沿大街，东到东皇城根北街、南街，犹如一道历史的长廊把皇城根遗址、中法大学、欧美同学会、四合院、北大红楼等众多人文景观贯穿于一线。

菖蒲河是北京最短的河流，原名外金水河，因河中长满菖蒲故而得名。菖蒲河源自皇城西苑中海，经天安门城楼，汇入御河，是皇城内一条重要的水系。

北京的四合院是“京味儿”文化的典型代表，四面房子围着一个院子，既自成一体，又得享天地之气和天伦之乐。目前，随着城市的发展，四合院、大杂院正在成片地消失，还有不多的四合院被保护起来，供人凭吊正在消失的老北京文化。四合院中的名人故居有孙中山故居、鲁迅故居、宋庆龄故居、蔡元培故居、胡适故居、陈独秀故居、纪晓岚故居、婉容故居；老舍故居、梅兰芳故居、郭沫若纪念馆、蒋介石故居等。

什刹海由前海、后海和西海（积水潭）组成，历来被认为是北京的文脉所系，是皇城以外景致最优美、文化气息最浓郁的地方。这个区域附近的胡同和胡同里的四合院，曾经是北京最适合居住的地方（从北京城初建时，这个区域就被规划为“中产阶级”以上的住宅区之一），现在，这一地区也是胡同、四合院保存最集中的地方。

南锣鼓巷南北长约1000米，东西各有8条对称的胡同，形如蜈蚣，所以又叫“蜈蚣街”。蜈蚣街的胡同一色苍灰，整洁干净，胡同沿线的民居一律灰砖青瓦，与王府相比自有不同趣味。中央戏剧学院在这里的东棉花胡同，也因为北兵马胡同里有个话剧场，再往西边的帽儿胡同走又是国家话剧院，可以说这是北京戏味儿最浓的地方。现在这附近的胡同里已经有十几家新开的酒吧，一条新酒吧街的轮廓正日渐成形。

旧鼓楼大街是与喧嚣的后海、静寂的钟楼鼓楼比邻的街道，周边是以鼓楼为中心的四合院住宅区。曾是元代古街的旧鼓楼大街，有北京最古老的胡同，也曾经历让老北京们心碎的街道拓宽工程。这里现在出现了好几家很有风格的酒吧与餐厅。

东单到北新桥大街路东一线，明清时期是官宦集中之地，胡同布局严谨，两侧宅院也都是旧时北京最好的宅子，如今虽然破坏严重，但仍可见当年大宅院的风范，尤其是东总部胡同和东四六条，有几处宅子门前仍有保存完整的石狮、门墩等。

西四西南一带的胡同也多是旧日京城官宦住宅，同时还有一些元代都城的胡同，如砖塔胡同，是北京最古老的胡同之一。

八大胡同是老北京花街柳巷的代称，又称“八大埠”，位于前门外大栅栏观音寺街以西。公认的八条胡同是百顺胡同、胭脂胡同、韩家潭、陕西巷、石头胡同、王广福斜街、朱家胡同、李纱帽胡同。看八大胡同有两个由头，一是考察北京老街巷老建筑，二是看看老妓院到底是什么样子。八大胡同是草根的北京，是过去绝大多数老北京人的真实生存环境，而且至今形貌犹存。

北京动物园是真正的园林式动物园，有来自中国和世界各地的640多种、5万多只野生动物，是中国最大的动物园。动物园内的海洋馆，是世界内陆最大的水族馆，内有1000余种观赏鱼，此外还有精彩的海豚、鲸鱼表演。

像北京其他大多数景点一样，动物园很大，所以要做好长时间步行的准备。动物园旁边就是北京集中的衣物批发商圈，各种鞋帽衣物皮包种类齐全，样式新颖，价格低廉，一定要拦腰砍价。这里楼层比较多，而且很大，比较费脚力，要做好吃苦准备。

雍和宫是北京地区规模最大、保存最完好的喇嘛教黄教寺院。雍和宫建筑精美华丽，具有将汉、满、蒙、藏等多种建筑艺术融为一体的独特艺术风格，如今仍有众多的僧侣在其中修行。

北京古建城市公园于2006年9月建成，位于北二环内侧旧鼓楼大街到雍和宫桥之间，公园全长2千米，25米宽，占地面积约5万平方米，是一座由古建筑走廊和条状绿化带构成的城市公园。在这里可以同时游国子监和孔庙。与雍和宫隔街相望有一条国子监街，是一条北京仅存的建有四座牌坊的古建街。元、明、清三代的最高学府国子监位于这条街的中部，东邻孔庙。国子监最值得一看的是一批刻于清乾隆年间的十三经刻石，孔庙的规模仅次于山东曲阜孔庙。

北京有不少古寺隐于市井或藏于名山。白塔寺其实本名为妙应寺，有著名的锥形白色佛塔，也是重要的庙会举办地；法源寺可烧香礼佛，有江南水乡般的后园，是中国佛学院所在地；智化寺由黑色的琉璃瓦盖顶，是北京保存最完整的明代木结构建筑群，有独特的传承了500年的佛教音乐；东岳庙是道教正一派在华北地区最大的庙宇；大钟寺因寺内珍藏一口明代永乐年间铸造的大钟而得名；白云观是金庸小说经常提到的全真派的著名道观，也是北京现存规模最大的道观建筑，春节庙会人山人海；法海寺是一座很小的寺庙，但有美轮美奂的明代壁画；潭柘寺是北京地区历史最久远的寺庙，民间一直有“先有潭柘寺，后有北京城”之说，寺院依山而建，殿宇宏伟，位于北京门头沟区的宝珠峰山坳，距北京城40多千米；戒台寺始建于唐代，已有1300多年的历史，寺内因拥有全国最大的佛寺戒坛而久负盛名，还有佛塔、经幢等十分罕见的辽代佛教珍品，该寺也以种植丁香、牡丹闻名，春季花开时游人如织，距北京市区大约35千米。

八大处公园不仅有八座古刹，还有山林、小溪之类的风景，是古人听风煮茶参禅作诗的去处，位于北京著名风景区西山南麓，距市中心16.8千米。

颐和园历史上曾两次遭到严重破坏。1860年被英法联军烧毁，后重新修建，并改名为颐和园。1900年再次遭到八国联军的破坏，1902年重修，即成现在规模。

如果你只喜欢繁华美景，就别来圆明园，因为这里是一个遗址公园，只有倾颓的景象。圆明园很大，“健在”之时有“万园之园”的美称，陆上建筑面积和故宫一样大，水域面积又等于一个颐和园，其园林是中西结合的完美典范。1860年英法联军入侵北京，大肆搜掠园内的文物珍宝，最后竟放火将这座“万园之园”彻底焚毁，只剩下废墟上的残垣断壁。

香山的优势不仅是红叶，这里还是北京市民最喜欢的游览地和健身之所。每天天不亮，便有无数人在此爬山锻炼，这已经成为香山独特的一景。香山是北京著名的森林公园，有奇特幽静的山、庙、庭院和清泉。

喜欢花花草草的朋友可以前往北京植物园，这里汇集了众多的植物种类。其中大温室虽然门票高达数十元，但仍然值得一看，若买温室门票可以免门票。园内还有精巧的香山卧佛寺。

北大、清华校园相邻，都在圆明园附近。两校均风景如画，不输于任何公园，但各有风格。北大古雅，文物古迹众多。清华幽美，20世纪初建的一些建筑十分有名。清华大学美食广场号称“亚洲第一大食堂”，3元吃饱，5元吃好，有机会一定不要错过。北大周边有不少顾客多为学生的酒吧，南门附近的风入松书店，不远处的海淀图书城，都是买书的好地方。

北京游乐园是北京市最早的现代化大型游乐园，有“北京迪士尼乐园”之称，园内的观览车更号称是国内第一摩天巨轮。与那些古迹名胜相比，这里才是孩子们唯一的焦点。

北京欢乐谷是生态乐园，也是北京体验旅游的重要标志，位于北京东四环四方桥东南角，占地56万平方米，由峡湾森林、亚特兰蒂斯、失落玛雅、爱琴港、香格里拉和蚂蚁王国六大主题区组成。

位于北京市朝阳区国家体育场南路1号（北京奥林匹克公园内，亚运村北），建筑面积25.8万平方米，永久座席8万个，临时性座席2万个，举办过多场国际国内体育比赛和文化、娱乐活动的国家体育场（“鸟巢”）是2008年北京奥运会主体育场。国家体育场由2001年普利茨克奖获得者赫尔佐格、德梅隆与中国建筑师李兴刚等合作完成整体设计，由艾未未担任设计顾问。整个体育场的形态如同孕育生命的“巢”，它更像一个摇篮，寄托着人类对未来的希望。设计者们没有做任何多余的处理，只是坦率地把结构暴露在外，因而自然形成了建筑的外观。国家体育场于2009年入选世界十年十大建筑。

世贸天阶位于迎宾国道东大桥路的东侧，紧邻国贸、嘉里中心等众多顶级写字楼以及世贸国际公寓、新城国际等名品公寓，坐镇北京CBD（Central Business District，中央商务区）西区门户，已被朝阳区政府定为政府重点工作项目，并成为CBD的旗舰商业中心。

“水立方”即国家游泳中心，位于北京奥林匹克公园内，是北京为2008年夏季奥运会修建的主游泳馆，也是2008年北京奥运会标志性建筑物之一。北京奥运会期间水立方承担了游泳、跳水、花样游泳、水球等比赛，观众座席1.7万个。赛后水立方建成具有国际先进水平的集游泳、健身、休闲于一体的活动中心。“水立方”与国家体育场“鸟巢”分别位于中轴线两侧，一方一圆，遥相呼应，构成了“人文奥运”的独特风景线。整个“水立方”分为四层，其中负一层是比赛工作区，一层和二层分别是游览区和观众席，三层为场馆预留经营场地。“水立方”是根据细胞排列形式和肥皂泡天然结构设计而成的，它的膜结构已成为世界之最。这种形态在建筑结构中从来没有出现过，创意奇特。

世贸天阶由南北两翼商业廊和两座写字楼组成，同时拥有阶梯广场等户外场所。商业廊为全石材建筑，风格现代而又蕴含古雅醇厚的内涵，它的上空，亚洲首座、全球第二大规模的电子梦幻天幕凌空而起。天幕长250米，宽30米，总耗资2.5亿元，由曾获奥斯卡奖和四次艾美奖的好莱坞舞台大师Jeremy Railton担纲设计。Jeremy Railton说“这样大胆的商业构想，让我直观地看到了来自亚洲的经济光辉，这样富于时代意义的规划，对于设计师而言，足以激发出无限的创作热情。世贸天阶的天幕虽然规模上位列美国拉斯维加斯之后居世界第二，但是所动用的最先进的技术，却远远的超越了拉斯维加斯的天幕，因此从技术角度讲，世贸天阶天幕是全世界的第一。”这座天幕为整条商业街带来富于梦幻色彩和时尚品位的声光组合，成为一座吸引人潮的世界级奇观。

此外还有处于嘈杂城市之外的各个京郊旅游风景区，美丽的景色和宁静的环境，绝对会带给你不一样的世外享受。无须远行，京郊也可享受美妙的自然风景。

北京的风味小吃历史悠久、品种繁多、用料讲究、制作精细，堪称有口皆碑。清代《都门竹枝词》云："三大钱儿卖好花，切糕鬼腿闹喳喳，清晨一碗甜浆粥，才吃茶汤又面茶；凉果炸糕甜耳朵，吊炉烧饼艾窝窝，叉子火烧刚卖得，又听硬面叫饽饽；烧麦馄饨列满盘，新添挂粉好汤圆……"这些小吃都在庙会或沿街集市上叫卖，人们无意中就会碰到，老北京形象地称之为"碰头食"。

京味小吃的代表有豆汁儿、豆面酥糖、酸梅汤、茶汤、小窝头、茯苓夹饼、果脯蜜饯、冰糖葫芦、艾窝窝、豌豆黄、驴打滚、灌肠、爆肚、炒肝、糖火烧、炒红果、芥末墩、麻豆腐、炸酱面、炸灌肠等。

北京的美食街区有簋街、方庄美食街、王府井小吃街、广安门美食街、亚运村美食街、阜成路美食街、前门美食街、霄云路美食街、苏州街美食街、SOHO现代城美食街、平安大街美食街。

北京位于华北平原的北部边缘，四季分明，夏冬长，春秋短。1月最冷，气温常在零摄氏度以下；7月最热，最高气温有时会达到近40摄氏度。北京春季（3月~5月）百花盛开；夏季（6月~8月）色彩分明，摄影条件理想；秋季（9月~10月）天高云淡，是一年中最好的旅游季节；冬季（11月~次年2月）银装素裹，此时可参与滑雪等时尚休闲活动。

北京的春天时间短暂而气温变化剧烈，大幅度的升温和降温交替出现，往往还没收拾起冬装，夏天就已经悄悄来到了。春天另一个大麻烦是风沙，有时甚至发生严重的沙尘暴，让人游兴全无。但是在风沙与天气变化的间隙，5月里还是有些温暖宜人的好天气可以踏青郊游。5月也是大型演出最集中的月份。北京春天的看点集中在天坛、大觉寺、国家大剧院等处。

北京夏天高温的日子不少，尤其是中午前后，太阳下的温度几乎能烤熟鸡蛋。但北京周边的山区则凉爽清新，是逃离暑热的好去处。北京夏天的看点集中在青龙峡、京东大峡谷、云居寺·石经山等处。

秋天是最适合到北京旅游的季节。随着秋意越来越浓，各种树木的叶子有的仍然鲜绿，有的开始泛黄，有的艳红如花。11月前后，香山红叶越来越热烈，越来越浓艳，登高赏红叶的人络绎不绝。一场场秋雨过后的清晨，空气清冽透人心脾。北京秋天的看点集中在香山公园、景山公园、颐和园等处。

冬天的北京万木凋零，此时来北京看的不是景，而是人。赶上一场热火朝天的庙会，来上一锅热气腾腾的涮羊肉，过个热热闹闹的年，这就是冬游北京的乐趣所在。此外滑雪也是不错的冬游项目。

点评与建议

北京具有丰富的旅游资源，对外开放的旅游景点有200多处。随着新城市规划的不断深入实施，北京必将迎来前所未有的发展机遇，为游客提供更好的服务。

第五章
生态旅游，亲近自然也疯狂

生态旅游是一种特殊的旅游形式，其旅游目的地是自然区域或某些特定的文化区域。旅游者一般具有高知识、高素质，他们旅游的目的是通过对自然区域和特定的文化区域的游览来了解当地文化和环境的自然、历史知识。这一过程不仅能使旅游者受益，同时也使旅游地受益。更重要的是，在这一过程中，旅游地仍然不受外来影响，仍然保持原汁原味。随着我国旅游事业的发展，生态旅游区开发呈雨后春笋之势。本章介绍有代表性的盘龙峡生态旅游区、房干生态旅游区和黄河口生态旅游区，同时还介绍香格里拉生态旅游区、丹洲古镇生态旅游区和木兰天池生态旅游区。

盘龙峡原始自然生态旅游区

盘龙峡生态旅游区位于广东省德庆县西北部，距县城28千米，整个生态旅游区占地近20平方千米。这是一个原始自然生态旅游区，景区内古木葱茏，国家一级保护植物“植物活化石”黑桫椤遍布其间，是广东省摄影家协会拍摄基地。峡谷内空气负离子含量达每立方米12.5亿个，是中国南方最大的天然大氧库。盘龙峡是首个得到广东省旅游局认可有10级以上瀑布群的旅游区，被誉为“亚洲罕见、广东第一”瀑布群，2005年被中国最高权威旅游杂志《中国国家地理》评为“广东最美丽的地方”。

德庆是龙母的故乡。传说龙母养了5个儿子，小儿子斑龙特别调皮，经常在西江嬉戏玩水，兴起时兴风作浪，搅得西江两岸人民不得安宁。龙母一生气，把斑龙送到一个山清水秀、林木幽深的峡谷，让它在此修炼思过。龙母毕竟不放心，就要斑龙的大哥青龙来看着它，青龙、斑龙就居住于此，时时为附近的百姓行云布雨。后来人们就把这个峡谷命名为盘龙峡。盘龙峡生态旅游区的山因水而灵秀，盘龙峡也因此变得有了灵魂。

在盘龙峡的峡谷里面，藏匿着广东最大的瀑布群，其中一个落差竟达86米。最为出彩的是腾龙瀑、聆天瀑、烟雨瀑，激流跌宕，气势非凡每个瀑布都各具特色。腾龙瀑飞流直下，如游龙在天。聆天瀑飘逸秀美，如西施浣纱，映出山色的青葱碧绿。烟雨瀑形如其名，烟雨妖娆，如空谷来风。这几帘瀑布都有“飞流直下三千尺，疑是银河落九天”的气势。湍急的水流从悬崖顶端飞驰而下，溅起层层水花，升起团团水雾，弥漫在峡谷之中，人就仿佛到了仙境一般。

盘龙峡景区森林水世界的温矿泉分为三大区。一是休闲巴厘岛风情区。区内分布着充满巴厘风情的景观泳池、休闲木栈道、凉亭、流水瀑布、逍遥躺椅，游客一边享受别致景观，一边在水中吧台吃喝聊天，或在泳池里自由畅泳，或在躺椅上尽情舒展身心。二是超大型家庭同乐玩水区。区内有各种新奇好玩的水上游乐项目，如超级旋转滑梯、动感冲浪池、环形漂流河等，游客可以躺在1米多高的浪花上感受波浪带来的动感畅快，也可以登上滑梯旋转滑下，还可以在夜色降临时，坐在森林天幕餐厅的观景台上享受水幕电影带给人的梦幻感觉，刺激难忘。三是世界级森林温矿泉水疗SPA区。该区坐拥盘龙峡谷2000公顷原始森林，有浸、冲、淋、喷、水力按摩等多种浴法，还有按摩床浴、冲击保养浴、泡泡轻抚浴等，让游客充分感受水疗按摩之惬意，疲劳尽消。

盘龙峡漂流号称“中国勇士第一漂”，全长约4800米，落差百余米，接连不断的险滩令整个漂流的过程基本上都在高潮中度过。从漂流源头顺流而下，一路险滩无数，河道里自然障碍物多且水势多变、水流落差大。到了最后一段，整个小艇似乎被抛进一个全包围的管道里，毫无控制力地随水流飞速滑行，游客正当失魂落魄时，整个人突然间轻飘飘地落在一个平静的湖面上，惊魂未定，漂流却戛然而止。

在漂流的源头，有102个水车，它们各司其职，灌溉的、磨坊的、舂米的，还有颇为壮观的奇趣水车群。水车形态各异，古朴而错落有致，带动了潺潺水声，沿着山中的客栈，一路走进山中，如童话中的水车王国般引人入胜，堪称是“中国最大最奇趣的水车群”。大大小小的水车同时运转，让游客遥想起日出而作、日落而息、男耕女织的古代农耕场景，亲身体验田园风情。

盘龙峡有号称“中国勇士第一飞”的空中飞人项目。架于两峰之间的溜索是根据盘龙峡独特的山形优势而设计的，游客穿上双保险背带式安全带，滑轮挂到铁索上，以每秒5米的速度在高山峡谷间来回飞翔，穿梭于悬崖绝壁间，头上晴空万里，脚下层峦叠翠，更可看到两条落差超过80米的亚洲最大瀑布群的壮观景象（比黄果树瀑布70米落差更大），其惊险刺激，难以言表。

来到德庆，一定要尝尝当地白皙爽滑的竹篙粉。另外，用当地盛产的首乌制成的首乌饼以及西江酿黑豆腐、酿大薯、煎土狗、广佛手、山坑鱼等，也很有特色。还有一种特色小吃叫山水豆腐花，又有黄豆和黑豆之分，均为现磨和山泉水酿制而成，吃起来滑嫩爽口，有自然的清香。

盘龙峡生态旅游区拥有多种类型的房间，可以满足游客不同需求。如被花海包围的薰衣草木屋王国酒店，浪漫无边的森林海度假别墅，隐在林海中的森林海度假木屋，悠闲恬静的小龙湾桃花寨湖畔别墅。

点评与建议

盘龙峡生态旅游区以其得天独厚的山、水、森林等自然生态资源禀赋，成功开发了瀑布观光、森林水世界温矿泉、勇士漂流、全国最大的水车群、“中国勇士第一飞”等生态休闲型旅游项目，让每一位来这里的游客终身难忘。

房干生态旅游区之“绿色天堂”

房干生态旅游区位于山东省莱芜市莱城区北部的鹿野乡，北靠济南，东临淄博，西与泰安接壤。房干生态旅游区海拔近千米，属泰山山脉，有近百类植物，20多种野生动物和百余种鸟类，8座水库，近15.6平方千米山地全部绿化，被国际环保专家誉为“绿色天堂”、“山区明珠”。

房干主要景观有九龙大峡谷、黑龙潭、金泰山、石云山、天门峡、桃花源等。

九龙大峡谷全长20千米，谷中古树参天，两边奇峰突兀，山、泉、潭、瀑、洞分布其中，至今保持原始风貌。峡谷中有卧龙峡、杏花村、照壁峰、黑龙潭、龙女潭、龙门潭等景观，潭潭相连、瀑瀑相接，有诗曰：“龙隐深潭鹰恋峰，赤日照壁见银星。龙潭风景皆诗意，莱芜河山此景雄”。

黑龙潭位于九龙大峡谷中段，在方圆1千米的景区内分布有3个大潭，3条瀑布，四面危峰矗立，山势险峻，令人望而生畏。潭水墨绿，深不见底，四季瀑布悬河，若逢雨季，瀑流如暴怒的蛟龙，摇头摆尾，穿谷而下，大有劈山撼岳之势。黑龙潭有着悠久的历史，自明朝以来历代在此修祠立碑，并留有许多文人墨客的诗词歌赋。《嘉靖莱芜县志》载“龙潭星现”位列莱芜八景榜首。春秋季节，晴朗天气，中午时分站在擎天崖下的“古观星台”上，背贴石壁，除却杂念，仰观苍穹，待20分钟后眼睛适应了光线，即能看见天上的一颗亮星，这颗星天文学家称之为“长庚星”即金星。虽然全国有多处黑龙潭，但他处概无此绝景。“龙潭星现”堪称“天下第一奇观”。

金泰山海拔840米，山峰突兀，拔地而起，三面绝崖，仅西面可登。传说泰山碧霞元君东巡，观此山不俗，即按泰山的模式施以金火变化而成，与泰山很相似，故名“金泰山”，有“小东岳”之美称。金泰山山顶的探海石，长9米多，是金泰山的标志性景观，像一把利剑直插苍穹，极具观赏价值。探海石之西，有4块巨石相叠，上有一圆石，如一宽额头、高鼻梁、阔嘴巴、双目微闭的大佛头像，中有长圆大石为佛肚，下有二石相抵是双脚。4块巨石上下足有40米高，远望特像一尊罗汉，故名“三叠罗汉”。山顶还有动心石、巨蟒岩等景观。

石云山海拔860米，以奇石异洞著称。山上沟壑纵横，经千百年风雨侵蚀，山谷中形成了成片的光滑滚圆的鹅卵石，远远望去像漫飘在青山绿树间的白云。有状若猛虎的“卧虎石”，有形似蛟龙的“苍龙石”，还有“鹰嘴石”、“情缘石”、“金龟石”、“横空出世”、“无字碑”等，形态各异，惟妙惟肖，富有灵气和生命，各有各的来历，各有各的故事。白岩下面经洪水冲刷，形成了无数洞穴，有的大如客厅，有的深不可测，有的洞洞相通，其中有一大洞穿透山体，极具观赏价值。民谣曰：“石云山，石云山，七十二洞住神仙。”山顶还有硕大的两块巨石，左右排开，中有20米宽大道直通天街，形成了天然石门，上刻有“天门”二字，古朴庄严，与景观浑然一体。石云山南麓尚有4座山四岭，即天王岭、凤凰岭、金龟岭、佛光岭，另有5条山谷，即风月谷、青云谷、卧虎谷、蟠龙谷、雷涧谷。

天门峡在石云山北麓，长约2.5千米，峡中谷壑交错，内有情人谷、龙凤谷、鹿鸣谷、蝴蝶谷，并有特大的饺子石、元宝石等景观。

桃花源的地理环境、景观风貌与古桃花源有着惊人的相似。“隐隐飞桥隔野烟，石矶西畔问渔船。挑花尽日随流水，洞在青溪何处边。”唐前人张旭这首《桃花源》诗和陶渊明的《桃花源记》都是脍炙人口的诗篇，毛泽东也曾写道：“陶令不知何处去，桃花源里可耕田。”房干的桃花源虽与诗句无缘，但宛如绿的世界，谷底古树参天，遮天蔽日，山岗草木丛生，一派深绿，偶尔几株桃树在如“万绿丛中一点红”般透出非凡娇美。喷涌的山泉和潺潺的溪水也仿佛流淌着无穷无尽的油绿。最让人称奇的是“圣水泉”，在百米方圆的大石梁上有一茶碗粗的泉眼，究竟是山泉浸透了青山，还是青山滋润了山泉，谁也说不清。

房干生态旅游区游玩内容丰富，景区推出了民俗风情游，游客住在农户小康楼内，全村可接待1000名游客，游客通过参与农家生活，可体味山村农家乐趣。在春节、正月十五、八月十五等节日，远来的国外游客还可以体味到包水饺、放鞭炮、耍花灯、逛山会等民俗风情。

房干生态旅游区已建成欧式宾馆3处，中档宾馆多处，普通旅馆、饭店若干处，形成了以鹿鸣山庄、房干文化大院、金泰山、九迭泉为中心的四大服务区，具备接待中外旅游团体的综合服务能力，并可承接各类大、中、小型会议。

房干生态旅游区的美食以鲁菜为主，特色小吃有莱芜香肠、莱芜花椒、“莱芜三辣”、莱芜羊汤等。另外，游客可食用、选购山中散养的柴鸡以及柴鸡蛋、山野菜、山果等。

莱芜香肠产于莱芜市城北15千米的著名古镇——吐丝口（现为口镇），是山东名吃之一，营养丰富、美味清口，具有增进食欲、健胃理气等功能和虫不蛀、蝇不叮、久放不变质等特点，是宴宾和馈友之佳品。其主要原料是莱芜猪的瘦肉和小肠，作料有砂仁、八角、边桂、花椒、石落子等8种，外加优质酱油，经过刮肠、剁肉、拌馅、灌肠、晾晒、蒸煮等工序精制而成，风味独特。

莱芜种植花椒的历史悠久，据考证，早在北魏时期莱芜就有栽植花椒的记载，明代嘉靖年间已开始大量栽植，之后常种不衰，主要栽植品种有香椒子、大红袍、小红袍、青皮椒、大花椒等。莱芜花椒具有高产、优质、适应性强、树势健旺、果穗紧密粒大、出干皮率高、椒皮厚实、色泽鲜艳、香味浓郁等特点。花椒皮中各类挥发性芳香物质含量高达9%，不仅是提炼制作高级食用香精的上好原料，而且是上等的食用调味品；花椒种子含油量高达30%，花椒皮和种子均可入药，具有开胃、健脾、增强体质的功能。

“莱芜三辣”是指莱芜生姜、莱芜大蒜和鸡腿葱。莱芜生姜具有色泽金黄、油光鲜亮、块大、皮薄、肉细、丝少、梨辣、味浓、营养成分高、耐贮藏、耐远运等优良特点，在国内外享有盛誉。莱芜大蒜以白皮蒜质量最佳。白皮蒜又分为两个品种，即“大白皮”和“四六瓣”。莱芜白皮蒜的特点是，蒜瓣大、蒜头、蒜薹产量高、质细辣味香、抗寒力强、休眠期长、耐贮藏，1962年开始外调出口，在国际市场享有一定信誉。莱芜大蒜种植遍及全市，畅销国外和全国各地，深受中外顾客赞扬。鸡腿葱，因其葱白粗大，状如鸡腿而得名。莱芜鸡腿葱葱白卷合紧密而坚实，肉质嫩脆辛辣味强，多嗅则使人流泪，用刀横切鳞片自动绽开，耐贮存而品味不减，为烹饪提味之上等作料。

莱芜羊汤是莱芜民间名吃，选用莱芜山区放养的山羊，采用独特配方，全羊煮制而成，汤清肉嫩，不肥不腻，不腥不膻，味道鲜美，营养丰富，是闻名省内外的特色名吃。羊肉性温，滋阴壮阳，是秋冬季进补的最佳食品之一。

房干生态旅游区的最佳旅游时间是每年七八月份举办的“房干生态旅游节”，内容有观赏自然风光、体验农家生活风俗、观看文艺演出等。

点评与建议

房干生态旅游区集山、水、林、泉、潭、瀑、峡、洞为一体，有九龙大峡谷、黑龙潭、金泰山、石云山、天门峡、桃花源等自然景观，有莱芜香肠、莱芜花椒、“莱芜三辣”、莱芜羊汤等特色美食，具有自然风光、人文景观和生态环保的特有魅力，吸引着中外旅客，是观光、旅游、度假、休闲之佳地。

黄河口生态旅游区的海河交汇奇观

黄河口生态旅游区位于黄河入海口地域，中华民族的母亲河——黄河从这里入海，形成海河交汇的奇观。2008年10月19日，由全国旅游景区质量等级评定委员会委派的验收小组对黄河口生态旅游区创建国家4A级旅游景区组织了现场验收，认为该景区达到国家4A级旅游景区标准的要求，于10月25日发布公告，正式批准为国家4A级旅游景区。

黄河口生态旅游区旅游资源十分丰富，包括自然景观和人文景观。奇特的自然景观有生态木栈道、河口柽柳、芦花飞雪、红地毯、黄河入海口、湿地生态系统，人文景观有望塔、槐林公园、石油文化景观区。此外，还有美味的黄河口大闸蟹。

生态木栈道在黄河口生态旅游区深处，长约800米，宽2.6米，全部采用俄罗斯樟子松防腐木，并经过防腐处理，可在水中使用20年。生态木栈道直接伸入芦苇荡中，被湿地和芦苇荡所包围，曲折迂回，每个拐角处设休闲凉亭，站在观河楼上可以看到神奇的湿地、自然柳林和新、老河道。游客站在质朴无华、未曾雕饰的木栈道上，感受到大自然扑面而来的清新，顿时感觉身心都无挂碍。黄河口生态木栈道已经成为黄河口生态旅游区一道亮丽的风景线。

黄河口柽柳树随处可见。有的三丛五株，长在路边田头；有的枝群丛簇，攀枝连理，蓬勃向上；更多的则密密匝匝地平铺开去，重叠簇拥，翠枝柔顺，成为黄河口的又一奇观。柽柳一年3次开花，又名“三春柳”，是一种抗盐碱、耐旱涝、抵贫瘠，改良土壤、美化环境、防风固沙的优良树种。柽柳还有着“未雨先知”的功能，天将下雨之前，枝叶特别挺拔滋润，花儿也分外艳丽醉人，故有“雨师”之称。古人说柽柳“乃木中之圣”，并不言过。柽柳花期长达半年之久，所酿制的蜜，色似琥珀，体似凝脂，甘甜爽口，沁人心脾，是养生健身的上佳补品。坚硬的柽柳枝干，可提供单丁、炼制栲胶、编织花篮、制作盆景，给黄河口人民以丰富的馈赠。秋天的柽柳林，丛丛簇簇，茫茫苍苍，火一般燃烧在平原上，为黄河的凝重、苍劲，又平添了一份悲壮的浓艳。百万亩柽柳林随风摇曳，纷披下垂，婀娜多姿，林内鸥飞雁鸣，獾鹤起舞，狐兔出没，群鸟栖息，花香清雅浓郁，令人心旷神怡。

芦花飞雪是黄河入海口的一大自然景观。在黄河入海口的百里平原上，依河傍渠随道，到处生长着密密匝匝的芦苇，连绵不断，蔚为壮观。春天时放眼望去，大片芦苇碧绿似地毯，坦荡无垠。秋天是芦苇的成熟季节，苇叶渐白，苇穗裹实，有的高达几米，大拇指般粗壮，整个苇荡犹如等待检阅的千军万马，异常素洁齐整。待饱满的苇穗由淡紫转为粉白，芦花盛放，蓬蓬松松白花花的一片，风乍起时，苇絮随风在天空悠悠飘飞，弥天盖地，形成“芦花飞雪”的壮美景观，一直持续到来年春天，天空如普降瑞雪，形成一幅精美绝伦、巧夺天工的剪影图，令人叹为观止。

红地毯是黄河口生态旅游区独特的湿地自然景观，是由一簇簇高20厘米左右、学名翅碱蓬的野生植物“织成”的。翅碱蓬被当地人称为“黄须菜”，据营养学专家分析研究，黄须菜营养素种类齐全，矿物质含量丰富，具有防止衰老的功效，是一种天然的绿色保健食品。黄须菜一般生长在平均高潮线以上的近海滩地，尤以黄河入海口最为集中，生长密度很大。每到初春时节，黄须菜就给黄河入海口这片新淤地盖上一层新绿。深秋时，开花结果的黄须菜又给大地披上了艳丽的红装，极目远望，像火海，似朝霞，于是又叫“红地毯”。

黄河口位于渤海与莱州湾交汇处，因1855年黄河由河南铜瓦厢决口改道夺大清河入海演变形成。黄河是中华民族的母亲河，中国第二大河，孕育了5000年华夏文明，辗转万里在这里汇入渤海。黄河是世界上输沙量最大的河流，大量泥沙输至河口，年均造陆20平方千米左右，“沧海桑田”的自然规律在这里得到真实的体现。乘船顺河而下，河面越来越宽，留意观察，会发现这浑厚凝重的黄河，不是流淌，而是沉沉地通体向前推进。黄河两岸，植被种类层次分明。最高的是具有原始气势的大林场，中层是挺拔的芦苇，低层是葱茏青郁的牧草带。乘船继续前行，河海交汇处，恰如一条黄绿相间的飘带，把浑浊的河水与碧蓝的海水劈为两半，河黄海蓝，格外分明。登高俯瞰，黄色的河水犹如一条巨型黄舌伸入蔚蓝的大海，泾渭分明，堪称天下奇观。若是涨大潮时，则又是另一番景象。海潮溯河而上，汹涌澎湃；河水倾泻而下，咆哮奔腾，二龙争斗，搅作一团，声如雷鸣，堪称古今奇观。如果是傍晚，站在堤坝上看夕阳西下，更能领略“长河落日”的迷人意境。黄河口随处可见的大片新生地就像是巨幅水墨画，而黄河就是那只伟大的执笔的手。

黄河口生态旅游区形成了独特的湿地生态系统。黄河千年的流淌与沉淀，在它的入海口成就了中国最广阔、最年轻的湿地生态系统，这就是黄河口湿地生态园，属于高度特异性旅游资源，有很强的观赏性。这里是东北亚内陆和环西太平洋鸟类迁徙的重要“中转站”和越冬栖息、繁殖地，是拉姆萨尔国际湿地保护条约缔约国要求注册的国际重要湿地。保护区总面积15.3万公顷，分布着各种野生动物，一些世界濒危的野生珍禽在这里可以时常看到。据专家考察后保护估测，仅丹顶鹤、灰鹤等国家一二级重点保护珍禽就有15种，其他鸟类高达120多种，数量达数百万只，而且每年还有增加的趋势。之所以如此，是因为这里四季分明，有丰富的海水、淡水资源和优良的环境，是鸟类理想的家园。

望塔位于黄河入海口北岸，建于1993年，高近30米，外形像一艘扬帆起航的船，意寓着共和国扬帆起航，奔向21世纪的美好前景，也寄托着黄河口人希望祖国一帆风顺，繁荣昌盛的殷切意愿。登上望塔，遥望黄河口，黄河水劈开万顷碧波，奔流入海，让人荡气回肠，豪情顿生。河海交汇处，蓝黄分水线格外清晰，恰似一个美丽的同心结系在黄河三角洲的脖颈上，景象蔚为壮观。阳光下，万亩刺槐林连绵起伏，绿海碧波，粗犷豪放，孤东油田钻井平台似座座金塔，气势磅礴。望塔原主要用于观察黄河口附近的火情和附近鸟类的活动，如今，望塔已经成为黄河口旅游区的一个显著标志，塔内建有黄河文化馆，融沿黄9省区的特色文化于一体，令人回味无穷，赞叹不已。来黄河三角洲的游客都会登上望塔，尽赏“黄龙入海”的奇观，并在塔前留影，以示纪念。

槐林公园在黄河入海口北端的孤岛上，这里拥有华北地区最大的平原人工槐林。这近1.3万公顷的槐林，已成为黄河口生态旅游区中美不胜收的一个景点。五一黄金周期间正值槐花盛开，是来这里旅游的最佳时节。

黄河口生态旅游区的石油文化景观区极为壮观。孤东海堤，位于黄河入海口北侧，是人工在大海里修筑而成的，1985年4月开始修筑，1988年7月竣工。大堤横卧滩头，镇海锁浪，人称“海上长城”，全长80多千米。堤外，是一望无际的大海，海鸥飞翔，渔帆点点。堤内，由40多座单井、井组平台组成的孤东油田，时隐时现，宛如海市蜃楼一般，处处展现着石油文化独特的魅力。

黄河口大闸蟹，学名中华绒螯蟹，俗称毛蟹、清水蟹等，是我国著名的淡水蟹。它肉质细嫩，味道鲜美，营养丰富，具有很高的经济价值，被誉为“天然佳品”。选大闸蟹要五看。一看蟹壳。壳体色泽鲜明，有光泽，且呈墨绿色的，一般都体厚坚实；呈黄色的，大多较瘦弱；能挑选到“金毛金爪”的更好。二看肚脐。“农历八月挑雌蟹，九月过后选雄蟹。”因为农历九月过后雄蟹性腺成熟好，滋味营养最佳。一般肚脐圆形的为雌蟹，肚脐尖形的为雄蟹。肚脐突出来的，一般都脂肥膏满；凹进去的，大多膘体不足。当用手拿蟹时还要觉得够“重”，这才能挑到肥美多膏，蟹肉丰满的大闸蟹。三看蟹足。足爪结实，蟹足上“脚毛”丛生，一般都膘足体健；无毛的，大多体软无膘。四看活力。将蟹翻转过来，能迅速用蟹足弹转翻回的，说明活力强；不能翻回的，活力差，存放的时间不能长。五香“横行”。仔细观察，爬行时肚腹离地者就是好蟹。当然，蟹足均被绑住的，就不在此列了。不过，还可看蟹是否反应灵敏，若用手或枝条触动其眼睛旁边时，眼珠子会灵活闪动，反应敏捷，或者会“口喷白泡”者，还是够生猛和新鲜的。

点评与建议

在世界上独一无二的黄河入海口，我们可以看到中华民族母亲河入海的景象，观赏河海交汇的景观。生态木栈道、河口柽柳、芦花飞雪、红地毯、黄河入海、湿地之窗、望塔、槐林公园以及壮观的石油文化景观区和黄河口大闸蟹，无不彰显黄河口生态旅游区的特色。

底蕴丰厚的香格里拉生态旅游区

“香格里拉”一词，指是1933年美国小说家詹姆斯·希尔顿在小说《失去的地平线》中所描绘的一块永恒和平宁静的土地。在藏语中，“香格里拉”一词为“心中的日月”之意，它是藏族人心目中的理想的生活环境和至高至尚的境界。在藏传佛教中为神仙居住的地方。

《中国国家地理》杂志把香格里拉的地区范围确定为：西至西藏的林芝地区，东到四川的泸定，北到青海果洛州及甘肃南端一部分，南到云南的丽江。这个区域内的各个地方既有自然上的相似性，又有人文上的共同点。总地来看，香格里拉生态旅游区有八大底蕴，即横断山区、东女国女性文化区、藏传佛教、茶马古道、康巴文化、民国西康省、藏彝大走廊和土司文化。

滇西北横断山区，由于地质的强烈作用，形成怒江、澜沧江、金沙江三江相间并流的地貌大奇观，有众多峡谷和高大雪山群，低纬低海拔的冰川。这里气候多样，生物资源品种繁多，垂直地带性非常明显，集聚了最壮丽的自然风光。藏、纳西、白、彝、傈僳、怒、独龙、普米、回等民族聚居于此，社会发展层次有先有后，有“人类社会发展的博物馆”之称，民族风情浓郁。大理、丽江、巍山三座国家级历史文化名城，与众多民族文化和民族风情融为一体。随着香格里拉在滇西北的定位以及丽江古城被列为人类文化遗产，人们开始揭开这块神秘土地的面纱，它是21世纪中国极具开发潜力的旅游热点。

《中国国家地理》杂志将中国最美的地方画了一个圈，金川就在其核心部位，是古东女国的王宫所在地。《唐书》记载的东女国一带弥漫着足以傲世的女性文化资源。按照唐人记载，东女国在川西高原上，“东与茂州、党项接，东南与雅州接，界隔罗女蛮及白狼夷”。作为东女国中心的大金川地区，就是近代嘉绒的本部。东女国大约形成于松赞干布继位前后，在公元8世纪末逐步走向灭亡，历时近300年。东女国这个神秘、浪漫的女性王国，曾经在历史上一度活跃，一度辉煌，骄傲而诗意的女子，支配一个偌大的国家，梦一样的国度，谜一样的王朝，留下极为丰富的历史文化和古老、浪漫的民风民俗。

在香格里拉生态旅游区，经幡飘动，梵呗声声，佛教覆盖整个区域。藏传佛教是印度佛教传入我国藏区后与藏族原有的笨教长期斗争、互相融合后形成的具有藏区特征的佛教。藏传佛教不仅深刻地影响整个青藏高原人类社会的政治、经济和文化，在迪庆地区还被纳西族、普米族所信仰并对他们的政治思想、文化艺术、生活习俗有着极为深刻的影响。藏传佛教发端于公元8世纪，到9世纪中叶，朗达玛赞普灭佛兴苯，藏传佛教的传播和发展走入一个低谷，10世纪后期才又开始在藏区复兴。11世纪中叶开始，藏传佛教各教派开始出现，到15世纪中叶才全部形成。藏传佛教发展到后期可称教派林立，择其要而述之，则有宁玛派、萨迦派、噶举派、格鲁派等大派。

香格里拉生态旅游区的茶马古道犹如蛛网，遍布整个横断山区。“马路”完全是在陡峭的山体上开凿出来的。两个人迎面走过都要特别小心！一失足就会坠入悬崖下怒江的急流里。高耸陡峭的群峰峻岭，沟壑幽深的纵流江河，危崖林立的雄关险滩，在这一切面前，人的渺小似乎是不言而喻的。但是当你看到在这天险上的那一径古道，以及这古道上行走着的马帮和人们；当你看到那些勤恳的马锅头们从这条路离开他们美丽的家乡，赶着马队，为了父母、女人和孩子，一路跋山涉水，一路风餐露宿，一路历尽艰险，一路痴心不改……你还会说在大自然面前人是渺小的吗？

在香格里拉生态旅游区的康巴文化区，康巴被认为是藏族中最具个性、历史最丰富的一支。“康巴”的藏语义为“康人”，即康区的人，习惯上也用作“康巴藏区”的简称。从广义文化的定义讲，“康巴文化”是以藏文化为主体的，融入了汉文化、纳西文化、羌文化等其他民族文化的、具有多元复合性特色的民族地域文化。事实上，“香格里拉”与康巴在地理上的重合，绝不是偶然的。在自然地理上，这一区域正处于横断山脉地区，区内有怒江、澜沧江、金沙江、雅砻江、大渡河和岷江6条大江自北向南穿越，构成雪峰巍峨、峡谷幽深、峻岭逶迤、湖泊星罗、森林茂密、草原辽阔的复杂地形地貌。这里植物垂直带谱完整，生物种群繁多，是世界上生物多样性的典型地区。在文化地理上，康巴地区正处于“农耕文化”与“游牧文化”的交接地带，是中国西部著名的“民族走廊”。历史上中国西北地区的族群迁徙南下，西南地区的族群迁徙北上，大多经由此区；藏族东进，汉族西向也主要经由此区。如果以四川的康定一带为中心，可以清晰地划出两条“走廊”：一条是南北向的，因为在此停留、交汇的主要是藏、彝语支的族群，故称其为“藏彝民族走廊”；另一条是东西向的，因为在此停留、交汇的主要是藏、汉语支的族群，故称为“藏汉民族走廊”。由于历史上众多族群在这走廊内定居、交汇，因而在康巴地区形成了以藏族为主体民族的多民族汇聚现象。康巴文化之所以能如此兼容并蓄，除了横断山区特殊的地理环境因素外，主要是康巴文化极其深厚的“香格里拉”文化底蕴。这种“香格里拉”文化底蕴就是人与自然和谐统一、人与人和谐共处、不同文化间和谐共存的精神观念。而这一观念的本源，则来自宗教文化，尤其是苯教文化对其产生了重要精神作用。可见，康巴文化的核心就是“香格里拉”人文精神。正是康巴文化赋予这里的山山水水以特殊的灵性，构建了这一片大地上人与自然高度和谐的氛围，营造出令人神往的“香格里拉”净土。事实上，香格里拉生态旅游区的最大魅力即在康巴文化。

香格里拉生态旅游区曾经是民国时期西康省的范围。据《西康图经》记载："光绪三十三年（1907），因在此地试行种稻，故改名稻成县，预祝其成功之意。"1939年，西康省成立，改其名为"稻城县"。1950年12月属西康省藏族自治区。1955年，属西康省藏族自治州。1955年10月，西康省撤销，隶属四川省甘孜藏族自治州，一直至今。传说在青藏高原雪山深处有一个隐秘地方，它沉睡在岁月的冰河，方圆7323平方千米的土地上留存着大自然最古老的记忆和大自然最纯粹的心灵。雪峰、森林、海子、草地、野羊、獐子、猴子、鹿子、黑熊，以及远远近近那些朝圣的善男信女，万物众生在这里和睦相处，同享生之乐趣。这里是许多野生动物的家园，它们在这里出生、成长、死亡。岁月流逝，芳草枯黄，白骨和幼仔，古老与新生，相生相依，永恒不变。它无疑就是人们趋之若鹜的世界上最后一块净土，它就是被誉为"香格里拉之魂"的稻城。

香格里拉生态旅游区是中国民族演化的大走廊，人类学家称之为"藏彝大走廊"，是民族迁移、分化、演变的一个大通道。"藏彝大走廊"，主要指川、藏、滇三省边境、六江流域（怒江、澜沧江、金沙江、雅砻江、大渡河、岷江）覆盖的横断山脉地区。此地区以康定为中心向东和向南延伸出一条天然的高山峡谷地带，自古以来是众多民族或族群南来北往、频繁迁徙流动的场所，世居民族以藏语支和彝语支为主。"藏彝走廊"汇集高山峡谷、雪峰冰川、高原湿地、森林草甸、湖泊瀑布、地热温泉……是世界上罕见奇特的自然风光最为丰富的地区。九寨沟、黄龙、四姑娘山、大雪山、海螺沟、香格里拉、玉龙雪山、泸沽湖、三江并流……随便拎出哪个来，都是让游客为之发狂的重量级风景区。在生态方面，高达7000多米的海拔差，使这里云集了从热带到寒带的几乎每一种气候类型，生物群落发达而多样，列为国家重点保护的野生植物有160种，占全国总数的63%，重点保护野生动物220余种，占全国总数的66%。其地貌之美、变化之美、融合之美，令世人惊叹。

香格里拉生态旅游区留存了独特的土司文化。土司由朝廷“授以虚职”，其官衔分为宣慰司、宣抚司、安抚司、长官司等，官衔从三品到从七品，司位承皇旨世代传袭，土司实际上就是一个权倾土民、地地道道的“土皇帝”，对土民“刑杀肆意，抄没鬻卖，任其所为”。在“蛮不出峒，汉不入境”的禁锢下，土司雄踞山河天险之中，自领其地，自管其民，自得其乐。土司制度是一种以封建领主制为主体、以封建农奴制经济为基础、军政一体、寓兵于农、地域割据的制度，仍然保留奴隶社会的一些成分，遗存原始部落社会的某些痕迹。

点评与建议

香格里拉生态旅游区是个值得留恋和进一步探究的地方。生命的聚散，未曾逝去的容颜，又有谁能走过去不再回头？它给每一个来这里的人带来的快乐与忧愁，就像编织的经纬突然从脑海中迸出，却也是今生不解的缘。

轻松悠闲的丹洲古镇生态游

广西这个山水甲天下的地方，因为桂林而闻名，但是桂林掩盖了广西其他地方的光芒。丹洲古镇历史悠久，是广西三江侗族自治县丹洲镇的一个行政村，位于三江、融安、融水3县交界处，距柳州120多千米。丹洲古镇，历史悠久、民风淳朴，很适合进行一次放松身心的生态之旅。

进入丹洲必须渡江。码头摆渡的大小木船任君选择。小木船可坐两人，浪漫而富有诗意。大木船为机动船，往返快捷，但马达轰鸣，令人不喜。不论大船小船，票价一般在一两元。曾有游泳爱好者在风平浪静时只身渡江，这就连船票都省了。据说政府曾计划为丹洲建桥，遭到全岛人的一致反对。因为一旦有桥，再无丹洲。

站在融江边，江波粼粼，轻风送爽。江水清澈透明，可见水中成群成群的小鱼自由游弋，连江底的鹅卵石也历历可数。放眼对岸，一幅幽美无比的山水画赫然入目。郁郁葱葱的丹洲仰卧江中，犹如一个身穿翡翠霓裳的美人，在青山绿水中长醉不醒。

丹洲山环水抱，整个岛绿色覆盖的面积达百分之八十以上。丹洲的临江沿岸植有蒿竹、柳树和榕树。据碑刻古怀远县城区图载，柳树和榕树始植于明朝万历年间。

环岛沿岸有不少令人赏心悦目的天然植被，特别值得一提的是河滩上不大引人注意的水草。成片成片的水草一丛丛一垛垛，形如细茅草，齐胸高，发达的根系紧紧咬住河滩的鹅卵石丝毫不放松，任凭风吹雨打、霜冻雪压。最难想象的是每年洪水季节，势不可当的滚滚洪流，把毫无抗拒能力纤弱如丝的河滩草，压在河床随波逐浪。尽管每次洪水都会带来流域性的巨大破坏，但无杆无枝的河滩草，经过十天半月的洪水洗礼之后，不久又长出新叶，开始新一轮的生机。根，愈扎愈深；草，愈长愈旺。偶尔可见三五成群在浅滩觅食的鸭子出没草丛，亦可见自由自在的老牛或牛犊掩映在草丛中，使人油然联想起“风吹草低见牛羊”的佳境。河滩草也会夏绿秋黄，“一岁一枯荣”，是优质草地的一个缩影。河滩草，自古默默无闻，从来没有被人歌颂过、渲染过。可这看似纤弱无力、无心无骨、随风飘荡的弱者，却不知蕴含着多少人间哲理！

打油茶是桂北地区居民的“功夫茶”。丹洲人家家户户早餐就是打油茶，一年四季从不间断。油茶有祛寒、防暑、暖胃、健身等功能。基本配料有爆米花、油果、炒花生、葱花、香菜，配菜是新鲜猪肉及猪肝、粉肠等，还有专业户做的小三角糯米粽。每家都有一套打油茶的专用工具，先用小木锤将土制老茶叶与生姜一起打碎，加入山茶油炒香后加水煮沸，过滤的茶水加入配料即食，风味奇特，且一道接一道不停地打。油茶按各人口味，加盐是咸油茶，加糖是甜油茶，加辣椒是辣油茶，任君选择。

有的游客来丹洲就是奔农家菜来的。为了减少添加剂、农药残留的危害，城市人对土鸡、土鸭、土猪肉、野生河鱼、农家菜越来越喜爱。来的游客多了，丹洲人把周边一带村寨的土货都收了过来。青菜是农家后院种的，青幽幽绿油油，现摘现煮现吃，只有吃撑了，永远吃不腻。

丹洲最著名的特产是沙田柚。尤其是在每年11月的丹洲柚子节，全岛男女老少忙着摘柚子、搬柚子、运柚子、卖柚子，游客可参与其中，可自选自摘自品。其实，柚子的最佳口感是在至少糖化半个月之后。柚子是丹洲人的主要经济支柱，收柚季节，每家每户打开门，首先看到的就是堆满厅房的柚子。称丹洲为“柚子岛”或许更为确切。

当地居民以种植沙田柚为主，整个村掩映在柚林之中，家家户户门前是柚树，屋后是柚园。约2平方千米的丹洲，全岛除了房屋和菜园，几乎被柚子树占领了。柚子树是常绿树，叶绿果香花醉人。每逢秋收时节，满树满园黄灿灿的柚子成为最有诱惑力的景观。离北门不远的一个柚园有棵老柚树，最高产的一年曾结600多只柚子，产量超600多千克。丹洲共有柚子树500多亩，年产量达300吨。柚子是天然保鲜功能最好的水果，随便存放都可留数月之久。游客路过时如恰逢收柚季节，好客的丹洲人都发出同样的邀请：进来吃柚子呀。丹洲人对柚子情有独钟，因为它给丹洲人带来了甜蜜的生活。

丹洲的生态旅游带出了一批专业加工户，酿酒是其中之一。除了普通的米双酒、三花酒，比较奇特的是重阳酒。重阳酒是融江流域一带的特产，用优质糯米酿成的甜酒于重阳节装进小陶瓷坛子密封保存。重阳酒香甜醇美，男女老少皆宜，不可不喝，不可多喝。

如果说丹洲家家是旅馆，户户有客房，毫不夸张。丹洲全村230户人家，有近百家开店住客。“古城之家”、“城外楼旅馆”、“临江客栈”等小旅馆五花八门，任君选择。有的利用原有富余的住房简单装修，床铺一摆便可招待客人。有的拆旧建新，既保留原来风格，又展现新楼的亮丽。房价也许是全世界旅游景点最低的一档，按人头计算，最低12至15元，最高20至30元一天。住宿丹洲最大的好处是宁静安全，全岛家家户户可夜不闭户，从未发生失窃事件。夜晚入睡只有动听的大自然“绿岛小夜曲”相伴，隔江隔河的汽车火车声绝没有丹洲的入场券。

在丹洲的玩法各有所爱，不会像其他景点一定要按导游指定的线路走，且规定具体的时间，想多玩的不能拖延时间，不想玩的不能提前离开。在丹洲，每个人都享有很大的自由度。除了欣赏古城遗景，在夏秋季节，可以租船游览融江风光，也可以到浅滩游泳、玩水、捡石头。三江石以丹霞红为主要特征，奇石爱好者如碰上好运捡得一块自己喜欢的石头，可称是意外的收获。也有些常来的游客，来丹洲就是聚友打牌，一干就是一个通宵。

丹洲古城是明代怀远县的政治、经济、文化中心，保存大量的文化古迹和古建筑，包括古城墙、东门、北门、县衙旧址、石碑廊。古建筑包括福建会馆、古书院、居建筑群等。丹洲城墙始修建于1591年，历时一年，耗银万两，为砖石结构。

丹洲古城墙近正方形，全长293丈（一丈约合3.3米），基址至墙垛高1.6丈，垛有450洞口，供战时守兵放箭用；城墙厚1.2丈，墙顶除城垛外筑有通道，宽9尺（一尺约合0.33米）；城墙开东西南北四门。丹洲古城墙除了在古时防御战乱之外，对水患也有极好的防御作用，1902年，特大洪水漫上丹洲，全靠这座古城墙阻挡才使得怀远县城内的居民免却一难。

丹洲古城的东门，也称“欢雷门”，城楼名曰“就日楼”，取“欢雷”之意在于万民同庆，天兆吉祥。它位于丹洲城墙之东，由城门和城楼两部分组成，下层为门，上层为楼，门有砖石门洞和厚杉板门，门洞深1丈、高9尺，两扇优质杉木门，厚5寸，每扇重约250千克。城门非常牢固，明清年代日夜有兵丁把守。城楼建在城门之上，楼宽、深1.5丈，高2丈余，建筑格局按洛阳古城楼式样，雄伟壮观，起到“楼祥纳瑞”之意。

福建会馆称“闽粤会馆”，又称“天后宫”。为明末清初时期一位姓薛的富商独出数千两白银建成，并按福建漳州一带的天后宫、妈祖庙的格局仿建。它坐西朝东，西为正殿，东为前殿，南北为厢楼，使前殿与正殿连为一体，至今已有300余年的历史。

古书院坐落在丹洲东侧，木瓦结构，为庙宇四合院建筑风格，坐西朝东，占地约1340平方米，建有教室6间，另有办公室、宿舍、礼堂、存书室、运动场……在清朝当时是一个比较完善的教育场所。至民国民期，书院又几经扩建修缮，再将书院改名为小学，后来又再更名为三江县第一小学，抗日战争时被日本人烧毁大半，现存有正殿礼堂和办公楼。

在这里，每一个建筑都因为其独特文化背景，成为了一个个优美的风景点。古迹从不同角度展现了当地浓厚的历史文化积淀，现在则成为当地居民重要的生活、娱乐场所。

在民俗方面，丹洲古城是多民族、多姓氏杂居的古城，全村有苗、瑶、侗、壮、汉五个民族61个姓氏，230户1035人。当地保存了淳朴的民风民俗，“日不闭门、夜不闭户、路不拾遗”。古城内的居民“晨起而扫”，爱好玩石、树桩盆景，素有“家家奇石、户户盆景”的美称，打油茶、对山歌等民俗仍被保留着。由于古城是一个多民族聚居的地方，因此，一到民族节日，当地会自发组织丰富多彩的民俗活动，吸引了外界的游客参与到活动中来。这样一方面是为了吸引游客到丹洲休闲娱乐，另一方面也通过继承传统，发扬当地优秀的民族文化。外界的关注，增加了当地居民发展生态旅游的信心，也增强了当地居民的自豪感。

大年初三的侗族新娘回娘家拉开了丹洲民族节日的开端，接着是大年初五侗族传统的花炮节，其他民族传统节日如侗族百家宴、侗族大歌、吹芦笙、跳多耶、千盏油灯照“培哏”（侗族选美）、坡会等，形成了色彩斑斓的民族风情。如其中的花炮节，寓意“一炮福禄寿喜，二炮升官发财，三炮人丁兴旺”，更表达了当地居民朴素的情怀。侗族“打油茶”是一种别具风格的传统饮食习俗，也是接待客人的一种隆重仪式。每逢宾客到访，主家都要准备上好的侗家油茶，供宾客品尝。

在传说故事方面，通过村民共同努力，发掘整理了大量有关丹洲历史的传说和故事，有关丹洲古城的命名、狮子岩、象鼻岩、白老鼠、半边脸等的来源，《柚子树下唱新歌》、《丹洲谣》和《丹洲河水紧相连》等民歌，极大地丰富了当地的历史文化资源，成为当地居民共同享有的精神财富。

点评与建议

丹洲古镇生态游让人们更加关注地域景观和历史文化之间的和谐共存，让人们更加热爱自己的家园。同时，丹洲古城的规划建设，建立了文化生态保护和开发的新典范，解决了农村部分劳动力转移的问题，对在城市突飞猛进大发展背景下如何进行乡村文化和经济建设，如何提高社会就业等方面，都树立了一个榜样。

木兰天池生态旅游区的湖光山色

木兰天池生态旅游区位于武汉市黄陂区木兰乡境内，与荆楚名岳木兰山毗邻，距武汉市区60千米，有高速公路相通。整个景区占地面积公顷，分为风景游览区和休闲度假区。其主峰海拔520.6米，属大别山南麓一脉，这里沟壑纵横，林木茂盛，一年四季流水不断，呈现的是一种山水交融的湿地生态。这里水丰鸟美，人杰地灵，山清水秀，是湖北省省级旅游度假区，被人们誉为“荆楚明珠”、“武汉市的后花园”。

木兰天池一碧万顷，清澈如镜。108个大小湖汊使57千米的环湖公路蜿蜒曲折，湖中32个大小岛屿星罗棋布。湖周青山环抱，绿树掩映。湖水中含有对人体有益的多种微量元素，其水质始终保持国家二级标准，是木兰泉纯净水厂的直接水源。湖东南岸的森林自然保护小区，神奇壮观，游人站在该区顶峰的木兰楼上，既可观赏各种野生动物及鸟类嬉戏，更能品味文人墨客的诗词字画，领略壮丽的湖光山色。

木兰山自古就有“木兰耸翠”之美誉，明代诗人屠达赞誉为“西陵最胜，盖二楚之极观”。木兰山是花木兰故里，唐代大诗人杜牧登临木兰山，写下了《题木兰庙》一诗：“弯弓征战作男儿，梦里曾经与画眉。几度思归还把酒，拂云堆上祝明妃。”木兰山也是香火鼎盛的宗教圣地，其宗教活动始于隋，兴于唐，盛于明，佛、道两教共处一山，其七宫八观三十六殿建筑面积达3万平方米，供奉神像1000余尊。木兰山以独特的自然生态和人文景观吸引着人们，山上空气清新，气候宜人，年均气温16摄氏度。夏季气温较“火炉”武汉低3至4摄氏度。

木兰天池生态旅游区有一条长达5千米的大峡谷，由飞瀑、溪潭、怪石、奇木“四绝”构成的自然景观达200多处，可谓十步一景，百步一绝。峡谷两头挑着明镜一般的高山湖泊，大小天池的上下落差有380多米。这里素有“湖北的九寨沟”、“武汉的庐山”之称。附近著名景点有武汉木兰湖（木兰天池）度假村、木兰湖会议度假村、木兰湖休闲旅游度假胜地、木兰湖七星岛度假村、木兰湖八仙岛度假村、木兰湖太阳岛国际俱乐部、木兰湖阳光谷度假村、木兰湖归雁岛度假村、木兰山风景旅游区、木兰古门石景旅游区、木兰清凉寨观光旅游区、木兰草原自然风光旅游区、木兰云雾山风景区等。

据当地百姓口头相传，这里是花木兰的外婆家，是她小时候生活、习武的地方。这里也有太平天国时期的许多古寨遗址。这里还是进行爱国主义教育的好地方，是“武汉市少年活动基地”。这里曾经是鄂豫皖老苏区，是前国家主席李先念同志生活、战斗过的地方。景区至今还保留有许多革命遗迹、遗址，如新五师的藏枪洞，大天池有新五师的后方医院、报馆和银行等。可以说木兰天池每一个景点就是一个美丽动人的故事。

另外，木兰天池生态旅游区的素山寺森林公园旅游区很值得一提，它的总面积约为1667公顷，森林覆盖率98%，各种珍贵的动植物达1000余种，1992年被国家林业部门评为国家森林公园，同时也是三峡植物保护培育基地。公园内一峰突起，群山环抱，自然林态环境极佳，有武汉市的“小神农架”之称。丰富的森林资源和良好的生态环境，是游客进行森林沐浴、健康疗养和修身养性的好去处。神秘悠远的宗教和原生地域文化为素山寺另一大特色。建于明代的素山寺禅院中历代碑刻字迹依然清晰可寻这些原生态文化的沉淀，使景观更具多样化的文化魅力。

“石门锁大别，天池秀木兰。古道接悠远，山气入青岚。溪涧听天籁，飞雪落幽潭。空山不见人，但闻溪流声。”这是一位作家游完木兰天池，感怀之中欣然写下的一首诗。

点评与建议

凭借千年的历史文化底蕴，得天独厚的旅游资源，四通八达的便利交通，随着黄陂木兰文化旅游效应的影响，木兰天池生态旅游区傲视而出。这里的滑索、滑草、滑道等休闲游憩项目，集惊险、刺激、趣味于一体，让旅游者流连忘返；而“木兰耸翠”、素山寺森林公园旅游区、爱国主义教育基地等人文景观，更让游人记忆深刻。

第六章
探险旅游，享受刺激也疯狂

探险旅游是旅游者到人迹罕至或险象环生的特殊环境中进行的充满神秘性、危险性和刺激性的旅行考察活动。一些人长期居住于繁华都市，厌倦了车马喧嚣的生活，很想找一个幽静而富有刺激的场所体验探险乐趣。据此，很多国家开辟了探险旅游。如泰国的骑象探险旅游，丹麦的狗拉雪橇探险旅游等。另外还有一种以追求世界纪录为目的的冒险旅行。如乘气球环球旅行，驾脚踏飞机或滑行器飞渡海峡，驾游艇或小船周游世界，乘独木舟横渡大西洋等。还有以科学考察为主要目的的探险旅游，种类繁多，如高山、沙漠、海洋、森林、洞穴、极地及追踪野生动物探险旅游等。本章内容包括骑象探险、狗拉雪橇的体验、海南省万泉河竹筏漂流和极地探险。

骑大象进入尼泊尔原始森林探险

进入原始森林是一件很冒险的事情，而在尼泊尔骑着大象进入原始森林探险，更是险上加险！

尼泊尔的大象是亚洲象，比较温顺，和人的关系很好。在大象背上放上厚厚的垫子，再绑上一个像倒置的炕桌一样的木架子，人就可以骑上去了，虽然只有一根皮带系在大象身上，但是木架子很结实，垫子很厚很软，比骑马和骑骆驼都舒服多了。

进入尼泊尔奇特旺森林就进入了一个从未见过的奇景世界，那树那藤那草都与人工种植的差别很大，周围一切都静悄悄的，只有各种鸟儿的鸣叫，还有大象走在森林中的脚步声，那种感觉真是奇特极了！惊奇，欢愉，还有一点点恐惧，不知道前面能见到什么。

奇特旺有很多动物，而且都是野生的。老虎、犀牛、猴子、野猪、梅花鹿、鳄鱼、大象，还有鸳鸯、白鹭、老鹰等各种鸟类。森林中的水塘是野生动物们喝水的地方，最容易见到它们。在这里还有可能看到孟加拉虎和独角犀牛。导游常常和徒步走进来的游客一本正经地开玩笑说："老虎在睡觉，独角犀牛去逛商店了。"这话几乎能把游客笑翻。

在奇特旺森林中最珍贵的野生动物是独角犀牛，此外还有孟加拉虎。犀牛原本在动物园中也是比较罕见的动物，更别说在大自然中看到野生的了。犀牛并没有想象中的那么凶猛，它们只是缓缓地前行，毫不理会象群和游人的造访。象群行进的速度比犀牛快，很快便赶上了犀牛，游客便能更加清晰地看见犀牛身上的细节，皮肤如同盔甲一般厚实，四肢粗壮而有力，耳朵却灵活地抖动着。如果犀牛走得太慢，挡住了大象的去路，大象会突然吼叫一声，犀牛就会加快脚步，拐向另一边去。孟加拉虎很难见到。鹿也是很难见到的动物，而且鹿动作非常敏捷，有一点点骚动就会快速跑开。

另外，奇特旺的纪念品主要是犀牛木雕和大象工艺品，比如用大象粪便做的纸张等，但价格都比较贵，需人民币50元左右。

大象也是很有性格的。森林里没有道路，聪明的大象会自己识别方向。吃对大象来说是“毛毛雨”，它用力大无比的鼻子卷起藤条，就连缠绕的树干都被拉得使劲摇晃，骑在象背上这时要注意阻挡树枝，尤其是那些长着尖刺的树枝。有时在森林里走着走着，大象发现了某种缠在树上的藤是自己爱吃的，就一定会停下来，用鼻子卷住，拉断，吃掉。在森林外的草丛中行进的时候，大象经常用鼻子拔草玩耍，偶尔放一些到嘴里，慢慢地咀嚼起来，很可爱。

本来多数人对于树木并不陌生，但尼泊尔奇特旺原始森林里的树木实属罕见，很多树枝都毛茸茸的，上面还聚成一个球，不知是花儿还是果实，这些球总是向外伸展着，向着阳光。在象道上边走边看这些奇异的树木，那种感觉真是太爽了！

骑大象一般只能走两个小时，走的也是丛林边缘，且中途没有休息，所以要事先上好厕所。如果想玩得更久，走得更深，那么在骑象出发后，在无外人看见的前提下，不妨塞给驯象员一点小费。因为在森林内捡取东西都要靠大象鼻子，所以应该给大象带点香蕉，作为犒劳。当然，坐在大象背上，时有小颠簸，因此要当心物品坠地，而大象也怕麻烦的，反复站卧它会很不耐烦。骑大象的时候不要穿丝袜、棉裤等容易钩破的下装，茂密的树枝经常会划到腿。

骑象一般要经过一些河流，这时驯象员就会暗示大象给你来点“泼水节”的项目：把河水吸入象鼻中，然后扬起象鼻，从天而降地喷射下来，让游客立马成为“落汤鸡”。所以一定要把随身携带的物品放入防潮塑料袋中，以免损坏。奇特旺地处尼泊尔南部的热带地区，日照充足，中午的气温有20多摄氏度，所以和大象戏水并不会太冷。

尼泊尔人对大象关怀备至。驯象员经常和大象玩耍，感情非常好。在尼泊尔奇特旺有个大象村，这里生活着30多头大象，最让大象村工作人员兴奋的是，在他们的精心照料下，一头母象生了一对双胞胎。大象是陆地上最大的哺乳动物，一般寿命是80年左右。大象的繁殖率比较低，相隔五六年才能生育一胎，而且怀孕时间很长，要将近两年才能怀孕，一次就生一个，真的很不容易。而工作人员照料的母象居然生了一对双胞胎，他们逢人就讲，让游客们无人不知。新出生的小象总是比较调皮的，它常常用自己的鼻子来碰游客。

大象因为总在丛林中走路，所以脚比较容易受伤。有的动物保护志愿者来到大象村，作为兽医给大象治病。给大象治脚可是非同一般，要先让大象卧倒，让它把脚伸过来，还得握住它的尾巴，然后用镰刀、钢锉去给大象修脚。大象很理解人们是在给它解除病痛，所以很是配合，不论是用镰刀还是钢锉，都乖乖地合作。

在尼泊尔骑大象进入原始森林探险，每当在近黄昏时走出森林，就能看到，在夕阳下，森林、河流和小桥显得格外有魅力，更让人觉得尼泊尔是旅游胜地，更是人类的森林天堂。

点评与建议

事实上，对任何一个能够骑着大象进入尼泊尔奇特旺森林的人来说，这都是人生中极为难得的经历，令人难以忘怀！

在黑龙江雪乡体验狗拉雪橇

雪橇起源于瑞士山地，后逐渐在欧洲、北美和亚洲等国家流行。想象一下在超凡脱俗的世界中，在冰天雪地中坐在狗拉的雪橇上是什么样的感觉：世界似乎都停滞了。虽然狗拉雪橇本身很稳定，但是如果更快就会更刺激。

狗拉雪橇是东北雪域人们耳熟能详的冬季活动之一，尤其是在雪域宽广的黑龙江省的冬季。双峰林场是海林林业局下属的一个林场，位于黑龙江省海林市长汀镇秃顶子山西南侧，距长汀镇102千米。这里是西伯利亚寒流和日本暖流交汇的地方，受山区小气候影响，每年秋冬开始，风雪涌山，积雪深达两米，雪期也长达7个月，号称全国降雪量最大的地区，被称为“雪乡”。到了这里，你会体会到真正的千里冰封，万里雪飘。雪乡地处山谷，太阳升起得很迟，将近8时，整个雪乡仍处于睡眼朦胧之中；9时，才被染上一层金黄色，渐渐地从睡梦中苏醒过来。

雪乡的居民很少，只有几十户人家，主要是以前的林业工人及家属，但这里却有典型的东北民居，是东北冬季观雪景之佳处。在这里，狗拉的雪橇是最常用的交通工具，如果没有它们，想在雪乡旅行可不是件容易的事。

在浪漫飘雪的雪乡举目四望，远处，青山早已披上圣洁的雪装，似银铸的屏风，伫立于广阔的蓝天之下；近处，厚厚的雪像棉被一样盖在屋顶、柴堆、大地上，在阳光下，晶莹剔透。门前的木栅栏在阳光的照射下，影子拉得长长的，袅袅炊烟环绕着小山庄。不远处，或有几个孩童在堆雪人、滑雪橇。所有这一切构成了一个恬静、平和、自在的世外桃源。

信步走在雪乡的小径上，踏着那松软的积雪，沐浴着和煦的阳光，心里一阵舒畅。曾被告诫，在雪乡，一定要沿着别人走过的路走，如果离开“正道”，齐腰深的雪会“哗啦啦”把你压实，还可能将你给埋进去。而这时，雪块掉进鞋里、手套里、袜子里，融化成水，经风一吹，就会阵阵刺痛，会让人“哑巴吃黄连——有苦说不出”！

雪乡晚上的气温很低，呼出的蒸汽会立即在身上结成冰。戴着手套手依然冻得发痛，即使把手放入大衣内取暖，也不会暖和太长时间。皎洁的月光下，四周万籁寂静，脚踩在冰雪上发出“咔嚓咔嚓”的响声。远处不时传来一两声犬吠，给雪年笼罩上一层神秘感。

雪乡的狗很凶，都是大狼狗，没有拴的，外人离房子还有十几二十米，就呼啸着冲出门口，狂吼不止，使人不敢越雷池半步。狗怕看到人蹲下，人突然蹲下，狗虽不停狂吼却不逼近，最后作罢。一般来讲，见了狗，别理它，继续做你的事，狗是不会咬你的。

雪乡气候寒冷，冬季气温一般在零下20摄氏度以下，怕冷千万别去，要去的话，衣物一定要带足，羽绒衣裤，保暖内衣，能包住耳朵的帽子，口罩，厚棉靴，厚棉手套一个也不能少，假如在靴子与裤子之间有个雪套做衔接的话，会让人在雪地里方便得多。在室外切记不要直接用手触摸金属物品，千万要戴手套。另外，雪乡四面环山，没有手机信号，更是与互联网绝缘，在林场办公室有与外部联系的林场电话。

雪乡有个林场办的招待所，要体味东北老乡的生活，当然是住林场工人家里，睡火炕。双峰林场每家门前挂有林场工人之家×××号门牌的人家都可以接待游客食宿。老乡家里会备很多蔬菜和肉类，可以包伙食，也可以另外点菜。什么地三鲜、酸菜炖粉条、炒野菜、猪血肠、豆腐蘑菇等，这些东北地方特色美食足以让人大快朵颐，乐不思蜀了……

雪乡，一个冰清玉洁的童话世界，一个真正的世外桃源！这里，没有城市污浊的空气，纵横交错的街道，嘈杂的噪声，更没有每天要处理的烦人的事务；有的只是暖暖的阳光、湛蓝的天空、清新的空气、无边的白雪、古朴的木屋，等等。一切都那么简单，那么远离尘世的喧嚣，都是那样的纯洁、宁静、祥和，令人流连忘返。

点评与建议

冬日的寒冷仿佛让人们有足够的理由将更多的时间安排在室内，但有时换一种心境，去“探望”飞舞的白雪和瑟瑟寒风，感觉好像它们是在邀请你去冷空气中做“温暖”的探险。在大自然中探索的乐趣是无穷尽的，如果你有时间有精力，不妨背上行囊，去和雪乡的大自然来一次零距离接触吧。或许，那时我们才能更深刻地体会到人生真正的意义所在……

海南省万泉河竹筏漂流

万泉河，是海南省的第二大河，是宝岛海南的象征，河水纯净、清澈，宛如玉带。万泉河发源于五指山，上游水流湍急，中下游水势平缓，沿途风景优美，尤其是椰林景致，蔚为奇观。经专家考证，万泉河是中国未受污染、生态环境优良的热带河流，被誉为中国的“氧谷”。在万泉河乘着竹筏漂流，亲密河水，欣赏沿岸景观，是再惬意不过的美事。

“万泉河”之名源于皇帝赐予。1325年，因宫廷政变太子图帖睦尔被流放到海南定邑万泉河畔时，王官为当地绅士。太子遭贬，不少人敬而远之，王官却带着太子游览于万泉河的山水之间，使太子忘却了流放天涯的烦恼和忧愁，直呼“此乃吾之第二故乡也”。王官还时刻牵挂着太子的终身大事，让当地一个名叫梅娘的姑娘和他结婚。太子流放万泉河3年后，枢密院事燕铁木赢得了斗争的胜利，太子得以继承就帝位。在太子携梅娘从万泉河畔中水侯王庙旁的渡口乘船出海，横渡琼州海峡的时刻，王官和万泉河两岸人民夹岸欢送。由于太子尚未登基，人们只能握拳直呼：“太子万全，一路万全。”1330年，太子图帖睦尔登基3年后下诏天下，海南定邑升格为南建州，封王官为知州，将那条伴随他度过3年流放岁月当时叫做“多水河”的河流改名为“万泉河”。皇帝专门为一人封官而把衙门升格，为一条河流改名，在中国史册上仅此一例。

万泉河漂流，由烟园至会山乡，长约15千米，时间约3小时，河面最狭窄处约8米，最宽处约100米，水深1至10米。漂流万泉河，既有急时穿激流越险滩的激情澎湃，又有缓时两岸风光尽收眼底的诗情画意。万泉河风景名胜区，是以自然河流景观为主体，以观光旅游、休闲度假为主的省级风景名胜区，主要由万泉河码头、红色娘子军雕像、沙洲岛、万泉河宾馆组成，此外白石岭风景区、官塘温泉、麒麟菜自然保护区、聚奎塔等，展现着万泉河两岸“青山隐隐水迢迢，秋尽江南草未凋”的旖旎的南国青山、田园、古塔、河海风光。一曲名歌《我爱五指山，我爱万泉河》，一部名剧《红色娘子军》使琼海市万泉河风景名胜区美名远扬，成为来琼中外游客必游之地。在白石岭的众多佳景中，最著名的当数“白石八景”了，有高耸入云的“石柱擎天”，有奇特的天然设计“翠屏拥月”。此外，还有“崆峒筛风”、“金钟驾天”、“苍牛喷雾”等，真是奇中有异，异中有妙，让人叹为观止。

所谓的漂流，其实不是让游客在风急浪恶的峡谷里冒险，而是五六个人，穿好救生衣，坐在一个竹筏上。每个竹筏上有个黝黑的水工，他们负责用长长的竹篙站在竹筏的后面，撑着竹筏，悠悠往前方。这时，你仿佛置身于青山绿水间，享受着天人合一的畅快：有落差各异的激流险滩；有神形绝妙的奇峰异石；有银河奔泻的飞流瀑布；有椰竹掩映的苗寨村舍。河面上蝴蝶翩跹、岩燕飞翔、野鸭游弋、山鸟啾鸣，与两岸古朴、善良、勤劳耕作的苗寨居民组成一幅美妙的山野图画，令游人疑似置身桃花源中，恍若步入人间仙境……

水工们通常寡言、憨厚、纯朴。他们的年龄在三四十岁之间，长年在水上练就的敏捷的身手，在漂流中“打水仗”的时候，就会显得格外精彩。他们通常会在打水仗的时候，帮助自己竹筏上的游客后来的实战中，游客会知道他们才是真正的“勇者”。其实，漂流的整个过程中，最精彩的地方也就是两个竹筏上的人们相互打水仗。即使相互之间并不认识，也大可不必忌讳。当然，游人也可以几个联合起来“一致对外”。只要相互之间默认可以开打，那肯定会让人玩个痛快。清清的河水淋在脸上、头上、身上的时候，游客们才会知道，什么叫真正享受大自然的快乐。那种快乐，是坐在在办公室里永远不能享有的。

当然，也不必担心漂流的时候水会弄湿相机等物品，因为每一个竹筏上都备有一个铁皮箱，以储放相机或随身携带的包，免得打水仗的时候被弄湿，只是漂流完以后别忘了取回。这里的一切自然生物链，都循环得那么好。河水清澈见底，水边的竹林翠绿欲滴，看不到城市里工业化的“杰作”。更为可贵的是，当漂流完上岸时，用过的水枪也不必丢弃。那些早早在码头边摆好摊的小摊贩，卖水果、草帽和衣服的等。他们有十几岁的椰寨农家小孩，也不乏六旬老翁。游客上了岸，他们会热情地拉着你，走向他们的摊位边，请游客用刚买来的两元一支的水枪来换他们的甘蔗或别的什么小玩意。这也是一种回收。他们就是这样，世代在这条河边，繁衍生息，也养育了这条美丽的万泉河。

万泉河出海口风光更为迷人，那里集三河（万泉河，龙滚河，九曲江）、三岛（东屿岛，沙坡岛，鸳鸯岛）、两港（博鳌港，潭门港）、一石（砥柱中流的圣公石）等风景精华于一地，既有海水、沙滩、红礁、林带，又有明媚阳光、新鲜空气、清柔流泉，是目前世界河流出海口自然风光保护最好的地区之一。

点评与建议

万泉河以其特有的水乡情调和放歌田园、纵情山水的意境吸引了大批游客，景区内气候宜人、风景秀丽、清泉密布。游客们坐在竹筏上顺水漂流，仿佛置身于山水长卷之中，流连于田园风光，惊险而新奇，忘记了都市的喧嚣和繁杂，感受到大自然的神奇。

感受极地那寒冷的美丽

南极，是地球上最后一块几乎未被人类污染的纯净大陆，却也是地球上自然条件最恶劣、距离文明社会最遥远的陆地之一，更是目前人类了解得最少，最为神秘的禁区。千百年来，南极以其特有的酷寒与孤寂，拒绝了人类一次又一次好奇的拜访。随着我国数次南极考察队启程奔赴南极，人们再次将目光投向了地球的最南端。遥远而神秘的南极，吸引着越来越多的旅游者。

事实上，地球两极是驴友心中的“极品”线路。所谓游两极，有两个概念，一个是指进入南北极圈，即南北半球66度34分纬线圈进行游览，另一个是指登上南北极点。对旅游者来说多是指前者，后者是科考队才能完成的任务。与普通线路不同，极地旅游路途遥远且环境恶劣，充满艰辛。相比之下，游南极更具挑战性。

目前，游南极主要有两条路线。一条是“南极半岛线路”，游客先乘飞机到达南美洲，然后在智利、阿根廷等国港口上船，然后乘船前往南极洲；或者从智利南部城市彭塔阿雷纳斯乘空军班机，飞达南极乔治王岛进行观光。另一条是“南极大陆线路”，主要是从澳大利亚、新西兰或南非乘船、乘飞机赴东南极大陆旅游。后者路途远，如果乘船常常要一个多月，因而旅游者一般选择前者。

早在20世纪五六十年代，国外就开展了南极旅游。1966年，阿根廷的兰布拉德公司租用了阿根廷军舰“拉纳塔亚”号，组织了40名游客访问南极，当时在国际上引起了很大反响。由于获利丰厚，一时间，阿根廷、智利、西班牙、意大利、新西兰、德国、美国、俄罗斯、加拿大等多个国家的旅游公司，都纷纷租船开展南极旅游活动。

如今，在南极旅游者中，美国人最多，其次是德国人、英国人、澳大利亚人、加拿大人、荷兰人、瑞士人和日本人。在我国，南极游依然是最高端的特种线路之一。旅行社组团近10万元费用令人望而却步，而勇于自助游的人更是凤毛麟角。然而，还是有勇敢者去实现极地旅游的梦想，不畏艰险的极地探险家肖远就是其中之一。下面我们来看看他是如何做到的和有哪些惊险故事。

肖远是土生土长的上海人，大学毕业后在商场上奋斗了十年后，他面临了人生的十字路口。他暂时退出了银行业，决定实现自己少年时代的"南极探险"梦想，从此转变方向，开始了他的探险人生。计划做好之后，他进行了好几个月的细致准备，又花了一年多的时间刻苦训练，来备战他的南极行。从穿越新西兰的越野滑雪，到午夜后穿着双层靴子、背着10瓶水和3本字典在所住的公寓楼里爬上33层楼，他的训练花样百出。直到在北极圈潜水中心接受了世界著名北极潜水员迈克尔·萨夫诺博士培训过后，肖远才觉得自己的准备已经够充分了。

肖远的"从北极到南极，从冰海到雪山"开始于2010年12月，展开了中国探险史上新的篇章。肖远的旅程是这样的：2010年12月至2011年1月，到文森峰与南极洲；2011年1月至2月，在南极洲进行冰水潜水，并在南极海域航行；2011年4月，在北极，进行北极潜水。极地探险耗资巨大，光是远征南极就至少要花费60万元人民币。对那些有能力支付这笔钱的人，更重要的则是最佳的体能状态。

2011年4月的一天，肖远和他的潜水队员于下午3点钟到达了北极。当时从直升机上卸下了750千克的潜水装备和露营装备，然后把它们一件一件地拖过山脊，拖到潜水地点。这是对他们体力上的第一个挑战。等他们搭起了装备帐篷和两个睡觉用帐篷，替加压器加温，为四个潜水用氧气罐充气，在薄冰上开两个入水及出水的洞，就着伏特加囫囵吞下加热过的干牛肉，就已经到凌晨3点了。而此刻，他们在北极降落后已经过了12个小时。

在北极，冰水潜水是最挑战体能也是最危险的活动。危险从一开始就很明显了。首先是着陆点无法准确预估，这有时会导致训练推迟一个星期之久，从而可能变成随时致命的因素。如果潜水设备结冻，非常容易出致命的事故。所以随时保持潜水设备处在适当的温度而不被冻住，是确保潜水员能活着从北极回来的最主要任务。

点评与建议

四处游荡似乎是人类的一种天性，人们总是想去看一看山的那一边能否找到更适宜耕作的良田、河的另一头是否有更好的牧场。没有精神追求的生命是远离永恒的，缺乏探险远行的生活轨迹对有些人来说是没有宽度、缺乏空间的。经历了生与死的考验以后，人们就会对人生的意义有新的认识。

这里给南极探险者四点建议。一是兴趣。你确实真的非常想去。没有渴望的人是到不了的。二是体能。你的体能可以完成这个挑战吗？体能的重要性绝对不能玩笑。三是金钱。可以考虑拉赞助，成功率不会低。四是时间。你必须有大把大把的空余时间。

第七章
度假旅游，放松身心也疯狂

度假旅游是利用假日外出，以度假和休闲为主要目的和内容的，令精神和身体放松的康体休闲方式。由此可知，度假旅游是以度假如消磨闲暇、放松身心等为主要目的，具有明确的目的地的旅游活动。本章以较长篇幅向读者介绍推荐了国内部分旅游度假村和国外度假胜地，分为高中低档，适合不同阶层的游客，旨在培养对人类生存环境的理解和关怀。

国内旅游度假村

国内的旅游度假村一直致力于贯彻“假日生态游”的先锋理念，让人们在短暂的假期里，对人生有更多的体会。这里选择众多度假中的几个——中国最大的度假天堂三亚、广州从化碧水湾温泉度假村、杭州富春山居度假村、广东南昆山度假村、江苏阳澄湖度假村云南保山邦腊掌温泉度假区、湖北咸宁温泉谷度假区、安徽黄山飘雪国际温泉度假区、北京雾灵山庄度假村、河南鲁山大佛度假区、山东港中旅青岛海泉湾度假城和辽宁丹东北国之春温泉度假区，通过对它们的介绍乃至分析，读者可以了解其设计理念和游玩设施，有助于体验舒适环境中人与自然之间的和谐，参与各种风土文化及生态活动，令身心彻底放松之余，也得到人生的领悟。

三亚是中国最大的度假天堂，充足的阳光，碧蓝的海湾，椰林荡漾出的浪漫气氛也是带着三分甘甜，五分柔媚的。当北国大地“千里冰封，万里雪飘”之时，三亚这片迷人的热土依然绿意盎然，暖风袭人。而夏日艳阳下的三亚也比别处多了爽朗通透的开阔氛围。于是，无论四季，无论晴雨，来三亚都无须有任何顾虑，背上行囊就可以出发。

多少年来，三亚都以山海奇观、阳光沙滩、椰风海韵吸引着无数双眼睛。这座聚居着黎、苗、回等少数民族的滨海旅游城市宛如一颗美丽的珍珠镶嵌在南海的一汪碧波之中。在如此仙山美景之中，当然少不了绝顶度假地的点缀。三亚有着中国最为密集的度假村与度假酒店，见证随处可见的甜蜜故事与爱情回忆。行走在海风徐徐的银色沙滩上，总觉得这里的每一颗沙砾都包容了人们的热带情结。

三亚的多彩，三亚的热辣，三亚的浪漫，三亚的慵懒是人们需要放慢脚步，放缓心情，放缓行程，然后一点一滴地体会的。那些在“天涯海角”处匆匆留影的旅游方式已经不受大多数人欢迎了，既然千里迢迢来一次这个心目中的“天涯海角”，那么为何不珍惜这难得的悠闲假期，多住几日，多闲几日，多醉几日。

你可以在这里的海滩上独自散步，静享海风，也可以索性半躺在舒适的浴缸聆听浪曲风歌，或者闲坐在沙滩边与心爱的人一起看海上夕阳渐落……这样的三亚才是留在记忆里最美、最好、最值得一辈子珍惜的精彩片段。

三亚的南山文化旅游区，位于三亚市西南40千米处的南山，融热带海洋风光、中国佛教文化、福寿文化、历史古迹、民间传说于一体。南山古称鳌山。唐代著名僧人鉴真和尚和日本遣唐僧空海和尚都曾因台风而滞留南山，在此建筑佛寺，传法布道，后经休整渡海成功。元代纺织家黄道婆就是在这里向黎族同胞学习民间的纺织技术，开始了中国纺织业的新纪元。

南山大小洞天一带植被密、风景秀，近3万株龙血树（南山不老松）郁郁葱葱，山中有清澈泉水和各种野生动物；山峦起伏连绵，其中的山洞、巨石、密林、怪树、形如仙境；山下7千米海岸线蜿蜒曲折，海岸上遍布鬼斧神工、肖形状物的大小石群，滨海石景堪称世界自然景观，自古被称为“海山奇观”。

三亚天涯海角景区在海南岛的最南端，是一处令人神往的游览胜地，背负马岭山，面向大海。这里奇石耸立，俨然一派“南天幻影”的景象。海湾、沙滩上大小石块耸立，上有众多石刻。其中一块高约10米的巨上铭刻“天涯”二字，史书说为清雍正年间崖州知州程哲所题。“天涯”右侧一块尖石的顶端，刻有“海角”二字，据说是清末文人题写。这两块巨石通称“天涯海角”，景区以此得名。

海南省的居民，分属汉、黎、苗、回、藏、彝、壮、满、侗、瑶、白、傣、水、京等30多个民族。世居的有黎、苗、回、汉等族。千百年来，古朴独特的民族风情使海南岛社会风貌显得更加丰富多彩，其中最具有特色的便是黎族与苗族的生活习俗。由于诸多原因海南苗族至今仍保留着一些传统生产方式，而染布就是其中保留比较完整的一项。于是苗族的蜡染也就成为海南工艺品的重要组成部分。在三亚随处可以买到蜡染的挂画。这些挂画大多以海南民族风情为主题，色彩鲜艳，价格便宜。苗族的传统蜡染所采用的布都为苗族妇女用山上植物染色而成，而其图案也比较古朴、简单，通常是树叶、动物等造型，体现了民族的特色。

三亚的民间编织历史悠久，扬名海内外，大体可分为布织和竹织。布织主要以黎族织锦为代表，图案精美，色彩斑斓，有毯、布巾、腰带、头盖、背包、裙等各种款式。竹织以山间竹子为材料，经劈乱、刷亮等复杂工序，制成品种齐全、观赏实用皆宜的竹器工艺美术品。

亚龙湾古称琊琅湾后称牙龙湾，过去是一处不为人知的荒僻海滩。据清朝光绪二十六年（1900年）编纂的《崖州志》记载，“琊琅湾，在榆林岗东五十里”。据说“琊琅湾”出自本地黎语。这与这里海湾的沙子有关，琊或琅意指白玉、洁白，形容沙子洁白如玉。因为这里的海湾呈月牙形，后来又被人们称为“牙龙湾”。“亚龙”，“牙龙”都和“琊琅”谐音，但字面含义却大不相同。1992年三亚亚龙湾开发股份有限公司成立，并经国务院批准在此建立亚龙湾国家旅游度假区，开始统一使用“亚龙湾”的地名，寓意着这块沉睡千年的美丽海湾，将像巨龙一样腾飞而起，光照亚洲。

三亚是中国唯一的热带滨海旅游度假胜地，地处北纬18度，是地球上最浪漫的阳光海岸；是中国空气质量最好的城市，大气质量中国第一，世界第二；是中国海域能见度最高的城市，有19个优质海湾，海水能见度均在10米以上；又是中国先进园林城市，森林覆盖率达60%；还是中国首选度假旅游目的地，中国人居环境最佳城市；同时还是中国最长寿地区之一，国际最佳养生城市之一，世界最大的潜水基地之一。

广州从化碧水湾温泉度假村位于从化流溪河畔，地处“从化80千米绿色旅游走廊”的中心，四周层峦叠嶂，树木葱郁，碧水环绕。总占地16公顷，建筑面积4万多平方米，是一家由民航中南空管局投资、按五星级标准建造的集餐饮、住宿、娱乐及大型露天温泉为一体的温泉主题度假村。

度假村拥有8类客房200余间，多功能会展中心有8个不同规格的会议室和休息室，可同时容纳近500人，荔香园、丽景阁、小吃广场等不同风味的餐厅可以提供周到的饮食服务，商务中心、购物中心和美容美发中心可满足各类宾客的不同需求。度假村还拥有网球场、篮球场、足球场、乒乓球室、桌球室、矿泉水游泳池等运动设施，夜总会内设有演艺厅、迪斯科舞厅、主题酒吧和卡拉OK包房。

碧水湾温泉以温泉养生为主要设计理念，突出温泉的养生保健功能，既有增强体魄的运动型戏水、游泳池和富有休闲特色的天然温泉池，又有根据祖国医学理论配制而成的药浴温泉池和特色池，游客可灵活选择，尽情享受。

大型露天温泉占地2.5公顷，拥有28个大小不一的温泉游泳池、戏水池和药浴池，国医馆、沐足廊、按摩廊设施齐全，全部贯彻祖国医学的养生理论和方法，温泉区食街还提供各类保健食谱。这里的温泉经地质专家鉴定为稀有珍贵的含氡苏打温泉，水质晶莹，含有氡、钙、钾、钠、镁、铵、氟等20多种元素，水温最高可达71摄氏度，对各种皮肤病、肩周炎、腰肌劳损、关节炎、肌肉萎缩、肠胃病、神经性疾病、高血压和动脉硬化等30多种疾病有明显疗效，对美容减肥、保健理疗也有良好功效。各地温泉的温度、内含矿物质及酸碱度都不同，游客务必依照自身的体质，选择适当的温泉，以免造成伤害。

非特殊温泉疗法，温度不宜过高，控制在37摄氏度至45摄氏度为佳。每次最好不超过10分钟。患有心脏病、肺病、高血压、循环系统障碍及急性传染病的患者，没有医师的指示下贸然尝试热浴的刺激，可能导致血管忽胀忽缩，影响血压，酿成危险；长途跋涉、疲劳过度，宜待体力恢复后再行入浴；酒醉及空腹、过饱时也不宜入浴；感染急性湿疹，伤口化脓或患有急性关节炎者，都不适宜浸泡温泉。属干性皮肤者，宜抹上护肤油，以防干裂。

富春山居度假村位于杭州山水秀丽的富阳市富春江畔，包括富春别墅，度假酒店及SPA，高尔夫球场，富春阁和上海T8餐厅，并以中国历史文化为元素，用西方现代设计观念呈现出中国建筑艺术的精美风格。

度假酒店主楼客房分为3个楼层，其中酒店主体22间园景豪华房，7间湖景豪华房，20间园景套房，17间湖景套房，1间湖滨套房（附属露台），2间湖滨高级套房（附属露台）及1间湖滨豪华套房（附属露台）。主楼南北方向的酒店别墅12栋，均有茶水吧，私人阳台，室外按摩池，柔和的灯光通道加上特色的服务，处处可以让游客领略到度假酒店的独特之处。富春别墅5栋，位于葱郁半山中，均设有24小时管家式服务，4间主卧室，私人室内游泳池，厨房，餐厅，客厅等，每栋平均面积可达1500平方米。

度假村能够提供完整的配套高级会议设施有宴会厅、董事会议厅、小型会议厅等。餐饮设施有湖廊居、亚洲餐厅、水廊居、T8富春及位于富春阁二楼的别致用餐场所，可容纳60人左右。在度假村内游客可以尽情享受咖啡和茶的休闲时光，具有东西方风味的富春山居菜肴兼具色、香、味，适合不同口味的游客。

另外，富春山居高尔夫球场是中国唯一以丘陵地形茶园为主题的国际标准高尔夫球场，规划为18洞，标准72杆。球场位于茶园景色的环山之中，在茶树清香气氛中，每一洞都充满挑战与期待。球场另附设二层式练习场，有USGA高尔夫计分系统及影像教学并配有专业的高尔夫培训项目及职业教练，使游客能够完全感受到高尔夫球的魅力所在。

南昆山坐落于广东省龙门县西部，跨从化、增城、龙门3县，距广州97千米，距深圳162千米。境内山峦起伏，平均海拔约500米，最高峰天堂顶海拔1228米，乃广州地区最高峰。森林覆盖率达96.6%，素有“北回归线上的绿洲”之美誉，在这里可以呼吸到负离子含量极高、最清洁的A级空气，是难得的“天然氧吧”。南昆山的村落拥有源远流长的客家文化，并保存了明清古建筑，历史文化内涵丰厚，极具鉴赏价值。南昆山创建有十字水生态度假村和云海度假村。

十字水生态度假村是中国首家顶级生态度假村，是国内首个同时获得“绿色环球21可持续设计达标评估”认证（由绿色环球亚太国际组织签发）和“全球景观设计大奖”（由百年世界专业协会-美国景观设计协会颁发）的度假村。这里有100多间客房，并设国际会议中心、SPY和YOGA会所、生态旅游区等，是全国顶级生态旅游度假目的地。十字水度假村的最大特点是所有客房依山临溪而建，配套用品都是天然物料，如纯丝、纯棉的床上用品，竹制、木制的家具，陶土、石器用具摆饰等。西方文化的优雅与中国传统文化的含蓄融合于此。临溪而建的水畔别墅有着高屋顶、青黄瓦和夯土墙，是典型的传统客家建筑风格。几近落地的玻璃窗、超大型的露台、可以边泡澡边看星星的透明浴室成为看世界的最好场所。所有的这一切都掩映在竹林与山花间、伴随着潺潺流水与啾啾鸟鸣声……度假村后山设观星塔，用于夜晚观星赏月。还有以竹子和木材建造的观景台，位于两水交汇处，可以最佳角度欣赏苍翠山林、静听淙淙流水。度假村还创造出自成风格的“十字水森林水疗”，为游客提供各种身体护理、饮食调理等服务。度假村设有竹韵厅、茶室及桥吧，提供中西美食和当地特产。度假村必游景点有竹桥、观星塔、冥想厅，美食有特别值得推荐的观音菜，还有红背菜、山坑鱼、山坑螺等。

云海度假村位于美丽的白蚬湖畔，风景秀丽，有客房135间，餐位800个，大小会议室7处及各类娱乐设施。这里清新、宁静、幽雅的田园风光，让人感觉非常美妙，特别难忘的是落日时分，被晚霞渲染的水乡令人陶醉，那如诗如画、宁静怡美的意趣，在大城市里难以感受得到。

阳澄湖度假村坐落于盛产名扬四海之大闸蟹的阳澄湖东岸，景色秀丽、交通便捷，距苏州新加坡工业园区仅8千米路程，由上海出发沿沪宁高速公路50分钟即可直达。度假村形成了集食、住、游、乐、购为一体的多功能休闲中心，拥有众多的娱乐项目。度假村的设有华东地区最大的万人淡水浴场，大型水上冲浪滑梯，水上高速游艇，沙滩排足球、阳澄湖观光游览船，竹排、脚踏船、碰碰船、垂钓中心等水上活动项目；设有儿童乐园、十二生肖园、巴王纪念馆、春来茶馆、巴王风景堤、野营烧烤基地，水上九曲桥等融观赏、游乐、小憩为一体的景点与项目给游客增添无限游兴、无穷乐趣。度假村与大上海国际高尔夫球度假村、网球场、保龄球馆、阳澄湖卡丁车俱乐部等邻近。此外，三星级涉外宾馆——阳澄湖康乐园配有卡拉OK、KTV、歌舞厅、夜总会、啤酒屋、棋牌室、商务中心、新开设四号楼（按四星级宾馆设置）、美容休闲中心、大中小会议会、标房、套房等设施，提供一流服务；蟹味馆，丰泽园（水上餐厅），巴城舫（水上餐船），名厨掌勺专供“阳澄三宝”特种湖鲜为特色的美味佳肴。

保山邦腊掌温泉度假区位于云南省保山市龙陵县龙山镇，总规划面积约为70.5公顷。

保山邦腊掌温泉度假区的开发具有全新的理念。一是针对邦腊掌温泉多种泉温、多种泉色、多种泉质的神奇特色，针对现代都市人群不同的亚健康疾病，开发一系列不同功效和组合的温泉泡池和产品，打破目前“千人泡一池，一池包百病”的泡浴模式，打造云南省独一无二的理疗型精品温泉。二是充分利用邦腊掌不可复制的原生态森林资源，在宏观上营造包含大量的空气负离子和植被精气的环境；在中观上开发森林疗养、生态休闲、生态体育项目与温泉中心功能联动互补；在微观上塑造舒适、生态、私密的温泉区景观，从而打造一个具有浓郁生态氛围的温泉养生度假区。三是以得天独厚的温泉水为核心，打造核心竞争力，同时开发山地高尔夫、湖泊度假、森林休闲、旅游地产等互补性旅游项目，构建项目的复合价值，保证项目的成功开发，实现1+N的综合度假区开发模式。四是针对现代都市人群对健康产品的越来越迫切的需求，结合邦腊掌温泉水多年临床实践成果，深入分析研究邦腊掌温泉的神奇疗养功效，适当融入现代疗养科技和云南民族特色医学，以温泉水健康理疗为核心，打造一个集健康体检、健康评估、心理咨询指导、医学理疗康复、森林医院、运动康复等功能为一体的现代型康复理疗中心。

度假区的功能分区有如下几个。一是绿湖生态休闲区。将万绿湖作为景观中心，借助周边优越森林生态环境，突出健康运动主题，形成一个功能一体的高档运动休闲区域。二是奇水健康理疗区。以邦腊掌“神汤奇水”为特色，利用邦腊掌温泉不同水质的不同功效，融入云南民族医药，针对客人身心的不同诉求，进行各种现代疾病的理疗恢复。三是神汤温泉养生区。以邦腊掌“神汤奇水”为核心，以健康文化为主线，开发泡、冲、熏、蒸、饮、食、SPA多种健康沐浴方式，寄健康于“休闲、放松、娱乐”过程之中，打造云南最新一代主题型温泉产品。四是温泉酒店度假区。利用原有的度假酒店和别墅框架，进行适当功能补充和改造，增加滨水汤屋，形成一个私密性较强的高档度假住宿区。五是生态大众沐浴区。位于邦腊掌温泉旅游区大门外，与核心区保持一定视线隔离和交通联系，主要针对低端洗浴和行政后勤区。

咸宁温泉谷度假区位于湖北咸宁温泉潜山国家级森林公园，规划总用地约36.7公顷。

咸宁温泉谷度假区在规划中，一是充分体现第四代主题文化温泉的设计理念，强调温泉景区的度假、休闲功能，温泉产品的养生功能，水上游乐产品的游乐功能，强调温泉度假环境的营造。产品选择上兼顾露天温泉与室内温泉产品，动态产品与静态产品，养生型温泉产品与游乐型温泉产品的综合设计，并强调规划范围内的功能分区和组团设计，强调组团内温泉产品与景观的主题化与文化品位。二是注重咸宁本土文化与异国温泉文化的应用，在强调各个组团的文化主题同时，将世界各地温泉精粹汇集一堂，既有体现自然、闲适、禅味的东方文化温泉，又有体现欧洲温泉文化的特色温泉。将世界温泉的时空概念和地理概念很好地整合在一起，形成“世界精粹温泉”设计理念。三是注重对本土地方文化的挖掘和利用，规划为体现咸宁温泉地域文化的深厚底蕴，将咸宁的竹文化与桂文化，咸宁温泉的著名典故、民间传说、历史名人和事件与规划相结合，形成一个民俗文化温泉区，将温泉打上深刻的咸宁地域文化烙印。四是根据咸宁温泉度假、休闲市场需求情况，在主体温泉产品（项目）设置方面分别对度假、商务、团体、会议等不同游客设计有针对性的产品，在满足游客对环境、休闲、健身、娱乐等方面公共需求的同时，兼顾养生、康复、家庭等个性化需求，尤其在服务方面做到“以人为本”。

咸宁温泉谷度假区的功能分区有四个。一是欧洲经典温泉区。侧重于对欧洲经典温泉产品的放松与休闲体验，汇集西方温泉之精华。以SPA区和游泳区为中心，规划有土耳其浴、死海浮浴、维基按摩浴、芬兰浴、热砂浴等西方经典温泉产品。二是楚天风情温泉区。以咸宁温泉深厚的地方文化为主题，与温泉沐浴相结合，赋予温泉文化内涵，形成具有浓郁本土地域文化特色的温泉产品和文化背景的楚天温泉文化特色。规划中以桂、竹、桃3种咸宁特色植物为背景，设置丹桂园区、星竹园区和桃花园区。三是东方神韵温泉区。以理疗、水疗、各种SPA为主的高档温泉，汇集了东方温泉精华，如日式温泉和南洋温泉，通过自然环境的营造和理疗、水疗和各种SPA温泉产品的设置，打造一个以“静心、养生、怡神”为境界的养生、康复、理疗型的温泉区，通过高档温泉理疗、水疗和各式温泉SPA产品的设置，形成极致享受的放松温泉。四是暹罗汤屋区。以泰国世外桃源普吉岛旅游文化为背景，结合南洋木屋的泡汤体验，使顾客欣赏泰式优美风景的同时体验泰式服务的完美贴心，体验温泉泡汤的美妙境界。该区域地块分为南洋木屋，普吉岛和观光水域3部分。

黄山飘雪国际温泉度假区位于安徽省黄山风景名胜区温泉景区内，温泉区面积约8公顷。

黄山飘雪国际温泉度假区的设计理念，一是突出黄山文化主题，打造精致品位温泉。规划中突出了黄山文化的主题特征，充分挖掘黄山温泉的历史人文典故与文化沉淀，在温泉区规划了名泉、神泉、仙泉3个区，每个功能区都寓意不同的文化底蕴。温泉整体定位为精致化、中高档温泉，成为黄山温泉景区的第一品牌。强化露天温泉设计和对黄山景观环境的取向，通过温泉水疗SPA、温泉汤屋的配置，突出高尚温泉SPA的特征。二是打造存古通今，四季宜人的温泉特色。该理念的提出以名泉区、神泉区、仙泉区3个功能布局体现出时空的概念，名泉区再现的是黄山几百年来的名人文化的底蕴，神泉区侧重于一个理想自然的养生意境，仙泉区则侧重于现代温泉产品的设置。规划中注重周边环境的借景，尤其借助于面向桃花溪方向的景观，通过黄山季节景观的变化体现出不同的洗浴温泉的意境。三是生态环境保护。生态环境保护理念是项目得以可持续发展的根本，包括池区的设置、管道的规划和地面的铺装等方面采取可行的环境保护措施，避免造成对度假区内古树名木的伤害，对现有生态环境造成破坏。

黄山飘雪国际温泉度假区的功能分区有3个。一是名泉区（休闲温泉区）。以黄山的“名人、名曲、名诗、名典、名茶”为主题，与温泉沐浴相结合，赋予温泉文化内涵，体现“天下名泉”特色。二是神泉区（养生温泉区）。利用黄山的花、木、草、药及四季景观变化与温泉相结合，形成特有的黄山养生温泉。体现中医学的养生观，讲究“形与神俱”、“形神合一”、“养神为上”的理念（安定情志，调摄精神），通过自然环境的营造和养生温泉产品的设置，打造一个以“静心、养生、怡神”为境界的养生温泉区。三是仙泉区（放松温泉区）。通过高档温泉理疗、水疗和各式温泉SPA（泰式、印式、中式等）产品的设置，形成极致享受的放松温泉，让游客体验到飘然欲仙的感觉。

雾灵山庄度假村地处北京市密云县新城子镇，坐落在海拔2118米高的雾灵山脚下，雾灵湖北岸，是一家集旅游、观光、度假、会议、娱乐为一体的花园式涉外准四星级的酒店。这里天蓝、水碧、山青、树茂、亭雅、花香，仿若一座脱俗于尘世的私家后花园，让游客流连忘返。

2008年，雾灵山庄经过全面升级，打造中国第一个“三维”度假村。这里设施完备，环境优美，共拥有客房300余间，日接待600人住宿，房间装饰精美，布置豪华典雅。其中湖景房可鸟瞰雾灵湖美景，让您足不出户便可游览雾灵湖景；更有3栋高档齐备、装饰典雅临湖别墅设施。

雾灵山庄以遥桥峪水库为主要景观，湖水碧绿幽深，可垂钓、游泳、划船，乘坐快艇。山庄楼前就是20万平方米雾灵湖湖面，可供游客临湖垂钓；还可乘大汽艇、快艇、去欣赏青山绿水，寻找“舟行碧波上，人在画中游”的美妙感觉。夜幕降临，于湖边露天梦幻灯光舞场举行篝火晚会及野味烧烤，让游客尽享融入大自然的乐趣……

此外，山庄独家拥有的康乐中心，为游客提供多种健身、康体等服务。配备有保龄球、台球、游泳馆、迷你高尔夫、壁球、健身等场馆，可容纳200人的演艺厅及KTV包房，还有特色的水疗桑拿，带给游客一次彻底的放松与享受。

雾灵山庄拥有大小会议室19个，可承接各种规格的会展及国内国际不同类型的会议等。会议室设施齐全，附有同声传译系统和各式规格屏幕、录音设备、电视机、录像机、幻灯机、投影仪、讲台等。

位于麒麟会馆三层的餐厅是游客雾灵之行的美食天地。除了餐厅的硬件设施冠绝雾灵，兼收天然美景之外，最值得一提的则是山庄的食材全部选自雾灵山地区的绿色有机食品。无论是遥桥峪水库的活鱼，乡间散养的柴鸡家畜，农户自家种植的蔬菜和水果，还是山间采掘的木耳、蘑菇、野菜都是大自然的恩赐，远离污染，透露出食材本真的诱人味道。更有技艺绝伦的主厨和笑容可掬的服务团队也将为美食之旅锦上添花，让游客满意而归。

鲁山大佛度假区位于河南省鲁山县赵村乡上汤村，总占地面积约467.3公顷。

其设计理念一是打造佛禅文化温泉，温泉产品以“佛禅文化”为主线，融入禅修、中医、太极、瑜伽等东方养生文化，配以泡、蒸、浴多种沐浴方式，加上一系列的动感温泉、养生温泉、高科技水疗产品、顶级SPA、二次消费产品的配置，让客人在“佛禅温泉”中沐浴身心，从而得到“身、心、灵”三个层次的感悟。二是突出生态温泉，利用室内温泉馆的防风保温功能，精心规划多品种、多层次的植被生态环境，通过满目皆绿、清澈流水、寂静丛林的生态植被环境，塑造一个舒适、休闲、健康、秘境的温泉沐浴氛围。三是周边联动，借助上汤温泉景区作为伏牛山旅游区主要服务区的功能定位，将整个伏牛山旅游区的高端游客吸引过来，走一条资源整合、优势互补、客源联动的双赢之路。

鲁山大佛度假区的功能分区有3个。一是禅心养生区。以取意于佛教西方极乐世界的七宝莲花池为核心，以佛禅文化表演为亮点，利用丰富的绿化植被烘托禅味、生态、休闲的氛围，通过视觉、听觉、味觉、嗅觉等全方位的渲染，让客人获得身、心、灵三位一体的放松和感悟。二是慧海禅风区。大众消费活动区，有动感温泉、露天温泉、温泉汤屋等多种温泉体验。室内馆以动感温泉体验为核心，寄健康养生于娱乐体验之中。露天温泉以药池和花浴池等特色温泉为主，突出露天风情体验。三是禅韵汤境区。专门供VIP客人消费的会所式高档温泉，通常情况下不对大宗消费客人开放。通过二楼的VIP通道单独进入，通过装修、亭廊、绿化等塑造一种悠闲的泡汤意境。

港中旅青岛海泉湾度假城位于山东省青岛即墨市鳌山，总用地面积33.74公顷，其中温泉中心占地面积37550平方米。

其设计理念有如下几个方面。一是全方位展现“海洋文化”主题温泉产品。以“海洋文化”为主线，从直观、功能和意境3个层次展现海洋文化中的海洋地质、海洋人文历史、海洋生物等来传达海洋文化主题，给予游客一个充满“海洋韵味”的温泉文化体验。二是现代与超前的综合型温泉度假中心。将目前国际成熟温泉度假区先进的理念、设施设备，科学的消费流程和完善的服务流线融入温泉中心产品中，同时各项功能区相互配套、相互补充，形成一个具有强大市场竞争力的综合型温泉项目。三是挖掘海洋特色温泉产品。充分挖掘海洋温泉和海洋物质的各种保健功效，运用各种现代科技、材料和手法，通过温泉洗浴方式展现出来，策划出一系列的具有独特功能、浓郁海洋特色的海洋温泉系列产品。把海洋文化的要素与建筑、景观、装饰、设施形象结合起来，形成一个主题鲜明的温泉洗浴氛围。四是根据市场需求量设定产品配置。根据青岛海泉湾项目的市场容量、投资总额、温泉水量等制约因素，确定温泉中心的旅游容量和投资规模。以市场需求为指导避免局部功能的拥挤和闲置，真正实现“整体规模化、效益化”的综合价值。五是在有限资源条件下实现产品丰度最大化。海泉湾度假城项目的规模和定位要求温泉中心的产品必须具有相当的丰富度。而温泉水资源偏少的现状限制了温泉规模。在温泉水量不能增加的情况下，通过加热、循环等手段提高温泉的利用率，提高产品丰度，达到资源合理利用与产品丰富的双重目标。

港中旅青岛海泉湾度假城的功能分区有5个。一是海洋地理景观泉区。区内温泉产品主要是模仿海底地貌特点，结合海底各种地质构造、海洋现象、海洋保健矿石等元素的利用和表现，将此区域形成层次感强、气势磅礴、雄伟壮丽的海底地理结构表现区。二是海洋娱乐主题泉区。本区主要围绕古船触礁、海盗沉船、海底探宝、神秘深海古堡、航海灯塔等海洋人文的题材，充分利用现代高科技声、光、电的技术，结合展现一年四季多变的海洋气象，强调游客对海洋历史文化带有娱乐性的体验式感受。同时设有场景式的节目表演、休闲区域等产品配套。三是海洋生态养生泉区。通过海陆交界处的“海岸卫士”——红树林营以及海岸椰林，营造出的独特、自然的海滨生态环境，构成本区适宜养生的生态休闲的环境。区内采用海洋保健养生物质与温泉结合、SPA水疗结合，发挥独特的海洋保健养生功效。四是海洋特色温泉区，包括极地体验馆和海洋理疗中心。极地体验馆以各种珍稀的极地动物作为场景衬托，营造出奇幻的极地密境。根据极地特有的气候环境，充分利用现代高科技声、光、电的技术，展现极地多变的气候环境，以身临其境的方式体验在极地冰雪天气里泡温泉的奇妙感受。海洋理疗中心结合海洋特有的健康产品，如海盐、海泥、海石，海藻、海草等，设计出如盐浴、矿泥浴、矿物喷雾、海底中草药蒸疗、岩穴漂浮等理疗产品以及海藻、海草、海底椰、黏土等美容保健和各式助浴服务。五是圆石海滩风情温泉区。分成三大组团，分别是石阵泉组团、彩石泉组团、石像泉组团，根据各组团特点，采用原生态石材以微缩的形态营造，形成各区域特色。此外，辅以海岸特有的各类圆石、植被的围合、特色的亭台楼阁等与沙滩有机进行结合，形成错落有致、半私密性的休闲空间游客可以一边享受海洋温泉的浸泡，一边观赏东面广阔的海景，全力打造异国风情浓郁的海滨风情温泉区。

丹东北国之春温泉度假区位于辽宁省丹东市元宝区金山镇炮守营村，总面积约105公顷。

度假区的设计理念体现了“显山露水”的北国山水格局，并融合西班牙地中海风情建筑。一是因地制宜，遵循原有地形地貌进行布局。温泉地块的使用尽量不安排大体量建筑，以适应山地地形。以山势、溪流、山泉水为大景观面、景观轴。力争保持地块内水面、树木等原生地形与植被。二是生态优先理念。自然与生态是温泉规划的优先因素，在本项目中主要体现在：因地制宜进行布局；借助良好的外部生态环境；利用水系、原有植被与地势营造基地内环境；在开发建设和经营管理过程中注重资源开发与环境保护相结合。三是综合型温泉，多元化开发理念。以温泉产品为核心，集合旅游、商业、地产三种业态，相互配套各司其能，形成兼顾各类型客源具有消费需求的度假休闲、养生温泉产品。

丹东北国之春温泉度假区的功能分区众多。一是湖滨休闲广场。作为整个度假村主入口，是第一景观印象区。由入口景观牌楼、银杏森林，主题景观广场构成，形成进入度假区的入口景观带。二是农业生态园与拓展区。利用黑沙河形成景观湖面，分为静态观赏区与动态运动体验区，打造集观光、科普教育、户外游乐、运动于一体的综合性的农业度假休闲体验区。三是湖滨公寓。位于地块南部304国道和黑沙河之间，由别墅式企业会所、拓展训练营、生态景观绿地组成。三是尼斯风情商业街。以“地中海尼斯风情”为主题，形成主题商业街、客流集散地、物业管理中心、办公区域、后勤保障服务区等功能，实现度假旅游的“食、游、购、娱”等综合休闲功能。五是半山公寓。公寓依山而建，坐北向南，两侧山林生态成为公寓洋房借助的良好景观，主要是中小户型、六层以内的花园洋房。六是缘溪山庄居庄园。由缘泉山庄、香泉山庄与森泉山庄3个组团组成。别墅依托地块西部山麓台地，前可观景观高尔夫绿地，后达叠翠山峦，依山借势布局，一墅一景观，山林与高尔夫成为私家花园。整体采用西班牙塞维利亚建筑风格。七是高尔夫生态园。景观高尔夫沿山谷地阶梯状布局，形成核心景观轴，配套旅游产品功能，与温泉旅游形成互补型产品，弥补温泉旅游淡旺季的差异。景观功能大于高尔夫球场实用功能。利用谷地内丰富水系形成景观湖和湿地景观，采用自然生态型驳岸，保留一个区域设置夏季滑草，冬季滑雪、溜冰项目，丰富度假村产品。八是四季温泉谷。作为度假村核心产品，由主题度假酒店、温泉谷、瀑布汤院3部分组成，温泉谷有室内温泉馆、山野温泉区和汤屋汤院区3类产品，是一个集度假酒店、会议、休闲、度假、商务、温泉养生等功能为一体的高档次温泉中心。

点评与建议

本节展示的度假村，为人们的假日旅游提供了更多的选择空间。事实上，都市人生活节奏快，每天面对无尽的竞争和压力，容易身心疲累。若能偶尔搁下紧张生活，到这些度假村呼吸清新空气，在优美的大自然当中享受闲情逸致，自能令身心减压，重拾活力！

国外旅游度假胜地

去国外度假是很多人的梦想。尤其是夏日时，炎热降临，在这满眼碧绿的季节，不妨给自己放一个小假，到国外去寻找一个合适的度假之地。凤凰花处处飘红的热带海洋风情岛塞班，自然纯净的冰岛蓝湖以及露天大温泉，法国普罗旺斯紫色的熏衣草花海，美如童话仙境般的克罗地亚普利特维斯湖群，都在夏天来临之际散发着诱人的色彩。此外，还有东南亚顶级度假村，比如泰国攀牙湾、越南芽庄、印度尼西亚巴厘岛等，同样让人流连忘返，一生难忘。

北马里亚纳群岛地处西太平洋中部，由14个岛屿组成，临近赤道的塞班岛、天宁岛最受游客们欢迎。塞班是一个保留原汁原味的淳朴和自然的度假胜地，夏季塞班飘满红色的凤凰花，也迎来一年中最绚烂多彩的季节。夏日的塞班岛气温在28摄氏度左右，温暖湿润，十分宜人。这里拥有最纯净的“阳光、沙滩、海水”，而且上天入海动静皆宜，带给不同人群别样的体验。

喜欢安静的游客，可以和爱人静静行走在细软的白色沙滩上，观赏世界上最美丽的夕阳。夏季正是凤凰花开的时节，漫山遍野的火红的凤凰花争相绽放，与湛蓝的七色大海交相辉映，美不胜收。带上驾照便可在租车行租一辆轿车，带上爱人一起自驾欣赏凤凰花。万里蔚蓝的晴空、晶莹清澈的海水、乳白辽阔的沙滩、五彩缤纷的珊瑚礁，映衬着彩霞般美艳的凤凰花，斑斓的色彩给迷人的岛屿增添无尽浪漫。游客还可以登临塞班的“世界第一高峰”，感叹全视角的太平洋绝美海景，还能站在“世界之巅”俯视世界上最深的马里亚纳海沟。

岛上最具特色的美食要属查莫洛风味菜，还有烤乳猪、生鱼片、红米饭、椰汁虾、烧烤及可可椰子粽等低卡路里食物。塞班岛的世界度假村酒店面对苏苏卑的蓝丁海滩，可俯瞰大海和有名的塞班环礁湖，这里还是塞班最大的水上乐园酒店。

塞班对中国籍游客实行免签入境政策，赴塞班岛旅游的游客提供半年以上有效期护照原件、个人入境数据表以及身份证正反面复印件即可办理。每逢周一、周五均有航班从广州直飞塞班岛，逢周二、周六则有航班从塞班返回广州。塞班岛至天宁岛乘船约50分钟，搭乘飞机只需10分钟即到。

冰岛蓝湖位于美洲板块和亚欧板块之间的断裂带，冰岛这块天然的冰雪世界由此拥有了一份地心的热情——火山和温泉。也正因为这份与众不同的特质，使冰岛成为地球极北之地难得的度假之选，温泉和火山也成为吸引游客前往冰岛旅游的“皇牌”。

冰岛西南部，距离首都雷克雅未克大约39千米的蓝湖地热温泉，是冰岛最大的旅游景点之一。蓝湖所在地是地球上地下岩浆活动最为频繁的区域之一，这种活动加热了蓝湖，使得水体蒸腾。蓝湖因湖底蕴藏了大量的硅，终年呈深蓝色，因而得名。

蓝湖方圆3千米，位于一座死火山上，被一片黑色火山岩所环绕。在这里，海水从地下高热火山熔岩层吸收热量，变成160摄氏度的水蒸汽，用来发电，而后“废水”便流入死火山口，形成蓝湖，因此蓝湖是少见的咸水温泉。经过这样的“过滤”，蓝湖的水中富含矿物，被医学家认为有很强的医疗保健价值。在前往蓝湖的途中，可以轻易地发现地理景观的明显变化。靠海岸公路旁偶有小渔村，进入内陆后，公路两旁更为荒凉，一望无际的火山熔岩上长满苔藓植物，像是大地铺上了一层软软的地毯。突然，蓝湖犹如一颗蓝宝石，镶嵌在苍茫的群山中，湖面上热气弥漫，如烟似雾。融入其中，感觉仿佛沉浸在迷蒙世界里。

冰岛最适合旅游的时间是6月至8月。传统的冰岛主食是鱼和羊肉，熏鱼和干鱼是世界闻名的特产。三文鱼和熏鳟鱼是值得推荐的美味。在冰岛吃的都是冰岛当地的肉，尤其是羊肉，得益于1000多年来传统的放牧方式，肉美味鲜，不可不尝。

提起法国普罗旺斯这个城市，所有人心里大概都会浮现出漫山遍野的熏衣草美景。5月初，法国的普罗旺斯开始迎来一年中最美丽绚烂的季节——熏衣草花季。紫色的熏衣草处处可见，普罗旺斯好像穿上了紫色的外套，香味扑鼻的熏衣草在风中摇曳。要体会大自然的奇妙和熏衣草的美丽，最佳方法当然是骑自行车欣赏沿途风景。骑行在熏衣草田间，可以看到自行车上、牛头上、少女的裙边插满深紫浅蓝的花束，整个山谷弥漫着熟透了的浓浓草香。

在普罗旺斯看熏衣草，除了欣赏熏衣草本身带来的美丽，当中更有“熏衣草节”及嘉年华值得游览。熏衣草节的内容是镇上的男女老少穿着19世纪的农夫、更夫、淑女、乡绅的布衫绸服，骑坐着100年前的脚踏马车，牵着他们的牛、羊、鸡、鸭，带上他们用熏衣草做的肥皂、香水，塞满熏衣草花仔的药枕头和当地产的蜂蜜牛扎糖、香瓜、陶器泥塑到村外的树林里摆摊子。还有青年男女和孩子们围成圈跳普罗旺斯舞，热闹好玩。

普罗旺斯各个等级的宾馆和旅舍有很多，住宿相当有特色，如同当地多元化的生活风貌。从市区的豪华大饭店到乡间的民宿农庄，应有尽有。由于靠近地中海地区，普罗旺斯的食品以热辣及丰富的海鲜闻名。当地人爱吃西红柿，他们叫它“爱情苹果”。野味方面则有肥嫩山鸡、兔肉等。

克罗地亚的普利特维斯湖群，俗称“十六湖”，是世上少数拥有相近地理面貌的风景区，其景色与中国的九寨沟颇为相像，因此，又被称为“东欧的九寨沟”。穿越其中，你仿佛走进一个童话中的世界，梦幻而美丽。

公园由16个湖泊组成，沿河道上游到下游，一个一个地连绵串联起来。茂密群山中，无数瀑布层层越过钙华堤，连成16个美如童话的仙境湖泊。十六湖地处喀斯特地貌区，由于湖水富含碳、镁、钙质的石灰岩沉积物，水质清莹、碧绿，构成一道独特的自然生态景观。湖水会随着日光和四周森林颜色的深浅变化而变化，这样的美景，经常会让人忘情地停下脚步。最特别的是，在倒于水中的树木上，钙结了一层古铜色的物质，致使树皮更加光洁可爱，且不朽烂，形成罕见的水底玉树奇观。

湖区总面积2万多公顷，长10千米，各湖面高低错落悬殊，湖面落差达134米，形成数百条大大小小的瀑布。它的十六个湖泊被瀑布互相连接起来，为这幅优美的风景画添上了几分动感。诸湖之间形成瀑布群，其中最大瀑布落差达76米，并呈梯状一节节飞流而下。湖泊两岸断壁悬垂，湖与湖之间又有蜿蜒的木桥相连，便于观赏。

十六湖国家公园内建有旅馆、商店等接待设施，辟有汽车露营地及电动游览车、游艇、游船等游娱设备，供游人进行划船、钓鱼、游泳等活动。

东南亚顶级度假村享誉全球。在2007年至2008年之间，众多顶级度假村落户于此，经过时间的历练与游人们的检验，这些度假村脱颖而出，有着很好的口碑，成为假期的下榻首选。除了位置绝佳，个性独特之外，这些度假村的共性是拥有细致完善的服务——训练有素的服务生、贴身管家令人备感亲切。此外，环保也是风行于度假村的主题，这些度假村的设计团队无不将环保融入设计。

泰国攀牙湾的环保主题、极强的私密性、SPA、美食、独幢柚木别墅都特别值得体验！在这个世界上，也许没有比过上一段逃离现实的生活更让人向往的了。搭上私人游艇前往Yao Noi岛，海风吹来阵阵略带咸腥的潮湿，这样的时光便开始兑现。40分钟后即可到达。木制的小刺猬是进别墅前的擦鞋垫，木制小鱼可以开合的眼睛代替了生硬的“请勿打扰”的牌子。卧室、起居室分别设立在两栋泰式传统柚木木楼中。卧室窗外就是攀牙湾的美景，环顾卧室，粗大绳子编织的把手、木制的窗户、手工制的香皂、手工纸制的菜单，令人渐渐融入这返璞归真的氛围之中。即便脚力再好，也很难在一个下午将度假村游遍。在绿色基调的餐厅里，60厘米厚的玻璃铺在地面，下边是山谷溪流，需要些勇气才敢踩上去。

越南芽庄那错落有致的别墅位于岩礁之上，设计因地制宜，矿泉疗养池风格非常独特。以禅为概念的矿泉疗养池建筑位于群山环绕之中，远离动力车的喧嚣。矿泉疗养池的正门很小，穿过去是拥有莲花与佛塔的水池。大堂的北侧则是一片绿油油的稻田和茶园，呈现出“绿色酒店”私人享受的绿色奢华。

矗立在稻田里的餐厅是度假村的一大风景，如果记不住名字没有关系，只要你对服务生示意，没有人会带错路。高处的房间坐拥绝佳景致，以绿色和树木为主题的设计很精巧，露台下是游泳池，游泳池内碧蓝的水清澈无比，仿佛蔓延到天边，令人心神空旷。

会安小镇是越南本土色彩与法式情调的结合体。越南的情调与整个东南亚都不相同，但这个国家有着清新的花香、身穿奥黛（越南的传统服装）的朴素少女的飘逸身影，更有着复杂而多姿的历史与文化。这里是越南所有激情的交织地，宽大的落地窗、百叶窗、古老的烛台、丝绸制作的垫子和沙发，海风穿过浓密的椰子树，让人想起杜拉斯在《情人》中的种种描述。

印度尼西亚巴厘岛设计独特，视野开阔，别墅的超大面积适合于家庭旅游。来到这里，需要先仰望那片美丽的珊瑚礁，在那里，岁月凝聚着巴利岛之美。这里的西班牙、地中海菜系的菜单看起来有些头大，但如果不喜欢这些菜，你的选择要更多些，比如熟悉的意大利面、墨西哥菜都能寻觅到。

老挝琅勃拉邦的设计结合老挝传统与殖民文化，餐厅以美景调味于美食的创意令人欣赏。酒店落足于琅勃拉邦的小山之上，设计中吸收了佛教元素，突然进入，仿佛误闯进了一处静心之地，站在酒店门口看着远处的山水和依稀闪现的寺庙屋顶，印象中的老挝会全部集合出来，所以你不得不惊叹它选址的高明。

老挝特有的平实朴素与法式浪漫的细节，体现在房间的设计上。棉、竹、丝绸搭配在传统的家具上，沉厚与轻盈形成对比，感觉更适合将优雅装在内心深处的人。类似休闲的餐厅是琅勃拉邦最佳的餐厅，有着米其林星级厨师，出品传统老挝美食，环境宜人，坐在室外，脚下是青山，远处是落日，是真正的美景佐餐。

点评与建议

选择什么季节是去国外度假不能不考虑的因素，况且这里面还涉及价格问题。每个季节度假村的营业状况都不相同，对于大多东南亚国家来说，每年的12月至次年1月是欧美国家的大假时间，度假的客人较多，价格也较高。尽量选择打包价和促销时段。但即便此时，依然可以找到性价比最好的度假村，每家度假村在此时段也会争取客源，推出客房打包价、美食打包价，或者是入住三晚赠送一晚，可以到各个度假村的网页或者是发邮件到销售部门查询。事实上，很多度假村设有婴儿托管服务，尤其在大假期间，有些度假村推出的打包价中含有免费婴儿托管服务。合家出行的人，应尽量选择别墅，这些度假村中的别墅面积都很大，性价比高于普通房与套房。

此外，大多度假村只为入住别墅的客人提供贴身管家服务，管家会协助游客把度假村的一天安排得井井有条，不会出现游客来到在餐厅却无座位的状况。在度假村，有鲜花、音乐相伴的烛光晚餐已不是什么新鲜事物，所以与管家探讨一下，可以将晚餐设计得更为别致，比如举行一次礁石上的烧烤晚宴。

第八章
自助旅游，丈量地球也疯狂

自助游是近年来兴起的一种旅游方式，即以最省钱的方法背着包去旅行。自助游需要自己设计路线，自己安排旅途中的一切，自由、主动、深刻、充满艰辛和诗意，利用现代文明带来的便捷，却又不受商业的蒙蔽和束缚的旅行。旅游中所涉及的吃、住、行、游、购、娱，所有事情全由自己搞定，操作起来比较烦琐，但却摆脱了从前旅行社预先安排好的行程模式，更加随心所欲，自由自在，充满了多元化的个性元素。自助旅游已成为重要的旅游趋势，无论老少，凡是希望享受自由、深入、有特色旅游的人，都会加入自助旅游的行列。

国内徒步旅行经典线路

普通的旅游路线令人难以记忆犹新，如果在你一生中可以尝试以下列举的国内经典徒步线路，即穿越阿尔山国家森林公园、穿越阿拉善沙漠绿洲、去长白山观瀑布赏天池、攀登华山险峰、观赏黄河壶口瀑布和如画美景漓江，想必这“心跳感”会让你生难以忘怀了。

“阿尔山”意为“热的圣泉”，有独特的火山地貌。阿尔山国家森林公园非常适合徒步穿越，且很多地方适宜扎营。春天的阿尔山，充满温情，有连绵的山峦，碧绿的森林，怒放的杜鹃花，平坦的草原，清冽的山泉……经典的徒步路线是从杜鹃湖到驼峰岭的15千米路程，路途轻松，陆续经过湖泊、草场、森林、火山湖泊，白桦林、落叶松、杜鹃花海随处可见，风景迷人。驼峰岭天池是阿尔山森林公园最美的景区。但下山的路有点陡，需要小心。景区其他景点还有神奇灵秀的三潭峡、火山喷发遗迹石塘林、鹿鸣湖、哈拉哈河等。

以乌兰浩特为起点，打出租车前往乌兰浩特的成吉思汗庙，简单逛一下约需一个小时，然后前往阿尔山市，车程280千米约5小时。到达阿尔山市找个酒店住下，晚上可以在市区转转。

第二天早晨从阿尔山市包车前往阿尔山森林公园，车程约90千米两小时。在阿尔山售票处可买一张景区地图。阿尔山公园用一天时间就能转完。景区既有便宜的农家院又有高档的酒店。

第三天返回阿尔山市，午后乘车返回乌兰浩特。

腾格里沙漠多为新月形流动或半流动沙丘链，一般高10至200米。除了美丽的天鹅湖、月亮湖、蚊子湖，沙漠中还分布有500多个咸、淡水湖泊或盐碱草湖，适合春、夏、秋三季观光。经典的徒步路线是从西夏王陵出发，途径阿拉善腾格里沙漠、天鹅湖、东兰湖、蚊子湖，最后到达月亮湖。

在宁夏银川游览“东方金字塔”西夏王陵、博物馆、艺术馆、三号陵、碑林。游览后建议租当地的车前往巴彦浩特，银川到巴彦浩特100千米左右，行车大约3小时，沿途经过贺兰山三关口，然后抵达阿拉善左旗中心城市巴彦浩特。

第二天早餐后从巴彦浩特出发，乘车行30千米后抵达腾格里沙漠边缘，即天鹅湖入口处。在吉普车陪护下徒步穿越沙漠还是很安全的，但是要记住多买两箱水和一些吃的，可以到天鹅湖野餐。下午乘吉普车继续在连绵起伏的沙丘中穿越28千米沙漠，需要两小时，中途景色美的地方可随时停车拍照。抵达沙漠腹地的另一个绿洲东兰湖后，可以在当地牧民家的院子里扎营或直接住在牧民家。

第三天早餐后，乘车在沙漠中越野30分钟到达第三个很美的绿洲蚊子湖，从蚊子湖下车徒步12千米左右，即到达月亮湖。赏完美景，吃完午餐，乘吉普车返回巴彦浩特，车程62千米，一个小时即到。

第四天早餐后，乘车出发，返回银川。

长白瀑布宏伟壮观，高达68米的瀑布落地如雷声贯耳。瀑布口有一巨石将瀑布分为两股。两条玉龙似的水柱勇猛地扑向凸起的石滩，冲向深深的谷地，溅起几丈高的飞浪，犹如天女散花，水气弥漫如雾，仿佛“银河落下千堆雪，瀑布飞流万缕烟”。天池在长白山巅的中心点，群峰环抱，海拔约2150米，故名为天池，是我国最高的火山口湖，静美若仙境一般，适合春、夏、秋、冬四季观景。经典的徒步路线是从长白山瀑布到长白山天池。

以延吉为起点，乘车前往长白山，车程4个小时，找地方入住。第二天早晨进入长白山景区大门。

景区有免费电车送往小天池、地下森林等景点（不包含长白山天池）。在小天池下车观景后，沿栈道徒步前往长白山瀑布，大约40

分钟就到。继续向前就是上长白山天池的长廊（长廊是到天池水边的路，不能登高望远），走约一个小时即到达天池水边。游玩后原路下撤到瀑布下，再沿右手边的木栈道行走约30分钟，经过温泉就能到达上长白山的越野车车站，买车票乘越野车上到长白山南峰。下车徒步观长白山天池全景后，再乘越野车返回山下。有时间还可以去景区内的地下森林游览。

第三天返回。

坐落在陕西省华阴县境内的华山，是“五岳”之一，以雄伟奇险闻名天下。最高海拔2100米的华山，山路险峻，处处悬崖峭壁。“自古华山一条路”，很多人视游华山为探险。带够你的胆子，来一趟不一样的“奇险天下第一山”之旅吧。徒步华山，险道之最首推“长空栈道”，它如一道奇异的仙练镶嵌在南峰绝壁。“栈虽有铜柱铁索拦护，然阔不盈尺。”置身其中，直觉背空脚虚，骨松筋紧，胆大者有凌空欲飞之感，胆小者心生抵近鬼门之忧。另一险道是在华山东峰悬崖上凿出的“鹞子翻身”，行人到此须面壁挽索，伸脚探寻石窝，交替而行。其中几步须如鹰鹞一般，左右翻转身体才可通过，艰险空绝。“千尺幢”在华山峪古道“回心石”上，是经华山峪登主峰的必经之道。这里原为一崖间裂隙，直立70度，后来人们沿隙凿拓成路，有石阶370级，阶宽仅容半足，游人登临时，仰视一线天，俯视若临深井。原来幢口置有铁盖，盖上则可完全封闭路径，1949年解放军智取华山时，此处就成为国民党残匪妄图负隅顽抗的天然屏障。华山很险，要正确判断自己的能力，如“鹞子翻身”、“长空栈道”等还是很危险的。华山适合春、夏、秋三季游览。经典的徒步路线是从咸阳出发，途径西安，到达华山高空栈道。

以咸阳为起点，参观咸阳周边很多的名胜古迹，大约需一天时间。游完咸阳后，第二天可打车前往西安骊山景区、兵马俑游览，车程约一个半小时。用大半天的时间游览骊山与兵马俑，就包辆车前往华山，西安到华山大概100千米，两个小时左右到。山上物价很贵，建议自己带食物。晚上可在华山脚下住一晚。

第三天早上6时开始爬山，大概中午到北峰，然后依次是中峰、南峰，下午4时或5时左右到东峰，找个地方休息。翌日早上在东峰看完日出，去西峰，那里是华山最高点，然后下山。到山脚下玉泉院大概是下午两三点左右。

壶口瀑布是黄河流域的一大奇观，是我国第二大瀑布。瀑布位于山西省吉县县城西南25千米的黄河壶口处。黄河巨流一路奔腾，到此被两岸苍山挟持，由300米宽骤然收束为50余米，于是狂腾怒啸，山鸣谷应，形如巨壶沸腾，最后跌落深槽，形成落差达50米的壶口大瀑布。其实壶口瀑布的宽度和高度都不算大，值得人们惊讶的是其流量相当可观。四月初，一旦冰河解冻，秒流量由最少时150至300立方米骤增至1000立方米以上，最高时达8000立方米，巨流夹着大量冰块冲击而下，如狮吼虎啸，震天动地。到夏季，秒流量增至1000至2000立方米，这时，由于下游水位下降，落差加大，巨瀑破空而下，激起的水柱像箭一样直射苍穹，刹那间，一支支水柱又化作细小的水珠，遂又形成迷蒙的白雾，偶又显七色彩虹，惊险、磅礴。徒步时，注意看壶口黄河水跌落的地方，有一块油光闪亮的神秘“龟石”，据说能随着水位的涨落而起伏，不论水大水小，总是露着那么一点点。在壶口瀑布往下3000米的河道中还有一块巨大的奇石，人称“孟门山”，上刻“卧镇狂流”四个大字，河水至此乖乖地从巨石两侧飞泻而过，然后又合流为一。在壶口瀑布偏北不远的地方，有座人祖山，相传伏羲兄妹之所以成为人类最早的祖先，就是因为在此山“隔沟滚磨”，经上苍同意结成“天下之合”。壶口瀑布适宜春、夏、秋三季观景。

以临汾为起点，乘车赴吉县壶口瀑布景区，约180千米，车程4小时。沿途可参观唐朝桑蛾古槐、孟门山大禹塑像。大约中午抵达壶口瀑布，可先在民俗村入住，体验窑洞生活，品特色农家菜。午餐后参观国家级风景名胜区、国家地质公园、1990年版伍拾元人民币背景图案、《黄河大合唱》作曲灵感地——壶口瀑布，游览十里龙槽、河清门、清代长城、明清码头、飞黄纪念碑。

第二天上午乘车回临汾。

桂林市区的“两江四湖”环城水系，景色秀美。徒步走过的是独秀峰、王城景区、广西贡院、正阳步行街，南行不远是著名的象鼻山。再沿滨江路北行就是秀雅的中国古典式园林衫湖、榕湖、丽湖、宝贤湖。一路既有幽静的景致，又有喧闹的街市，感觉别有韵味。冠岩距桂林市29千米，是一个具有千年人文历史的地下溶洞。乘船游“百里画廊”漓江是经典的观光方式，但见两岸土岭青葱，翠竹、茂林、田野、山庄慢慢退后，九龙戏水、浪石烟雨、八仙过江、九马画山等佳景映入眼帘。“桂林山水甲天下，阳朔山水甲桂林”。阳朔的自然奇观月亮山——山顶有一个贯穿的大圆洞，田园风光最佳处大榕树，和聚满老外背包客、透着浓浓小资情调的岭南古镇西街，不能错过。桂林适合春、夏、秋三季观景。经典的徒步路线是从桂林出发，途径冠岩、漓江，最后到达阳朔。

在桂林可游览桂林市区。晚餐后漫步（或者乘船）游览“两江四湖。这里万盏齐明，双塔映月，桥跨银河。

第二天早上乘车或租车前往冠岩。桂林汽车总站有到冠岩的专线车。

第三天早晨，从桂林乘车至磨盘山码头，乘船游览漓江风光。中午到达阳朔，上岸便是西街，可徒步游览阳朔陆地风光。晚餐后回桂林。

点评与建议

户外徒步是很多人钟爱的旅行方式，但安全第一是户外轻松徒步的前提。在户外活动中，适当地利用装备如登山杖等，有时候能获得事半功倍的效果。另外，每一个参与者在徒步的时候，还需要多留心，清楚自己的位置与方向。

具体说来，徒步旅行者遵循以下的原则，会让徒步旅行更加轻松、自在、精彩。

首先，要掌握行走技巧。一是要按照自己的速度来走。不要逞强埋头猛走，这样会大量消耗体力，结果是欲速则不达。如果和很多人一起徒步，最好找一个和自己速度差不多的人同行。二是科学地衡量自己的体能。头几次外出徒步的时候最好坚持走若干个小时，而不要计划一定要走多远，通过这样的几次摸底，对自己的能力有所了解之后，再适当增加徒步穿越的强度。三是学会休息的步法。对于走路，每个人都有一套自己的办法，在徒步的时候，应该用一个自己比较舒适的方法走路，这样体力能够得到科学有效的利用。四是在徒步的过程中要注意科学地休息。一般每走50分钟需要休息10分钟，不同的人可以根据自己的情况衡量加减。五是不要只顾低头走路，而错过了周围的风景。在户外徒步，强身健体只是其中一个目的，不要为了一些所谓“自虐”的目的来暴走，大强度的体力付出，有时候会得不偿失。记住户外徒步的时候，最恰当的速度是能够维持自己走一整天的速度。

其次，徒步的时候要“多吃多喝”。多吃多喝的定义不是暴饮暴食，如果吃得太多，估计路可能都走不了了。这里的多吃多喝是指吃喝的频度，徒步的时候，人体的热量损失大，为了补充体力，需要及时补充水和食物。在爬大坡之前可以适当地多喝一些水。如果天气比较热，流汗多，可以在饮用水中适当加点盐。

再次，用登山杖助行。最好有两根可以自由伸缩、携带方便、有防震功能的专业登山杖。如果没有，当然也可以就地取材地用树枝、木棍代替。虽然不是“丐帮”，但是有了登山杖，就等于有了一根“打狗棒”，逢村过寨的时候，可以用它来对付野狗。当在凹凸不平的山路上前进的时候，登山杖可以保持身体平衡，避免一些摔倒或磕磕绊绊的发生；过河的时候，登山杖使身体又增加了支点了，有利于在湍急、湿滑的河流中保持平衡；上坡的时候，登山杖可以提供助力，下坡时可以帮助减少膝部的震动，减少对身体的伤害；走在有灌木丛的山路上时可能会有蛇，这时可以用登山杖在前面探路，起到打草惊蛇的作用；休息时可以用登山杖把地席支起来做一个简易的遮阳棚来遮避太阳；冬天的时候，经过有雪的低矮树木时，可以用登山杖把树枝上的雪打下来，这样雪就不会掉在身上了；有的登山杖还可以作为照相机的独脚架使用，在徒步的同时，如果还有摄影的爱好，这种登山杖是个不错的选择。

最后，学会正确判定方向和时间。徒步的地区，大都有当地人活动，可以根据小路的大小或有无经常走动的痕迹来进行判断。如果徒步的路线曾经是热点路线，可以留意路上是否有一些先行的徒步爱好者留下的路标。在前进的时候，要随时注意所经过的明显的自然标志，如河、湖、岩壁、形状比较有特点的山头等，这样一旦迷路也可以根据这些标志找回来时路。如果没有携带指南针，在有太阳的时候，结合时间，可以通过看自己的影子，来判断自己大概的前进方向。每个地区太阳下山的时间都是有一定的规律的。可以向当地人咨询一下当地太阳落山的时间，根据时间及时地寻找营地或准备休息，要尽量避免走夜路。徒步的时候最好戴手表，这样对时间能有一个清晰的概念，知道自己还有多少路程要走。

4天时间驾车两省疯狂游

自驾游属于自助旅游的一种类型，是有别于传统的集体参团旅游的一种新的旅游形态。自驾车旅游在选择对象、参与程序和体验自由等方面，给旅游者提供了伸缩自如的空间，其本身具有自由化与个性化、灵活性与舒适性及选择性与季节性等内在特点，与传统的参团方式相比具有独特的魅力。

现在，让我们来看小A和他的伙伴们在4天的时间里，驾车疯游两省的经历。

一年的工作像绕着磨盘的驴子一样，日复一日，压得小A和他的同事们喘不过气来。虽有几次想出行，但总是计划到万事俱备时，又出了突发事件需要处理。身心在一次次泡汤的计划中感到疲惫不堪。进入12月中旬，在忙完了总结、评比等事情后，终于可以休年假了。本来想和同事去张家界，但同事因故走不了，只好改变计划。有些事情，想到了，就马上去把它做了；否则，拖得时间越长，计划越周密，结果往往可能就做不成了。两天前，小A和几个“臭味相投”的哥们姐们一拍即合，走！去湖北！耍子去耶！

车子沿京港澳高速公路一路向南，在发动机欢快的轰鸣声中，脉速表表针迅速地爬升上140，司机小A不禁长长地吁了一口气：终于出来了！不知怎么的，小A脑海中闪现出煮酒论英雄后，匆忙带兵逃出许昌的刘备的一句话：“吾乃笼中鸟，网中鱼，此一行如鱼入大海，鸟上青霄，不受笼网之羁绊也！”

车子在高速上一路超越。虽只是辆比亚迪F3，但在小A的手里，也开出了所向披靡的感觉。他和哥们驾驶技术都超强，虽然好车比他的车速度快，但一经过几辆大车排成的车阵，小A基本上不用刹车，左侧有空左侧超，右侧有空右侧超，速度始终不减，如此往复，把大部分车都甩在了身后。

中午时分，到了郑州刘江黄河大桥。他们找了个能看到水的地方停车照相。黄河水越发的少了，将近10千米宽的黄河大桥，有水的地方不超过两千米，这里已经看不到“黄河之水天上来，奔流到海不复回”的气势了，有的只是稀疏的河水，宽阔的河床，但唯一不变的是那浸润华夏民族几千年的黄色。小A站在大桥上照相，脚下的桥面随着大风和来往的车辆在抖动，让哥们姐们兴奋不已。

继续往南行，景色变得逐渐养眼起来。出发时，保定的树上已经片叶不存，光秃秃的枝桠戟指苍天。一路狂奔，等到了南阳时，不觉已是另一番风物了，两旁以丘陵地带为主，树青草绿，“山不高而秀雅，水不深而澄清；地不广而平坦，林不深而茂盛”，果然是诸葛隐居的好地方。下午5时，太阳已开始西斜，红通通地在车外跳动着，一路随行。

夜幕降临时，小A杀进了襄阳城。时间紧迫，他们只想看一眼襄阳古城就走，因为按计划当晚要住十堰的。可进城后正赶上高峰，“车如流水马如龙”，湖北人开车还比较愣，硬插硬挤，好像他们的车都不怕碰似的。小A一路躲闪，一路蜗行，终于在离襄阳古城近在咫尺的一个环岛堵车堵死了。四面八方的车把个环岛箍得像铁桶一般，密匝匝风雨不透，针插不进。车是困住了，但车里的人的思想不能停滞，小A想起了“铁打的襄阳城”，想起南宋末年时，蒙古铁骑攻打襄阳8年才攻陷，今天他真正见证了襄阳城的固若金汤，牢不可破。半小时后，在几个交警连吼带骂的疏导下，把大公交们清出环岛，车子才重新开动，他们终于杀出一条血路，逼近了襄阳古城。

襄阳古城始建于汉，唐设砖墙，历来为兵家必争之地，屡经战火洗礼。现存城墙为明洪武年间重筑。因其城墙坚固，城高池深，易守难功，素有“铁打的襄阳”之说。夜幕下的仲宣楼、昭明台雄伟壮观，高大厚重，但已被鼓楼外灯红酒绿的商业门脸所淹没，虽金碧辉煌，却也缺少了当年铁打的豪迈。城楼下的内城，也成了卖各种旅游特色纪念品的集中地，让人索然。小A他们只在昭明楼下稍事休整照相，留下自己到此一游的身影，便又驾车突出重围，赶赴他们今天的落脚地——十堰。

走襄十高速公路，向西170千米，就到了著名的汽车城——十堰。十堰因车而建，因车而兴，中国东风第二汽车公司即设在此，号称“汽车城”、“卡车之都”、“东方底特律”。但大家兴不在此，今晚好好休整一下，明天就要到他们此行的第一个目的地——武当山去求仙问道。

武当山历史悠久，最早见诸记载的是西周时净乐国太子曾来此山修道，历经40多年终于得道成仙，被后世尊称为“玄武大帝”，山也因只有玄武才可当之的意思被称做“武当山”。

小A他们来到前山第一站太子坡，跨过一座遍布青苔的小石桥，复真观在一条绿树掩映的石径上方。整个太子坡布局独特，建筑随山势回转起伏，建夹墙复道，曲曲弯弯，犹如波浪起伏，故称“九曲黄河墙”。传说，净乐国太子在修道过程中，曾一度因畏难而放弃，后见一老婆婆用铁杵磨针，顿有所悟，回心转意，再度修行，终成正果。看来修仙也并不总是那么逍遥，也是困难重重的。修仙如此，人生亦如此。根据后人对武当山的研究，整个武当古建筑群按人界、地界和天界的等级排列，天、地、人按1比2比3的比例来分布，也体现了道家“一生二，二生三，三生万物”的理念。

第二站琼台中观就坐落在天柱峰东南麓。这里群山拱列，中观平坦，日月经天，如在怀抱，体现了“万物负阴而抱阳，冲气以为和”的东方智慧。在三清殿烧香时，一名小导游热心地指导小A烧香拜神的仪轨，讲各种真武大帝的传说和典故。烧完香后，小导游告诉他们可以抽上一签，然后到侧殿解签，并特别声明，抽签解签都是免费的。小A想既然都是免费的，不妨试一试手气。侧殿一张桌子后端坐一个面带忠厚内藏狡猾的道人，接过小A的签后，马上展开如簧巧舌，呱呱呱呱地讲了起来，说是下下签，明年几月之前要注意。小A恍然大悟，一下子明白了他的用意，哼哈支应着，静待道人口吐莲花。果然几分钟后道人终于交了底：要想转运的话，你需要求一盏莲花灯放在祖师殿中长供，大灯699元，小灯399元。小A说爬山时没带那么多钱，灯就不请了，自己会诸恶莫做，众善奉行的。道人马上变色，分手时连"无量佛"都免了。出殿后小A问其他几个伙伴，同自己的遭遇都差不多，看来清净之地也不清净呀。

中午时分，大家终于登上了海拔1612米的天柱峰金顶。整个金殿用100多吨铜铸成，接缝处灌以黄金焊接，按照明成祖朱棣的要求，峰顶金殿完全依照北京紫禁城的规格来修建，大殿仿照紫禁城的太和殿铸造，采用了中国古代建筑中皇帝才可以使用的最高等级"重檐庑殿，九彩斗拱"，还有明亮的鎏金处理，气势恢弘，历经千百年雷击火炼，依然金光妙相，熠熠生辉。站在金顶极目远眺，群山环峙，苍翠如屏，七十二峰尽收眼底，大有君临天下之感。

在下山索道中，小A不禁又回望武当，突然发现一个惊人的秘密：武当天柱峰远望酷似一个形态逼真的巨龟，背甲高耸，驮负金殿，翘首远眺，吞吐苍穹，而下面蜿蜒的城墙恰似巨蛇缠龟。玄武！龟蛇相绕就是玄武的化身，再以金殿镇之，真是天造地设，巧夺天工。小A不禁更加佩服古人的智慧和道家的莫测高深。

下山后已经是下午5时，继续往前奔吧，又驱车将近500千米，赶到武汉已是晚上9时了，安顿下来，寻到当地一个有名的小吃街大快朵颐。小街不大，密麻麻挤满了各种小吃摊和热火朝天的食客，腊鸭脖、鸭肠、猪蹄莲藕汤、锅贴、煎饺、油炸臭豆腐……种类太多了。

看着各种小吃在铁案上煎得金黄，“嗞嗞”的声音从人的耳朵传进去，直接就到了胃，恨不能从胃里长出只手来穿过喉咙一把将好吃的抓进来。太饿了。几个人先强作镇定咽着口水把小街从头到尾转了一遍，各自将想吃的牢牢记在胃里，然后两人找饭馆占桌子，两人回头逐个把垂涎已久的小吃买回来，摊满了一桌子，没想到这地方还能买到二锅头，酒菜都齐了，开膳！觥筹交错间，大伙儿对此次出行做了一个阶段性回顾，一致认为出游的最高境界就是：臭味相投，一拍即合，说走就走，有多远，滚多远。

一夜无话。早晨一觉醒来，已是天光大亮。宾馆已过了餐点，正好去尝尝心仪已久的热干面。小A下楼买了张地图，稍事研究，找准了黄鹤楼的方向就出发了。其实地方并不远，穿过武汉长江大桥不一会就到了黄鹤楼。停好车，想找家面馆，却误打误撞到了传说中的户部巷。

户部巷是一条长150多米的百年老巷，因毗邻户部衙门而得名，现已成为武汉最著名的早点摊群。小巷入口处，铭刻着武汉市著名曲艺表演艺术家何祚欢写的小记“汉味早点米当先，户部巷里快热鲜”，另一头的巷口两座石狮矗立，上方是著名书法家陈义经用泰山石刻风格题写的“汉味早点第一巷”。蔡林记热干面店里人声鼎沸，不算小的店面被挤得满满的，许多食客都在排队等候，狂咽了半天口水后，热干面终于上桌了，香气扑鼻，面条根根纤细劲道，色泽金黄而油润，再拌以香油、麻酱、熟花生、辣椒，直吃得人满口留香，回味无穷，不由感叹：作为保定人，每天能吃上驴肉火烧就感到很幸福了，没想到武汉人更有口福呀，日进一碗热干面，不辞长作武汉人”啊。

黄鹤楼是武汉最著名的景点，几已成武汉的标志。它傲然耸立在蛇山之上，面临浩瀚长江，与龟山隔江遥遥相对。古人吟咏黄鹤楼的诗句很多，如“故人西辞黄鹤楼，江花三月下扬州”、“谁家笛里弄中秋，黄鹤归来识旧游”，但最耳熟能详的还是唐人崔灏的那首流传千古的七律名篇：“昔人已乘黄鹤去，此地空余黄鹤楼。黄鹤一去不复返，白云千载空悠悠。晴川历历汉阳树，芳草萋萋鹦鹉洲。日暮乡关何处是，烟波江上使人愁。”此诗一时传为千古绝唱，后人无能出其右者。李白登黄鹤楼后，诗兴大发，欲题诗抒怀，但看到崔灏已妙笔先题，反复吟咏，自觉不能超越，怒而做诗“一拳捶碎黄鹤楼，一脚踢翻鹦鹉洲；眼前有景道不得，崔灏题诗在上头”，更使崔诗声名大动，黄鹤楼也因此扬名千古。

远观黄鹤楼，楼高五层，层层飞檐，四望如一，雄浑而不失灵动，精巧而不失大气。登顶远眺，武汉三镇风光历历在目，万里长江奔腾东去，一桥飞架南北，龟蛇牢锁大江。极目楚天，胸襟也为之一宽：蜗角虚名，蝇头微利，算来为甚干忙；粪土功名，浮云富贵，尽随黄鹤远去！

黄鹤不可寻，且去拜罗汉。驾车穿过长江大桥，小A他们来到归元禅寺。归元寺开山祖师白光法师原为汉阳知府，有感于明末战乱频仍，生灵涂炭，百姓民不聊生，辞官而去，建归元寺用以普度众生。归元寺殿宇宏敞，古朴幽深，处闹市之中而独得其妙境。整个平面布局呈佛教中的“袈裟”形状，打破了中国一般寺院沿着中轴线递进的传统格局，而是采用江南曲型建筑风格，黑瓦白墙，高低起伏，疏密相间又自成一格。归元寺的美在于它的古拙。不论是大门、大厅、大殿，都古色古香，丝毫没有现代化的痕迹。而美中之美，乃是寺中的五百罗汉。据说归元寺的罗汉堂是最灵验的，五百罗汉造型优美，形态各异，或坐、或卧、或颦、或笑，无不栩栩如生。小A也加入了数罗汉的行列，先任意选一尊罗汉为起点，顺序数下去，一直到你的岁数为止，这尊罗汉就是你的护身罗汉，能预测一年的吉凶祸福。小A数的是第二百六十尊圣峰慧尊者，诗云：“莲花瓣上一露莹，天地精华铸君魂。炫目光环人人羡，不知勤奋方始成。”果然好签！心情也为之一振，武当山抽下下签那点不快早就随风飘散了，不禁感叹：还是佛知我心，佛光普照呀！

出了归元寺，大家突然觉得武汉没什么可转的了，几人对着地图商量了一下，荆门、宜昌太远了，还得往西走，不如往回沿途找个城市，最后决定去许昌。于是回宾馆退了房，回师杀奔许都。

许昌位于河南省中部，为中原的腹心地带。公元196年，曹操迎汉献帝迁都于许，使之成为当时中国北方的政治、经济和文化中心。公元220年，魏文帝曹丕废汉立魏，因“魏基昌于许”，改许县为许昌，为魏五都之一。从此，许昌之称一直沿用至今。

一到许昌，大家就感受到浓浓的三国文化。国内其他地方三国真迹遗存并不多，而许昌一地即拥有三国遗迹遗址80多处。著名的有曹丞相府、春秋楼、灞桥挑袍处等。郭沫若曾作诗云：“闻听三国事，每欲回许昌。”

春秋楼是关羽的家宅。屯土山约三事后，关羽归附曹操，操赐宅一座供关羽及二位嫂嫂居住，关羽于其宅中，每日读《春秋》不止，故名“春秋楼”。这里高达15米的关公塑像，为全国之最。其实小A一直不太喜欢关羽这个人，英雄虽是英雄，但是过于唯我独尊，刚愎自用了，就是因为他在荆州不同东吴搞好关系，屡屡激怒孙权，才失荆州、走麦城，兵败被杀，而他的死也直接导致刘备寻仇，彝陵兵败，白帝城郁郁而终。刘备欲图天下的霸业尽毁于关羽一人之手，让后人扼腕叹息。

拜完了“武圣人”，小A他们又去朝见曹丞相。曹丞相府是曹操处理军国大事的地方，曹操就是在这里“挟天子以令诸侯”，加九锡，封魏王，后曹丕篡汉，这里又成为魏国的皇宫，由相府到王府再到皇宫的演变，见证了曹魏王朝的兴衰成败。整个景区包括3个主题，有反映曹操求贤若渴、知人善任的“求贤堂”，有反映他运筹帷幄、决胜千里的“议事厅”，还有体现曹操文学才华和生活侧面的“赋诗楼”。小A认为，曹操一生雄才大略，但死后被后人丑化成“奸臣”形象，确实是有点冤枉，有点委屈。相府后院的大型脸谱群让他们兴奋不已，尤其两位美女更是变化各种造型与自己喜欢的三国人物脸谱合影，让古典与时尚和谐地定格在这个冬日暖暖的阳光下。

之后他们又去了灞桥挑袍处，这里是关羽向曹操辞行的地方。转完这个景点，他们也要辞行了。踏上回家的路，心情还是不能平静，四天时间驾车奔驰2700千米，两省疯游，玩够了吧，该回家歇歇喽。小A和伙伴们相约：明年找辆大车，去西藏！

点评与建议

小A和他的同伴们像风一样自由，无尽的漂流，自由的渴求，所有沧桑，他们独自承受了！但不能不说，小A他们在自驾游过程中还是存在一些问题。

其实，以自驾车作为旅游手段时会有一些特殊的注意事项，如出发前的准备，行路和游玩技巧及安全驾驶等。下面，我们从5个方面来具体说说自驾游应该注意的问题。

其一，做好出发前的行车准备。一是检查车况，检查轮胎（包括备胎）老化及损伤程度，判断其是否可以完成行程。检查制动系统，主要检查制动效果、制动液是否有渗漏、制动液是否缺少。检查电瓶、机油、冷却液、转向助力油是否正常。如果车刚进行完维修或保养，不要马上驾车出游。如果正时皮带到了保养手册要求的更换时间了，在出行前最好换条新的。二是带好三证一卡。除了带足钞票外，别忘了带驾驶证、行驶证、身份证、保险卡，如果是长途旅行，三证是缺一不可的。还要注意以上证件是否都已审验了。此外有些地方查车时要查养路费和车辆购置税证，最好带上，有备无患。三是带好随车工具，如千斤顶、轮胎扳手、一字和十字改锥、手钳、至少一把死扳手（根据自己车的情况配置）、一只活动扳手、一根5米的拉力不低于1500千克的牵引绳、一个工作灯（手电筒也行）。如果旅途比较漫长或到人烟稀少的地方去，有条件的话不妨准备个好一点的启动电源、电动充气泵（选择那种可以长时间连续工作的）、一把补胎锥和几根补胎塞条（使用极为方便、简单）、一个备用油桶、一副40A的电源搭线。四是行车必备用品。地图和GPS导航仪是驾车旅行不可少的东西。地图的出版永远赶不上道路的建设，所以除了要准备一本比较全的行政地区图及高速公路地图外，尽量能带上一台GPS导航仪。还要检查出行资料，早做准备，了解目的地及沿途的情况，资料来源于媒体、书报杂志及网络，主要涉及路况、路线、沿途社会状况、消费状况等。根据这些资料，制订出行计划。五是提前预订酒店。只有充足的睡眠才能保证第二天精神抖擞地上路，选择酒店不能马虎。住在规模较大的酒店可以享受到优质的服务，而且住宿停车都安全。尤其在节假日期间，著名旅游景点城市酒店都爆满，如果提前预订，就不用花时间四处寻找酒店，为住宿问题犯愁了。六是备好车家两用冷暖箱、车用饮水机、灭火器、停车警示牌或警示灯。

其二，准备驾车旅行用的生活用品。一是衣物。俗话说出门在外，饱带干粮，热带衣。天气冷暖无常所以必备的衣物是不可少的，除了随身用于洗换的衣物外，根据季节的不同，要适当地带一些防寒、防风、防雨的衣物。其中风雨衣是驾车出游必备的衣物。二是应急药箱。创可贴、云南白药、绷带、医用胶布、体温计、退烧药、止泻药、止痛药、风油精或清凉油都应带一些。如果去的地方常有毒虫出没，那么蛇药最好还是备一些。三是针线包。大小号的缝衣针各准备一两根，线要结实，稍粗一些。针除了缝东西外，也会有其他的用处，比如挑扎到肉里的刺。四是电源。随车带一个12V变220V的电源逆变器，一般可选功率300W左右的即可，可以为手机、DV、电脑等有220V电压要求的用电器提供即时供电和充电，而不会损坏这些设备。五是自驾出游前必须准备好露营时所需的工具，帐篷，铲子，一些食物，饮料，以及止痛药都是必备的。谨记出行安全，如果遇到危险情况要及时拨打求助电话或是打出SOS警报。对于自助游可自行购买短期出游意外保险，找保险公司或者网上购买。

其三，在开车行进过程中有一些注意事项一是在高速路行车忌超速。长途自驾旅行会遇到各种路况，在高速路上行驶时，最忌讳超速驾驶，超高速驾车需要驾驶员注意力高度集中，极易产生疲劳感，加上高速上景色单一，时间长了，驾驶员容易注意力分散，应急能力也随之下降。所以在高速公路上，最好不要长时间在超车道上行驶。二是驾驶犯困最危险。不要长时间驾驶是老生常谈的问题，尽管如此，还是不少交通事故都是因为疲劳驾驶引起的。三是冷静应对突发事件。计划没有变化快，比如你设计好的线路段正在封闭维修，也许地图上标注的路段已经改道，即使是最先进的全球导航仪也有不灵的时候。这时你要做的是下车问路，问路选择也有技巧，养路工、警察、当地司机对路线最了解，先找他们询问，最好多问几人，以求得到最准确的信息。宁可边走边问，也别等开出几千米发现路不对再返回。另外，选在白天行车，尽量不开夜车，尤其是在不熟悉路况的陌生环境中时。每天在开车前都要检查车况，轮胎、水箱、机油、电瓶和制动液，不够的加满，漏油、漏液的及时补救，以免行车到前不着村、后不着店时出故障，让人措手不及。

在这里，有两方面问题需要强调，就是驾驶技巧和安全问题。

关于驾驶技巧。冬天里的落地雪是造成车祸最多的原因，因此雪地平路要连续点刹，下坡路要用低档，上坡路最好不要停，以防不能起步。正常行使可以适当拖挡（低速高挡），增加前进阻力。后轮左右甩时要向甩动方向打方向盘。连续下山，刹车片过热引起制动不灵，停车等待自然冷却。千万不要用水冷却。如果是后半夜行车，会车时要连续变换远近光灯，提醒对方注意，对方有可能在打瞌睡。对方远光灯不关，一定要提前减速，预防同方向的拖拉机等不明物。白天在山路弯道行驶，一定要行驶在自己的车道（看不见对面的情况），高速下坡转弯时，一定要提前减速。野外临时停车不要停在转弯处。某一方向视线不好、大坡度、有可疑人逗留、或者其他你感觉不稳当的地方都不要停车。长时间开车（连续行驶3小时以上），将驾驶座位向后调，到最大限度为止，仰躺着开车以降低身体疲劳程度，要养成这个习惯（身材矮小者不宜）。下雨时一定要注意路滑，因为路面上有油污。路面聚积雨水过多时，不要加大油门冲水，以免影响制动和电气件进水，应低档稳速行驶。

关于安全行车。车队行驶中通过手机保持联络，请勿使用手机播放音乐或长时间聊天；行驶途中如发现异常情况或有需要临时停车要立即通过手机通报；到达住宿地点要注意及时充电。建议新手不要租车自驾游，刚学会开车的本本族，对车不熟悉容易出事。路边或夜间停车时,务必检查门窗是否锁好；同时,贵重物品一律不要暴露和留在车内,以免引起路人忽起歹心，铤而走险。尽量避免赶夜路。姑且不论发生拦抢的危险,夜间驾车的疲劳也容易发生大祸。跑远途时，要在出发前给油箱加满油；如果目的地比较偏僻，要考虑自备一些燃油。如果自备燃油，要选用全封闭、金属外壳的安全容器。远途开车，最好选一个懂得车辆基本修理技术的人同行；同时，如果有条件，最好两辆以上的车同行，可以彼此照应。每开两三个小时最好停车休息一下，既可以避免疲劳驾驶的危险，又能防止长时间驾驶对身体健康造成伤害；另外，也有利于缓解长途驾驶对车辆部件的疲劳损伤。不要随便搭乘陌生人，而且要在顺手的部位放上防身用具，灭火器、防盗锁，也可以预防不测。随身携带电话本，并在第一页写明自己的姓名、单位、亲人及朋友的电话，万一发生意外时，抢救人员能及时和家人取得联系。控制车速。外出旅行行驶在空旷平直的大道上，人由于兴奋很容易发生超速从而导致危险。外出旅行要备足钱款，除了准备预计的开销钱款和携带信用卡外，务必额外准备一些现金，以备发生诸如剐蹭等小事故与人私了。

其四，掌握游玩策略。温泉现在全国各地都在搞，哪里都有泡，水质各不同，所以不一定要花时间去泡，何况这样的地方节假日人都比较多。现在漂流价格不低，黄金周人非常多，而且这样的活动确实不合适老人小孩玩，放弃为好。一些收费很高不知道什么来历的寺庙和景点，不是都非去不可，比如去什么“十大水乡”，选一个就可以了，选择全部游览一遍浪费的时间和金钱实在没有必要。不管是城市还是旅游区，星级宾馆通常是比较昂贵的，而民居则存在停车安全问题。所以，去到一个新地方，单位的招待所，如银行、商业系统、学校等的内部招待所是不错的选择。到了一个城市，不品尝当地的小吃就太遗憾了，去当地特色的小吃店，才能品尝到地道的当地风味，加深对风土人情的了解。另一种就是自己休闲逛街，专找本地的菜市场、老街而去，通常都能找到便宜又味道好的本地人常去的地方。至于大菜，就算特别有名也不是非吃不可，如全聚德的鸭子。不一定非要面面俱到，但是要注意卫生，旅途劳累，身体抵抗力下降，行程中更要注意饮食卫生，如果病倒在路上就麻烦了。国内各个城市的商场都差不多，可自由市场就不一样了，带有一个城市深刻的烙印。逛逛当地的自由市场，能更深切感受到这个城市，这是跟团旅游享受不到的“特权”，选购些地方特产带回家，是送给亲友不错的礼物。

其五，归来后的补给。驾驶员一定要在回来前保障充足的睡眠，这样才有精神应付长途驾车。更重要的是，一定别忘了系安全带，哪怕你的车有最保险的安全气囊。回来后除了车身的清洗打蜡是必做的功课外，最好对进气通道、喷油嘴、化油器及空气滤清器等进行清洗或更换。底盘检查是车辆跑长途后很重要的检查内容，包括对散热器、冷凝器、空调管路、油底壳、悬挂及传动部件的检查。此外，还要检测轮胎气压和做一次四轮定位，这不管是对人对车都是一个必要的保护。自驾游环境变化不一，车辆工作负荷大，其各种油液要比平时消耗得快，因此要格外留意。其中冷却液、发动机油、变速箱油、差速器油等关键油液尤为重要，如果发现亏少或变质一定要及时进行补充和更换。一定要注意，添加的机油、水箱水应当是厂家指定的相应规格产品，至于电池电解液，则必须是纯净的蒸馏水。车辆清洗干净后对车辆外观和风挡玻璃进行仔细检查，做到心中有数。因为高速行驶的车辆正面很可能受到砂石粒的撞击，易造成前风挡玻璃、车身漆面受损，这时发现可以及时打蜡或点漆进行补救，或向保险公司报案维修，将损失降至最低。也可以把车送到4S店或专业的汽车维修中心进行检测和保养。

总之，自驾汽车出外旅游，只要在自驾游准备、车队行走、车辆驾驶及技巧，以及驾后保养等几个方面做得到位，就能保证安全出行，达到尽享美景，愉悦身心的目的。

北方海滨疯狂一游

北方的海滨，有着20多摄氏度的凉爽的气候和清澈的海水，诱惑我们逃离蒸笼般的城市。这里为你提供山东半岛以及大连的海滩避暑指南。

青岛是个海滨城市，像这个城市的姑娘一样爽朗大方，浪花和老洋房们更为她戴上一枚浪漫的发簪。从第一海水浴场到第三海水浴场，再加上石老人海水浴场，青岛海边实在是个泡澡乘凉的实惠地段。

第一海水浴场是最方便到达的一个，因此算是最大众化的一个海水浴场，白天近沙滩的海边，下海的人特别多。在黄昏的时候，会有许多人提着小桶，在海边的礁石上捉小螃蟹，场面十分欢快。每逢夏季，对面的汇泉广场都会举办青岛啤酒节，叫上两扎生啤，握着烤鱿鱼串，台上的歌手时而摇滚时而“老鼠爱大米”，人立刻就能兴奋起来。晚上的时候，幸福的青岛市民会摇着蒲扇，端出家里的小板凳，坐在沙滩上，吹着25摄氏度左右的海风。这里坡缓沙细、水清浪静而著称，浪高仅为1米左右的平静海面，十分适合开展海上娱乐活动。不过人多脚印杂，建议可以晚上来乘凉。

第二海水浴场背靠八大关，是青岛著名的别墅区，绿树葱郁，尖顶的红瓦灰墙随处可见。每条街上栽种的植物都不一样，一条路一种风情。当然，还有一种永恒的风情，就是在八大关，永远可以看见3个新娘弹钢琴、5个新娘荡秋千这样壮观的场面，这里已成为婚纱摄影基地，平添了一番浪漫。站在最漂亮的花石楼往下望，也一样，白裙飘飘的新娘站在黝黑的礁石上，已经成为一道风景。第二海水浴场只有在夏季才对外开放。浴场由宁武关路入口处分为东西两部分。只是这两年海水不是很清澈，靠沙滩的地方海草丛生。

相比起来，石老人海水浴场远离市中心，游人相对较少。此地因一块海中奇石像极了一位老人，因而得名。石老人海滩的沙子极细，浪花极高，一个大浪连着一个大浪，适合戴上墨镜，两个人懒洋洋地晒个日光浴，或者窝在凉棚下打牌、“杀人”，还可以堆城堡、打沙滩排球。石老人海滩有比市区更宽阔平缓的岸滩和洁净细软的沙质，相对适合对海滩要求苛刻些的游人。

江湖上素来有“北有威海，南有三亚”的说法。威海的海，从脚下一直蓝到天边，深不见底。难怪隔海相望的韩国人要打着“飞的”，来威海度周末呢。沙滩美梦，海鲜美食，韩流时尚，在这座城市里收集了一切梦想。

在环海路散步绝对是一种享受，这个路段车辆稀少，一路上有沙滩，有峭壁，有山峰，有渔村，还有静泊在港湾的渔船。可以顺着海岸线步行，到临海的峭壁上野餐。夕阳西下时，恰好可以走到海水浴场游泳。傍晚开车绕着漫长的环海公路兜风更叫人惬意。环海路沿途能看到礁石、渔船、沿海特有的红瓦民居渔村，还有茂密的濒海森林。在山海间的路上看太阳沉落，一片绯红。

海堤东面是麻枷山，西边是烟墩山，两山构成的半月形海湾，使浴场浑然成月牙状。海水浴场设有游乐园、水上世界等一切娱乐设施。游泳累了上岸，可以去附近觅食，如果你是韩国料理的粉丝，首推光明路上的韩国餐馆，一句“阿酿，哈瑟哟！”之后就是正宗的石锅拌饭和烤五花肉。如果是北派海鲜的拥趸呢，去码头边上打个边炉，吹着海风，吃餐海鲜，比青岛还要便宜些呢。这里海蓝沙细，海边不是椰林成影，而是北国的千亩松林环绕，不但可以听海涛声，还可以听松涛声。

成山头海边有很多岩石千姿百态。海涛汹涌，忍不住要背一下曹操的“东临碣石，以观沧海”这样的诗句来助兴。海面上还有一尊宏伟的灯塔，1874年英国人在成山东端建了一座高16米多的灯塔，灯光折射21海里，到现在也还能正常使用，为了防止海上大雾船只看不见灯光，辨不清方向，灯塔旁又建造了一只大雾笛。每遇大雾天，雾笛隔两分钟便自动鸣笛一次，笛声可以传到30海里远，袅袅不断，奇妙得很。成山头被评论为“中国的好望角”的确夸张，但那波涛汹涌的气势，配得上“中国最美海岸”的大帽子。

长岛就在蓬莱的对面。到长岛就一定要住一住“渔家乐”，住烦了酒店、吃腻了桌菜的都市客们在这里很容易找到另一番滋味。干净简单的家居式小旅馆，母亲般操持着家务的大婶以及新鲜可口的家常饭菜都会给人清新亲切的感受。

鲅鱼水饺是不可错过的美味，饺子皮儿精薄，而且馅特多，一个个饺子晶莹剔透，咬一口鲜嫩纯正，香而不腻，令人回味无穷。吃完饺子就该去岛上逛逛了，小小的长岛珍藏着不少美景。

九丈崖和月牙湾都属岛礁景点，濒临大海，悬崖峭壁，海天一色，纯属天然景观。走在九丈崖，右边是茫茫大海，波涛起伏，左边是险而高的崖石，突兀异常，脚踏的是九丈崖掉进海边的崖石，在行走中，海水不时拍打着礁石，打湿了鞋和裤腿，再加上阵阵海风吹拂，崖上不时滴落的水珠掉在头顶，似细雨靡靡，使人顿生凉意。月牙湾的美在于其形。一道弯弯的月牙横亘在海面，给波澜壮阔的大海带上了一条玉带。走进月牙湾，置身其中，反倒感觉不到它的形状的美，想必是人和浩瀚的大海相比，太渺小了，就如一粒沙石跌落在海边，又怎能体会到整个大海的滋味呢？月牙湾的美在于其石。这里是鹅卵石状如鹅卵，晶莹剔透，有白色，有红色，有灰色，很讨人喜欢。听人说，这些卵石质地纯净，是稀有的工艺品制作材料。长岛人常说长岛就是蓬莱海市蜃楼中出现的仙山，从地理角度讲的确如此，而当人们在炎炎夏日中踏上这个平均气温比内陆低上好几摄氏度的小岛，真会有到了清凉仙境的感觉。

蓬莱阁凭海而立，阵阵清爽的海风拂面而来，向南望去是蓬莱市区的一片高楼林立，北面就是一望无尽的蓝色，而蓬莱阁就像一位历经岁月的老人，含笑望着大海和城市。蓬莱阁下是濒海的丹崖山，丹崖拔海而起，通体赭红，与浩茫的碧水相映，时有云烟缭绕，蓬莱阁高居其上，“仙阁凌空”确实像一幅美丽的图画，在此阁上仰望蓝天，真有一种要飞翔的感觉。蓬莱阁是名副其实的空中楼阁，其下为断崖峭壁，倒挂在碧波之上，偶有海雾飘来，层层裹缠山腰，画栋雕梁，直欲乘风飞去。游人居于阁上，但觉脚下云烟浮动，有天无地，一派空灵。

乳山市位于青岛、烟台、威海三市之间，是座干净漂亮的小城市。乳山海阳所镇的沙滩绵延20千米，沙质细腻松软，洁白如银，和北海的“银滩”有得一拼，所以也命名为“银滩”。尽管这片沙滩的天然海水浴场可以同时容纳15万人，但根本不会有这么多人出现。乳山的沙滩是安静和悠闲的。如果你沿着潮汐湖拦潮大坝往东走，就能看到银海路南边有一个长达4千米的半月形海湾，湾内沙滩平缓，从岸边缓缓伸向大海，它有个好听的名字叫珍珠湾。假如你很享受乳山银滩的海水，那不妨在度假区内乳山最大的沿海渔村——大陶家住一天，头戴箬笠、身披蓑衣的渔民会亲自为你撑篙掌舵，无论是乘船去海钓，还是等到落潮滩显时去抓螃蟹、小鱼、小虾、贝类，海边的生活都会给人带来夏天的新鲜乐趣。这里有地瓜汤、鱼锅饼子、小咸鱼、虾酱、糕角、大枣饽饽、鱼干、海菜包子等美食，值得一品尝。

海阳是烟台的一个县级市，与青岛、烟台和威海三个城市分别相距100千米。最令人向往的是：海阳有一片被称为“中国的黄金海岸”的沙滩，名字也很有气势，叫“海阳万米海滩”。这里海水碧蓝，沙滩长10多千米，宽有150米，最与众不同的是，这里的沙子细得像粉，抓一把沙子扔掉后，手掌上干干净净的，留不下任何泥尘。

这种沙子在国内外都是少见的。西班牙只有大加那利岛南部海滩的沙子如此。当你一进入位于海阳市凤城镇的“万米海滩”风景区后，迎接你的首先是一条宽阔笔直的水泥马路。马路两边是已经建成和正在建设的漂亮楼宇及宾馆。马路特别宽，有一段竟然是双向10车道。沿着海滩的是宽阔的滨海大道。沙滩质量的好坏直接关系到游人在那里能不能产生浪漫的想象和情感的火花。你的脚会告诉你，在这片干净细腻的沙滩上，你可以停留很久。

荣成的海草房令人惊叹。海草房又叫海苔房，是用在胶东沿海一种特产的海草来盖屋顶，因而得名。海草是在浅海生长的野生藻类，春荣秋枯，成熟的海草被海浪卷上岸，渔民们就地取材，筑屋而居。用海草做的屋顶耐腐蚀，防水吸潮，冬暖夏凉，居住舒适，百年不毁，这样的房子可以说是真正的生态民居，是独具特色的民间建筑。荣成宁津所是保留海草房最集中的地方，至今还有明代留下的海草房一条街，是当年屯田军户修建的。这些房子不仅都铺满海草，而且都是特有的三角形高脊大陡坡结构，目的是易于排泄雨水，以免海草腐烂，石头墙显出天然质朴的美。当地老年人介绍说，修建一座房子需要近500千克海草，以前，年轻人从小就积攒海草，为的是成年后能够盖一栋海草房来迎娶新娘。海草屋顶至少可以40年不漏水。可惜的是，由于海洋养殖、海洋污染等原因，近年来海草已经很难找到，这种古老的可以保暖挡雨的建筑已经被瓦顶房屋所代替，但是住在海草房里的老人都不愿意离开，这些房子留有他们一生的记忆。

大连有最具异域风情的海滩。大连是三面临海的城市，只需百步，就走到了海天一色的沙滩边，这样的生活怎能不让人向往？中心广场、城市沙滩、异域建筑……这个“北方的香港”既风情时尚，又饱含历史的痕迹，大连人的生活，真叫人好生羡慕。

大连人说，金石滩国家旅游度假区的十里黄金海岸是中国北方最佳的海滨浴场。走在金黄的沙滩上，脚下的沙子柔软而有质感。在十里黄金海岸，不用担心会被晒伤，因为这里是全部使用防紫外线设施的海滨浴场，沙滩凉亭、帐篷、阳伞，以及上百张大小、色彩各异，颇具浪漫气息的张拉膜，众多的遮阳设备或是用无污染的草做顶篷，或用防太阳黑子的材料制成，让你放心地与碧海蓝天亲密接触。你可以来个传统的“洗海澡”，还可以尝试一下帆板、沙雕、沙滩摩托、沙滩排球、沙滩足球，只要你有精力，就不愁玩不HIGH。玩累了，就躲在遮阳伞下打瞌睡。金石滩的海边奇石，风化后有的像大象，有的像小鹿，有的像海龟，有的像小狗，还有的像大鹏展翅、贝多芬头像、九龙壁等，你可以展开自己的想象，没准别人都没发现的恐龙奇石就出现在了你的眼前，大自然的魔力在此处显现无遗。金石滩的美食也不少，海鲜大排档、海鲜烧烤美食广场以及各家食府里，你既可以一尝海鲜的美味，还可以享受丰富的东北农家菜，花盖蟹、赤甲红、秋虾、大连鲍鱼、野生海参、东北焖菜、山鸡炖蘑菇、大饼子咸鱼……望海听涛，细品佳肴，真是快哉快哉！大连的无敌景观加上完备的设施是吸引游客的最大卖点。

受到欧陆建筑风格的影响，大连的城市布局与中国其他传统的城市很不同。在大连，城市不是由井字形的道路构成的，而是与巴黎类似，由众多的城市广场、环绕广场以及从广场放射出的道路组成。每一个城市广场都是大连的秀丽名片，比如人民广场上的女骑警、友好广场上的大玻璃足球，而星海广场更是堪称亚洲最大的滨海广场。面积超过了两个天安门广场大小的星海广场，耸立的汉白玉华表、雕琢着天干地支等图案的大理石、沉稳的九鼎、环绕的宫灯……一切都是那么的气势不凡。广场的北面是星海会展中心，这让星海湾成为大连的会展区。广场的南面是百年城市雕塑，雕塑是一本翻开的书，雕塑前有100对类似香港“星光大道”的脚印，象征着大连走过一百多年的城市历史。沿着这100对脚印，就走到了海边的沙滩上，柔柔的海风拂面而来，硬和软的交界，是那么的无声无息。

点评与建议

感悟所有途经的地方，都注定是留不住脚步的驿站，即便再喜欢，也要一次次挥别那里的云和海。因为永远都有远方在等待。但是，去海边旅行也有很多需要注意的问题，下面就给大家讲讲徒步海边该注意哪些细节。

到了海边，换好游泳衣后，稍微活动一下身体，喝点水，吃点东西，切记不可吃得过饱，八分饱就好，不然入水后会很难受的。入水前轻微活动全身各关节，防止入水后突然抽筋。

水性一般的人最好不要太往海里走，海和游泳池不同，海有潮涨潮落之分，一旦涨潮，离海边距离变远，体力消耗过大极其危险，每年都有因为这样的原因而丧命大海的游客。最好多人一起下水，同伴中至少一人带一只救生圈，以防万一，别因为会水就骄傲起来，怕人笑话不按导游说的做，常游泳的人都知道，往往出事的都是会水的，说就是这个道理。生命最宝贵，在这种时候千万别跟生命开玩笑，面子不是这个时候照顾的。另外，不要在水中过分嬉戏以防止呛水，如果身边的东西被水流带走追不上就千万别再继续追，以免被暗流卷跑。

去海边要带药，这不是小题大做。最起码要带一包创可贴，海底的暗礁可不长眼，划个口子可是家常便饭。除了创可贴，还要带上利特灵（治拉肚子的）、清凉油（防治中暑的），有其他病史的就自己多备些常用药。这些东西不怕多，也不占多大地方，不过打包时记得写清品名，以免吃错药。

海边的阳光不比平日里的，在海边玩时常会忽略掉，所以这时千万别赶时髦玩什么阳光浴，否则三五天皮肤又痛又掉皮的。

另外，下面这些情况下不要下海游泳：酒后和饭后、剧烈运动后、月经期、高血压患者、心脏病患者、中耳炎患者、急性眼结膜炎患者、某些皮肤病患者。同时，不要忽视泳后卫生。泳后应马上用软质干巾擦去身上水垢，最好用淡水冲洗，滴上氯霉或硼酸眼药水，擤出鼻腔分泌物。如若耳部进水，可采用“同侧跳”将水排出。之后，再做几节放松体操及肢体按摩或在日光下小憩15至20分钟，以避免肌群僵化和疲劳。

以上这些是经验总结，也算是生活中的一门学问，应该切记！

国外徒步旅行经典线路

徒步的魅力，在于无穷的探索和发现、远离尘嚣的绝世美景，在行走的过程中不断挑战自我、超越自我。每走完一段路程，欣赏完一段风景，都会感觉心中豁然开朗，充满了对生命的无限希望和热爱，这样的户外活动方式，怎能不让人心生向往？让我们来感受一下山间郁郁葱葱的绿色，空气中青草迷人的芳香，艳阳下挥汗如雨的爽朗，踏上那些不容错过的徒步之旅吧。

下面这些国外徒步线路堪称最原始、最壮美、最神秘。它们是：列入美国国家公园的大烟山，印加古道，加拿大魁北克，意大利五渔村，哥斯达黎加的云雾林，爱尔兰西南部，俄勒冈步道，希腊克里特岛，不丹，瑞士，加拿大新斯科舍省。每一条线路都有它的独特魔力，每一条线路都让你欲罢不能！

长期以来，大烟山一直被看做切罗基族印第安人的发祥地，这是一片饱含丰富自然和悠久历史的区域。这里的山峰常年被神秘的蓝灰色青烟所萦绕，切罗基族将其命名为“大烟山”。这片雄壮的高山是阿巴拉契亚山脉南部的最高点。1934年，这片区域被列入美国国家公园名录。而今天，它拥有2万多公顷土地，成为美国东部最宽阔的旷野。漫长的步行线路，将带你领略丰富的自然景观和历史景点，包括130多种树木、1500多种花卉和200多种鸟类。位于瀑布和山林中的那些神奇住所，依然珍藏着一些先民的遗迹其中有欧洲移民者建立的原木小屋、农场住房、研磨器和谷仓。踏入这片广阔富饶的森林，跟随切罗基族印第安人最初的足迹，步行者们将追忆起那些曾经的拓荒者。

印加古道可以说是秘鲁最具特色的徒步线路之一，其全程分布在高海拔的安第斯山区，不仅道路崎岖，沿途还横亘着3座隘口，通常需要4天3夜才能走完全程，徒步难度较高。古道沿途的哨卡、驿站和祭典中心等遗址，处处弥漫着印加古老文明的神秘气息。一步一个脚印地走完印加古道，一层层揭开印加古文明的神秘面纱，到达著名的印加帝国失落之城——马丘比丘，是绝对值得体验的非凡之旅。

加拿大魁北克靠近美国北部，是块风景优美的土地。步行穿越这里，你将发现这里是一片自然与文化的天然宝藏。莎昆峡湾入海口是一片风景独特的自然生态区，清澈的河水和海水的潮汐在这里融为一体，为旅行营造出绝妙的氛围。花岗岩的悬崖峭壁直插入圣劳伦斯河，岸边是逐水而聚的村庄。有着四通八达小路的沙格奈国家公园，已被联合国教科文组织列为世界遗产。花岗岩山峰、明亮的湖泊、深阔的峡谷、高悬的瀑布，以及老鹰和雪鹅……都是这里常见的景致，而在附近那些地道的小客栈里，可以享受到法国–加拿大式的招待。

你不妨想象一下，你正走在一条风景秀丽的海边小径上，一边是地中海，另一边是山脉，而前面则是意大利渔村。将这种新奇的感受增强5倍，就是这片连接着五渔村的神奇土地带给你的惊喜。沿里维埃拉列凡特的台阶山路行进，就进入到一个小村庄。这里色彩柔和的建筑带有明快的百叶窗，附近的小港口里停泊着绚丽的小船。走过一些意大利小吃店和一间孤独的修道院，到达布满岩石的海岬，周围是蔚蓝的大海，上面是清澈的天空。然后继续穿过丛林向下走，到达很受欢迎的芬诺港，再航行穿过诗人海湾海峡。这条路线将使你品尝到利古里亚人的美食，包括那富有特色的意大利面香蒜酱——采用当地生长的紫苏调制而成。仅此一点就成为附近村庄的厨师和餐厅得以炫耀的资本，他们都宣称自己拥有最好的调料。有一种奇异芬芳的干白葡萄酒，就是特定采用五渔村梯形葡萄庄园的葡萄酿制而成。

哥斯达黎加的云雾林是热带雨林的一种，通常靠近海岸山脉的顶峰，终年积云覆盖。徒步穿越哥斯达黎加，意味着你将穿过崎岖的坑地、潟湖、瀑布、淡水池塘以及宁静的海湾，亲身体验大自然的变化无穷。头顶是高耸入云的云雾林大树，身旁宽阔的河水穿过茂密的灌木丛，从森林上空摇晃的吊桥走过，居高临下地欣赏这片神奇的自然景观，在鲜明的色彩和空旷的天籁之声中体验难得的感官刺激。而那些景色中不时出现的哥斯达黎加宿营小屋，会使你探索这片神奇土地的激情一直燃烧下去。

在爱尔兰西南部，斑驳的小路将徒步者带到爱尔兰岛的尽头，这片壮观的大地充满了迷人的传奇故事。爱尔兰精彩的历史画卷将浮现眼前，那些古老的修道院和城堡与奇异的乡村小屋毗邻而建。走进丁格尔半岛，路的一侧是那些与巨大悬崖相映成趣的石屋，而远眺另一侧可以看到远方海中的岛屿。前往半岛西端的斯莱角的远古铁器时代的废墟，或者在基拉尼国家公园一段覆盖着苔藓的林荫小道中漫步，或者乘船去寻访基尼湖中因尼什福伦岛上的历史遗迹，还可以徜徉在凯瑞郡迷人的沙丘里。徒步能让你发现种类繁多的野生动物，包括红鹿、水獭和凤头鹏鹕，越靠近基拉尼湖动物带给你的惊喜越多。走到小农庄，你可以一边享用健力士黑啤，一边品尝饶有趣味的、富有当地文化特色的酒馆午餐。晚上，你可以在绝妙的乡村酒店里体验爱尔兰式的热情招待。

俄勒冈步道上留有韦瑟·刘易斯和威廉·克拉克征服西部的足迹，横跨这片崎岖起伏的领地。行程从胡德火山的山脚开始，顺着哥伦比亚河，经过几个瀑布后，你将看到巍峨的山脉和开满野花的草地。继续登上圣海伦山，它以1980年的爆发而闻名，有一种苍凉美。在亚当斯山附近的丛林高原中，野鹿在杉树穹盖下游玩，引你来到隐秘的湖泊和沼泽地。脚下湍急而过的河流给行程增添了无尽的活力。附近小镇里的果园则为美景增添了几分妩媚。这条俄勒冈步道还有着悠久的印第安文化传统，这片地区的人类文明可以追溯到几千年前。而当地出品的上等葡萄酒、甜味香草和新鲜鲑鱼……这些美景中的美食，都使步道倍添神奇。

希腊克里特岛，这片遥远的目的地显得别具特色。在这里，你将走过隐秘的海湾，下降到一个不被众人所知的峡谷，然后沿着鹅卵石的小路到达深蓝色海边的白色沙滩。途中，你还可以为自己加上游泳的项目，或者在客栈里享用午餐，在橄榄树树荫下野营，静静欣赏广阔的地中海风光。克里特岛的最大魅力在于它是欧洲文明的发源地。米诺斯文化以及它的传奇故事和丰富的宝藏对于那些历史学家、考古学家们和旅行者们具有恒久的吸引力。从百年老城查里雅的古老港口漂到遥远的南方海岸小岛，然后步入迈诺斯王的宫殿。只有克里特岛神奇动人的自然景色可以和它声名显赫的历史相媲美。难怪仙境的寓言和人类的文明，会同时诞生于这座希腊的岛屿。

不丹王国的旅行将把你带入“现代香格里拉”的中心。远古的要塞城堡出现在地平线上；佛教的寺庙和木雕的农舍错落在肥沃的峡谷中；飞驰而过的河水流进空旷的画卷，远处是巍峨的喜马拉雅山，山顶积满了白雪。前往那些被称作仲城的碉堡式寺庙，只有步行能让你真正体验到不丹人平静而富有特色的生活。小径周围环绕着高山树林，前方是布满了杜鹃花、蓝松的山坡和种满了芥菜和荞麦的金灿灿的农场。直到最近，旅游者才被允许进入不丹，而且还只是少数的幸运儿。这些幸运的外国游客将感受到热情的当地文化、民俗和庆典。从寂静的普那卡山谷一直延伸到热闹的首都廷布的这条狭长的步行路线，能让你深切地领受这片平静、美丽的王国。这里的宿营小屋遍布森林、河流，或者山谷……与大自然的美景完美地融为一体。而当地菜肴则混入了与众不同的新鲜口味，有点辣。

瑞士的山脉平均海拔达到1351米，超过了周围其他地区山脉的顶峰高度。高山美景让人灵魂飞扬，还有什么地方比险峻的山顶更适合步行呢？沿途，你将领略两个完全不同的文化区域，聆听3种语言，拥有不同的荒野体验，以及感受瑞士人始终如一的热情。从坎德施泰格出发，索道缆车和小船将你带入鲜花密布的峡谷、纯净的湖泊和瀑布边。俯瞰峡谷，它四周被5座山峰和远古的冰河环绕，当然还有连绵不尽的山脉。结束一天的最好方式，莫过于在美景中和伙伴分享一些干酪和酸黄瓜，最后吃上一丁点的瑞士巧克力。

加拿大新斯科舍省有墨绿的山丘和崎岖的海岸线，这如碧玉般的海边风景，为徒步探险者们准备了一席超级盛宴。蜿蜒的小路将你带到景色迷人的布雷顿高地国家公园的中心——谢夫坎普。它是一座阿卡迪亚人渔村，以音乐和一种古老的勾织地毯而闻名。从这里可以前往那些秃鹰在空中盘旋的海岬。305米高的峭壁脚下就是圣劳伦斯海湾，可以通往附近宽阔的北港海滩。在这里，你可以出海观赏鲨鱼，或者在偏僻的草地上，沿着崎岖的海岸，踏着鹅卵石的沙滩，步行穿过与苏格兰有着深深渊源的渔村。

点评与建议

上述这些国外徒步旅行线路将使你享受到徒步旅行所独具的精神体验：清新的空气、无穷的发现，以及目力所及、永远更好的景色。也许只有在这种舒缓的节奏下，你才能真正享受那些自然的奇迹，品尝那些隐藏的“盛宴”。当你远离那些赶场般的快速旅行时，它们才会一一呈现。

第九章
亲情旅游，合家欢乐也疯狂

亲情游一般指一家人一起旅游。家庭亲情游所带来的快乐心情总是那样持久，一家人尽情享受其乐融融的温馨气氛。不管是带着孩子还是带着父母去旅游，不管是学习知识还是感受山水人文，一切都让全家人享受温馨，享受快乐。

带孩子体验别样的六一儿童节

当游乐场已经玩腻，当街头公园已经不具吸引力，当送玩具已经不能俘获小家伙的欢心……你还在准备传统的六一儿童节活动吗？要想过一个不一样的六一儿童节，不如给孩子来份不一样的礼物，在一家三口共游的过程中，让孩子享受别样的乐趣。类似下面的活动场所在全国有很多，比如可以在广东省中山哈利·波特魔术学校体验《哈利·波特》的魔法，可以带着孩子去张家界寻找《阿凡达》的世界，还可以自在游走于北京五大特色公园中。

小朋友在电影中看过《哈利·波特》的魔法，有没有想过在广东省中山市也有一个魔法学校呢？中山哈利·波特魔术学校，是全国首家以教学形式传授魔术的学校，位于中山市三乡镇雅居乐中心城，适合“哈利·波特迷”的孩子们到此过过魔法瘾。

中山哈利·波特魔术学校综合了中西方的魔术精髓，旗下的魔术导师都经过特别训练，精彩的魔术表演让孩子们进入一个变幻莫测、不可思议的魔幻世界，感受到魔术的神奇、刺激带来的震撼。学校为游客准备了各种新奇的大小魔术，并在为大家准备魔术表演的过程中安插魔术教学活动。魔术家和现场观众交流互动，让观众参与魔术演出，体会亲自表演节目的乐趣，兼备趣味性和知识性。一般来说，魔术师通过现场互动的方式把魔法融入大家的日常生活，手把手教小朋友一些简单的魔法，让他们体验“魔法”的魅力和成就感。当小朋友学会了小魔术，在其他小伙伴们面前该有多得意呢？

电影《阿凡达》上映的时候，几乎所有的孩子都着了迷，假如带孩子直接去张家界，寻找《阿凡达》的美妙世界，更是一种别样的享受。

进园的门票全票是248元一人，学生可以凭有效的学生证件购买优惠票，山上的环保车是全免费的，这一点让人感觉特别方便合理。其他在景区里面乘百龙天梯、索道或是观光小火车等旅游设备需要单独付费，但孩子因为进园就购买了优惠票，后面付费的这些都可以享购买优惠票。进园之后，可以选择一些合适的游玩路线。

最佳路线是徒步游览“世界上最美丽的峡谷”——金鞭溪景区，包含观音送子、猪八戒背媳妇、神鹰护鞭、劈山救母、西游记外景拍摄地、长寿泉、千里相会等景点。走完金鞭溪后，如果孩子的体力消耗较大，就从水绕四门乘坐环保车至百龙天梯下站，然后乘坐世界户外第一电梯——百龙天梯至山顶的袁家界。百龙天梯，非常雄伟，有些美景不乘坐天梯是看不到的。坐在电梯里，就像《阿凡达》中骑着魅影一样，在空中穿行。坐天梯游览这些高耸云霄的山顶美景，对于带孩子的游客是再合适不过了，不仅安全，而且便捷省力，就算孩子小体力有限，也同样能享受美景。在这么高的电梯里看风景简直是奇迹。玻璃外的悬崖峭壁、石林山峰、野生植物，一览无余。

袁家界是张家界森林公园山顶观景最为奇特壮的观景区之一，胜于黄石寨和天子山景区。袁家界景区包含电影《阿凡达》中“哈利路亚山”原型“乾坤柱”、天下第一桥、九天玄梯、乾坤柱、连心桥、中韩友谊亭、神龟问天、迷魂台等景点。如果比较累，就可以在袁家界住下。

第二天可以去迷魂台、天下第一桥、乌龙寨、天波府、神堂湾、点将台，还有舍身台、情人谷等。第三天可以去贺龙公园、御笔峰，登上天子阁，对仙女献花并周边景点尽情饱览一番。

张家界天气变化快，因此要带好雨具，还要穿一双舒服防滑的鞋，最好带一件长袖衣服，山上晚上有点凉快，以防感冒。

在北京，适合于儿童游玩的五大特色公园分别是北海公园、香山公园、什刹海公园、八大处公园和世界公园。

北海公园位于北京市中心区，城内景山西侧，在故宫的西北面，与中海、南海合称“三海”，属于中国古代皇家园林。全园以北海为中心，面积约71公顷，水面占39公顷，陆地占32公顷。这里原是辽、金、元建立的离宫，明、清辟为帝王御苑，是中国现存最古老、最完整、最具综合性和代表性的皇家园林之一，1925年开放为公园。

北海公园内亭台别致，游廊曲折。全园以神话中的“一池三仙山”（太液池和蓬莱、方丈、瀛洲）构思布局，形式独特，富有浓厚的幻想色彩。这里水面开阔，湖光塔影，苍松翠柏，花木芬芳，亭台楼阁，叠石岩洞，绚丽多姿，优如仙境，有着“仙山琼阁”的美誉。全园布局以琼岛为中心，山顶白塔耸立，南面寺院依山势排列，直达山麓岸边的牌坊，一桥横跨，与团城的承光殿气势连贯，遥相呼应，亭阁楼榭隐现于幽邃的山石之间，穿插交错，富于变化。

琼岛上有高67米的藏式白塔（建于1651年），还有清乾隆帝所题“燕京八景”之一的“琼岛春阴”碑石及假山、隧洞等。东北岸有画舫斋、濠濮涧、镜清斋、天王殿、五龙亭、九龙壁等建筑；其南为屹立水滨的北海团城，城上葱郁的松柏丛中有造型精巧的承光殿。

香山公园位于北京西北郊小西山山脉东麓，距城中心20千米，占地160公顷，是一座著名的具有皇家园林特色的大型山林公园。香山公园文物古迹丰富珍贵，亭台楼阁似星辰散布山林之间。

香山公园地势崛峻，峰峦叠翠，泉沛林茂。主峰香炉峰（俗称鬼见愁）海拔557米。园内各类树木26万余株，仅古树名木就达5800多株，约占北京城区的四分之一，森林覆盖率高达98%，近年来被有关部门测定为北京负氧离子最高的地区之一。

公园内人与自然和谐相处，鸟啼虫鸣，松鼠嬉闹于沟壑林间。这里春日繁花似锦、夏时凉爽宜人、冬来银装素裹。特别是香山红叶最是闻名。每逢霜秋，遍山黄栌，如火如荼，瑰丽无比，此时游人倍增，曾被评为“北京新十六景”之一。

盛夏的香山，古木荫森，泉溪流畅，芳草鲜美。踏入香山宫门，凉风扑面，暑气皆消。无论是在林荫道上，还是在任何一处景点观赏，或是在池泉旁、亭台上憩息，都会感觉清爽怡神，如入清凉世界。因此六一儿童节带孩子去避暑消夏，是个非常不错的选择。

什刹海风景区位于北京市西城区西北部，由什刹海（又名前海）、后海和西海（积水潭）3个相连的湖泊组成。

俗话说“先有什刹海，后有北京城”，又被称为“后海”的北京什刹海历来是老北京人休闲娱乐的好去处。因其环境优美，且民俗风韵十足，200余年来吸引了众多的官宦、名家甚至方外之人来此或修府第，或建庙宇，更为什刹海增添了深厚的文化底蕴。

现在，北京的都市味越来越浓了，能看到老北京旧时民风的地方也越来越少了，可就在这什刹海，依然能够听到秋日里清脆的虫鸣，依然能能看见老北京四合院建筑群的缩影，依然能够咀嚼京味文化。“游什刹海，看老北京”，品茗、荡舟、游王府、逛胡同，更有那纯正的京腔京韵，使什刹海大放异彩。

夜幕降临，什刹海里还有不少游船，点点船火，阵阵琴声。什刹海的摇橹船是仿照“清明上河图”中的船形打造的，古色古香。游客在北海公园北门对面荷花市场码头上船，由头戴斗笠、身着黄色短衣的船夫摇船，船上点起古老的马灯，船头怀抱丝竹乐器的乐师弹拨出轻柔动听的民间乐曲。橹船穿过老北京著名的景观“银锭桥”，游客饮茶小吃，同时观赏两岸丰富的人文景观和民俗生活景象。最为精彩的是日落日升，船行什刹海、后海，游人点起河灯放入水中，灯浮水面沿船尾浮动，忽明忽暗灿烂一片。丝竹声中岸上游人驻足观看，船上游客畅饮尽兴……

八大处公园地处太行之西山余脉，翠微、平坡、卢师三山（也有说法称西为虎头山，东为青龙山，北为翠微山）之间，方圆332公顷，最高峰海拔464.8米。三山呈环绕状，形似一把巨大的太师椅，形成了八大处特有的冬暖夏凉的小气候。得益于这种特有的小气候，八大处的自然风景绮丽动人，四季风景如画。

春天，满山遍野的杏花、桃花、迎春、连翘等纷纷盛开，团团簇簇，煞是好看；夏天，峰峦叠翠，苍秀清雅，鸟啼鹃啭，流泉汩汩；秋天，十多万株黄栌、火炬、元宝枫等各种红叶树种尽皆变色，秋霜过后，满山流丹，处处好看；进入寒冬，银装素裹，积雪凝素。公园土质肥沃，植被丰富，森林覆盖率达到97.2%。

八大处公园因保存完好的八座古刹而得名，又以自然天成的“十二景”闻名遐迩，古人赞曰：“三山如华屋，八刹如屋中古董，十二景则如屋外花园。”又有云：“香山之美在于人工，八大处之美在于天然，其天然之美又有过于西山诸胜。”

集世界名胜于一体的北京世界公园，位于北京丰台区花乡大堡台，总面积46.7公顷，距市中心16千米，距北京西客站8千米，紧邻北京花乡森林公园。

世界公园是集中展示世界名胜的公园。公园整体布局按照五大洲版图划分景区，以世界上40个国家的109处著名古迹名胜的微缩景点为主体，荟萃了世界上最著名的埃及金字塔、法国埃菲尔铁塔、巴黎圣母院、美国白宫、国会大厦、林肯纪念堂、澳大利亚悉尼歌剧院等建筑，以及意大利式、日本式花园等。

公园内设东欧、西欧、北欧、北美、南美、非洲、大洋洲、西亚、东亚、南亚等17个景区，水系分布按照四大洋的形状连通全园。园内的雕塑、雕刻有近百件，自由女神、尿童、丹麦美人鱼、戴维、维纳斯、肖邦、莫扎特等人物，精雕细琢，栩栩如生。园内设有激光喷泉、植物迷宫、童话世界等娱乐场所。

公园内还建有集餐饮、购物、娱乐于一身的、体现异国情调的国际街及国际民俗村。国际街位于公园的东北角，长约200米，面积1.5万平方米，是具有欧美风格的建筑群体，其中有意大利名店街、德国歌德美食大楼、瑞士洛桑礼品街等，主要经营各国风味及旅游纪念品，开展富有异国特色的娱乐活动等。

点评与建议

六一儿童节是每个孩子永存内心的童年记忆。在这个欢快的节日，不妨带着孩子来一次亲子游，给孩子留下更多的美好吧！

出境亲子游备受青睐

近年来，六一出境亲子游备受年轻父母青睐，不少家长更是请上年假，避开高峰时节，携子女出境游玩。具有童话之旅性质的亲子游，娱乐节目纷繁多彩的邮轮游，在加拿大多伦多大学游学，让孩子长知识的美国黄石公园，带着孩子完成一次欧洲音乐之旅，“游学”，已经成为鲜明的主题。

童话给我们的童年带来的快乐永生难忘，童话世界的美好给予了我们战胜困难的信心与勇气。孩子们的成长离不开童话，当与自己的孩子一起，亲眼看到童话世界的诞生地并亲身与童话中的人物合影时，儿时童话的记忆是否重新被唤起？

提到童话就不能不提到德国的格林兄弟，格林兄弟的童话故事《小红帽》、《睡美人》、《不莱梅的音乐家》等伴随着几代人的成长。德国童话之路从德国中部城市向北伸展，有600千米长，从《格林童话》到《安徒生童话》，在浓郁黑森林、梦幻天鹅堡中，穿插着北欧童话的清新。

在北欧著名的古典式都市、丹麦首都哥本哈根，世界上第二古老的游乐园已经有160多年历史。这里被人们美称为“人间仙境”和“童话之城”，不仅是孩子们的游玩胜地，更是各种人群的欢乐天堂，有丹麦的男女老少，更多的是慕名而来的外国游客。在安徒生的故乡丹麦，有一座欧洲最古老的也是最著名的多功能游乐园。走进这个丹麦游人最多的游乐园，就仿佛进入了梦幻里的童话世界，可以畅快淋漓地放松平日紧绷的神经，重新找回童真的快乐。

童话之路没有止境，客人们还可以到比利时法兰德斯探访丁丁和蓝精灵的故乡，在著名的“卡通一条街”，沿着3千米长的漫画墙浏览，与44个漫画人物一起展开卡通漫画探索之旅，在丁丁博物馆里找到丁丁的忠实搭档小狗白雪、脾气暴躁的阿道克船长、调皮的阿拉伯小王子、丁丁的中国好友张充任……

位于巴黎市郊马恩河谷镇的迪士尼乐园，是这个游览法国不可不去的地方，它也是欧洲的第一个迪士尼乐园。在迪士尼乐园一定的时间和地点，孩子们有机会遇到各处游走或者乘车致意的迪斯尼明星，或者与他们合影，或者和他们共进午餐，这只有在迪士尼乐园才能实现。迪士尼乐园分为5个主题乐园，都是依据传说、真实故事、迪士尼电影、科幻故事或者各种典故设计建造而成。在巴黎迪士尼冒险乐园里，你可以登上“虎克”船长的红帆船，爬上巨大菩提树钻进鲁滨逊的小屋，到骷髅岛造访加勒比海盗，逛逛《一千零一夜》中描述的市场，到“金银岛”上的山洞探险。在夏季，还能赶上园区最盛大的“烟火主题秀”。

童话之旅让孩子们难忘，邮轮旅游更能随时随地与全家共度欢乐时光。比如在皇家加勒比“海洋神话”号上、在MCS“音乐”号上、在MCS“管乐”号上、在丽星邮轮“处女星”号上……不同的价格与多种目的地，可供每一个家庭根据自己的需要与预算选择。

邮轮上纷繁多彩的娱乐节目将为全家带来无限的欢乐。客人可以带着自己的孩子，一起参加邮轮独有的旅行家课堂，手工折纸、花式浴巾折叠、串珠首饰制作，在丰富多彩的亲子活动中，感受家庭的温暖，体味家庭生活的快乐；也可以送孩子去参加“海上历奇”青少年活动计划，在他们找寻属于自己的天地和朋友的同时，也让你和你的爱人放心乐享二人世界。你可以带上全家，一同品味船上花样繁多的美食与佳酿，饕餮大餐绝对让你流连忘返；也可以和家人在精心打造的娱乐大剧院中静静地欣赏现代音乐舞台剧，品味隽永的文艺气息；

抑或是和家人在甲板上一起做运动，打打乒乓球、游游泳、跑跑步，都是不错的选择，还有儿时常玩的“跳房子”游戏，让你的家庭之旅更添一份童趣！

在不少父母心中，居住环境舒适、社会治安相对良好的加拿大是留学的候选地之一。作为一趟亲子之旅，多伦多大学当然是必到的一站。在假期，不妨带上孩子前往加拿大，游走在百年名校多伦多大学。多伦多大学是加拿大规模最大且最有影响力的公立大学，已连续多年排在加拿大大学排行榜的榜首。多伦多大学共有3个校区，游客一般前往位于市中心的圣乔治校区。游完多伦多大学，不妨前往加拿大的著名象征CN塔。登上塔顶观景平台，整个多伦多市、安大略湖及多伦多各岛屿的美丽景色将尽收眼底。另外，更可前往距多伦多仅100千米、世界七大奇景之一的尼亚加拉大瀑布，让亲子之旅融合城市风光及自然奇景。这是游览多伦多后必到的一站。

美国黄石国家公园是世界上最原始、最古老的国家公园，被美国人称为“地球上最独一无二的神奇乐园”。这里有3000多眼间歇泉、喷气孔和温泉，彩色的黄石河大峡谷、化石森林、众多雄伟壮观的瀑布……整个公园景色秀丽，引人入胜。黄石国家公园自然景观分为五大区，即玛默区、罗斯福区、峡谷区、间歇泉区和湖泊区。5个景区各具特色，但有一个共同的特色——地热奇观。黄石公园的地热景观是全世界最著名的，数以千计的沸泉和池水碧蓝的大湖深潭波涛汹涌，山声鼎沸，仿佛一炉烈焰正在熊熊燃烧。黄石河水贯穿火山岩石，长期的强力冲蚀，形成了气势磅礴的黄石大峡谷，峡谷格外险峻，动人心魄。公园四周被卡斯特、肖肖尼、蒂顿、塔伊，比佛黑德和加拉廷森林环绕。总之都可以让孩子们感受大自然的奥妙。

亲子音乐之旅剑走偏锋，往往为追求艺术巅峰的特长生准备，但任何人的生命中都不能缺少音乐，况且是有着欧洲纯正血统的古典音乐呢。

欧洲音乐之旅往往从奥地利启程，奥地利在地图上的形状像极了一把小提琴，也许冥冥之中就让奥地利与音乐有了紧密的关联。

维也纳更是全世界音乐的制高点，走在城市的任何角落都能听到不知从哪儿传来的音符，或是流浪艺人饱含深情的弹唱，或是歌剧院里空灵的表演，或是当地人家里悠扬的乐声。那些流芳百世的名字，如莫扎特、贝多芬、舒伯特、约翰·施特劳斯父子和勃拉姆斯，无一不在维也纳踩下过他们的音乐足迹。音乐博物馆坐落在维也纳市中心，保存着古老的乐器、莫扎特的乐谱、贝多芬失聪后用过的木听筒、音乐家的珍贵手稿等。在维也纳金色大厅，可以亲手触摸这个古老的音乐大厅。维也纳国家歌剧院更是展现了每年都举办盛大著名演唱会的恢弘气势。

跟着经典电影《音乐之声》那首耳熟能详的“哆、来、咪”来到萨尔兹堡。以音乐之城著称的萨尔兹堡每年都有大型国际音乐活动，走在路上，都会一不小心踩到音符。

随着音乐之旅，来到有着世界四大歌剧院之首的斯卡拉歌剧院的意大利米兰，身着华服，坐在二楼正对舞台的包厢里，欣赏经典歌剧。

在小提琴的发源地，意大利的克雷莫纳，在特拉底瓦里博物馆里，欣赏小提琴与钢琴的二重奏小型音乐会……

欧洲的音乐之旅，这一路上孩子们都不会觉得单调，因为始终有美妙的音律陪伴着他们！

点评与建议

从出境亲子游的实际情况来看，很多亲子游是为了将来的留学之路做好预热，孩子自己或者在家长带领下出国拜访名校，从感知角度对国外环境有个初步认识，更深入一步的还会安排出游的孩子在当地进行语言培训交流、当地家庭寄宿等项目，让孩子们在短期内增强适应环境的能力，以达到游学的第一个目的。美国的斯坦福大学、哈佛大学、耶鲁大学、普林斯顿大学等常青藤名校，英国的剑桥大学、牛津大学，澳大利亚的悉尼大学、新南威尔士大学、昆士兰大学、墨尔本大学等四大名校，成为出境亲子游首选的目的地。走进校园，触摸博物馆的图书，与校园工作人员交谈，坐在教室里感受座位与黑板的距离，想象几年后真正走进留学生活的情景……

在上述留学预热式的"游学"过程中，很多家长期望孩子在修学游或暑期夏令营回来之后，语言水平能有突飞猛进的增长，但是这是不现实的。在完成一次游学之后，家长应该更多地关注孩子是否有收获，是否开阔了视野，不一定要把游学局限于课堂上。

出境亲子游是一个值得肯定的旅游方式，但值得强调的是，游客出国前应该做好景点、异国文化等的功课，对行程中经过的学校、景点、博物馆等通过书籍、网络等进行了解，充分准备，目的明确。只有这样，才能通过短时间的游学旅程，收获甚丰，也可以避免发生不必要的麻烦。另外，还要保管好自己随身携带的物品，以免丢失。

带着母亲旅游的亲情之旅

“谁言寸草心，报得三春晖”，母爱一直是一个亘古不变的话题，多少文人墨客留下了流传千古的名句。高尔基说过：“世界上的一切光荣和骄傲，都来自母亲。”让母亲健康快乐，是儿女最大的心愿。要想感恩母爱，带着母亲去旅游是儿女表达孝心的方式之一。现在，就让我们来看一个儿女们带着母亲旅游的故事吧。

人到中年的芳华，眼看着春天过去，夏天来到，带母亲出游的计划一直没有实现，她内心一直愧疚不安。母亲已快80岁了，年轻时任劳任怨抚养芳华兄妹7人，重担压弯了她的脊背；再加上父亲和二哥的辞世，母亲的精神状态一直很萎靡，导致身体疾患，所以最近几年母亲的身体并不太好。也正因为如此，芳华不敢贸然带着母亲出行，唯恐有什么闪失，成为自己一生的痛。

正值侄女去北京上学，借着这个由头，芳华决定，和姐姐、嫂子一起带着母亲去京城走一圈，也了却自己的一桩心愿。当得知这个消息之后，母亲像是陡然年轻了几岁，走起路来也格外带劲，看来这个决定是该早点做的。

因为决定有些仓促，以至于没有买到火车的卧铺，芳华一直担心母亲的身体能不能受得了。但是，最让芳华感动的是，母亲整个晚上的心思都在她们几个人身上，看到她们睡得昏昏沉沉的，又是给她们披盖外衣又是帮她们伸直腿，仿佛她们依然是需要她呵护照顾的孩童，而她自己依然年轻有力。殊不知孩子们已经长大，最需要得到照顾的是母亲自己啊！

到达北京，安顿好住宿，芳华和姐姐、嫂子便带着母亲来到了天安门广场。虽然阳光耀眼，广场上弥漫着一种热腾腾的气息，但她们依然热情不减，兴致正浓。在天安门前和母亲合影留念，让母亲的身影定格在她最向往的地方。虽然不止一次在电视上看到过天安门广场，但亲临这里，母亲心中仍然充满了激动，尤其是正值建党90周年之际，广场中心高高耸立着一个巨大的党徽，彰显着党的英明和伟大。不时有一队队武警官兵迈着整齐有力的步伐从面前走过，母亲就会感慨："这群娃，多英武啊！"

第二天，她们来到颐和园游览。面对着澄清的昆明湖，面对着迂回曲折的长廊，面对着大大小小的亭台楼阁，母亲开心得如同孩童一般。最有趣的是，在石桥上歇息时，正好遇到一路外国友人在此小憩，母亲看到旁边坐着的一位外国友人眉清目秀，便和他聊起来（有翻译在旁边传话）聊到最后才知道和她聊天的是一位男子，母亲忍不住伸手摸了摸他金黄飘逸的头发，而外国友人也善意地任由一位老人给予他这种抚爱，直让母亲开心不已，原来爱与善意真的没有国界啊！

三人带着母亲逛了大半个颐和园，母亲竟没有喊一声累，脚步也一直没有落后。直到夕阳西下之时，她们才打道回府。途中，芳华提议坐地铁，说是让母亲感受一下这种新型的交通工具。于是，伴着人流，三人和母亲坐上了地铁，母亲的欣喜溢于言表，这也让她们由衷地感到快乐。

为了让母亲此次出行更有意义，芳华决定带母亲到北戴河游玩一番。于是，跟随北京的散客团，她们来到了传说中的北戴河。

北戴河果然是避暑胜地！太阳若隐若现，气温却不高，甚至会感觉有些凉。跟随热情的导游，她们第一站便来到了金沙滩沙雕大世界。这里游人如织，座座沙雕令人叹为观止，让人不能不感慨人们的聪明才智。母亲也是不停地夸赞，说"真是开了眼界了！"

往前走不多远，就到了一望无际的大海边了。芳华已经是第二次与海水亲近了，仿佛亲密的朋友一般，已没有第一次的惊喜和雀跃了，但母亲不一样，孩童一般地把鞋子脱掉，卷起裤腿赤脚走在沙滩上。远望母亲的身影，芳华心里竟有一种莫名的感动：母亲，你承担着家的重担，几时见你如此轻松，如此惬意过？做儿女的，就应该像这样让母亲开心呀！

接着，她们又带着母亲坐了游轮，观赏了海上烟波浩渺的美景；欣赏了南戴河美丽的夜景；品尝了北戴河的海鲜……这让母亲着实感受到了旅游带给她的快乐！

几天的快乐行程就要结束了，躺在回程的卧铺车厢中，母亲心满意足地说："这次旅游我吃的好，玩的好，又开心，这么大年龄了还能有这样一次出门的机会，我再没有什么奢求了！"听了母亲的话，芳华却久久不能睡着：母亲的要求多低啊，她只是想出去走走，换个心情，可我们却怕这怕那，其实母亲的年龄虽然大了，但丝毫没有影响我们的旅程计划，好心情就会有好身体，这个道理我们应该早点明白啊！

亲情之旅，让芳华感触良多：假期到了，我们这一代人别只想着让孩子出去游玩长见识，不妨带着父母亲一起出行。因为孩子还有更多的机会，而父母亲却是机会越来越少啊！我们哪怕是付出一点点的精力进行爱的回报，都会让老人因心满意足而幸福快乐！

点评与建议

其乐融融的亲情之旅令人难忘，而浓浓的亲情从这里缓缓流过，令人感动！和善的老人、孝顺的女儿，让我们感受了这次旅行的意义所在：带着母亲旅游，让母亲在旅游中愉悦身心，是对人间最无私、最伟大、最崇高的母爱最好报答方式之一！

我们为芳华的孝心鼓掌！同时，也祝愿天下父母身体健康，笑口常开！

第十章
情侣旅游，浪漫之旅也疯狂

常常有情侣在规划行程时，对于所谓的“浪漫”地点非常执着，但事实是，任何地点都可能创造出浪漫的气氛，重点还是两个人想去哪里以及做什么事。爱情是历久弥坚的美妙滋味，情侣一起旅行可以是两人关系的催化剂。本章介绍的国内外情侣旅游胜地，能让情侣的感情升温、保温。

十全十美的国内情侣旅游胜地

旅游本身是一件轻松惬意的事情，如果能和心爱的人一起旅游，当然是美事中的大美事了。两人可以事先讨论彼此向往的旅行地点以及偏好的旅行方式，以规划出彼此都满意的浪漫行程。这里为情侣们推荐和介绍国内比较著名的旅游胜地，与爱人一起旅游的意义并不是简简单单的浪漫，更多的是一起面对旅途中艰难险阻时所表现出的那份担当、默契、宽容及勇气。

国内情侣旅游胜地有锁住爱情的峨眉山、被千年爱情纠缠的西湖、追寻阳光的玉龙雪山、在高原天空下盛放爱情的西藏、令身心与自然交融的张家界、只羡鸳鸯不羡仙的阳朔、彩凤双飞的凤凰古城、体现平淡之真的九寨沟、缘定今生情侣路的珠海、独享浪漫的蜈支洲岛。让我们一起见证爱情所走过的山山水水吧！

峨眉山除了名动天下的四大奇观“云海、日出、佛光、圣灯”之外，在峨眉金顶，更有一处不为人所熟知，却新颖别致的“同心锁”栈道。从雷坪洞搭乘前往金顶的缆车上行，约5分钟，再通过一个长长的台阶，便可以到达金顶。在登顶台阶的扶手边，最吸引人的莫过于栏杆上那些密密麻麻的镌刻了无数情侣名字的同心锁，这构成了峨眉山另一道独特的风景线。

据说只要将锁锁上之后，把钥匙掷入旁边的万丈深渊，便可“情定终身，永不分离”。有趣的是，许多同心锁原本就没有钥匙眼，这表示一旦定情，就无退路。当然，这只是一种美好的心愿，一把小锁可绝对没有锁住一份姻缘的能耐。可是，面对爱情，我们都有着美好的憧憬，峨眉山的同心锁，便能见证这一份深情与忠贞。

中国古典最凄美的爱情大多发生在杭州，这样一个本身就充满了诗意的城市由于西湖的存在成为了许多恋人心中难解的结。究竟是因为西湖的美景，惹出了世间男女的痴缠，还是因为人世风月，使得西湖历经千年妩媚依然，答案本身已经不重要，只有这片涟漪的湖水，沉默着见证了无数次爱的际遇。长桥的十八里相送，许白二人的断桥重逢，在悠远的传说中，隐藏着美丽西湖的全部秘密。

西湖的美在于晴天水潋滟，雨天山空蒙。无论雨雪晴阴，无论朝霞晚辉，都能变幻成景；春花，秋月，夏荷，冬雪，各具美态。和自己心爱的人一起泛舟西湖，相信在这个浮躁的时代，你能体验到一份久违了的古典美感与真情。

和西湖有关的节日有西湖杜鹃节（4月20至5月20日）、西湖荷花节（7月至8月）、西湖桂花节（9月下旬至10月上旬）、西湖中秋赏月晚会（农历八月十四日至十六日）、西湖国际桂花节（9月16日至10月31日）、西湖国际烟花大会（10月中旬）。

玉龙雪山位于云南省丽江市玉龙纳西族自治县，是中国最南端的雪山，也是横断山脉沙鲁里山南段的名山。清冷的玉龙雪山顶上，终年云雾缭绕，即使是在最晴朗的天气，阳光也很难穿透云层，传说每年秋分是日月交合同辉同映的日子，只有在特别偶然的时刻，才能看到有一米长的阳光照在山顶上，而被这道阳光照耀到的人就能拥有一世不变的爱情。也许，这一瞬间的奇迹很多人一生也无缘得见，但丽江古城的美却是真实可感的。

丽江是一个适合消磨时光的地方，利用一段闲暇，带着自己的爱人来这里小住些时日，在小旅馆的露台上相拥着看雪山环抱，牵手漫步四方街享受夏日午后慵懒的阳光，时光在不经意间柔软而逝，所谓神仙眷侣的生活也不过如此。

来到西藏，当情侣们牵着手，看到路上跪拜生钦朗扎山的有着最纯真笑容的信徒，看到仁措湖的清明透彻和无边无际，难道不会有一种最真的浪漫和一种圣洁的甜蜜？在最纯净的高原天空下，人的灵魂会得到净化，也许，只有拥有一如孩童般简单和纯粹的内心的人，才能真正体会到爱情的本质。

在西藏旅行必须要考虑季节因素。高寒地区冬长夏短，只有西藏东南局部地区四季较分明。对于拉萨、日喀则、林芝、山南等交通便利的地区来讲，基本上全年都可以旅行。而昌都等交通不便的地区，则在5月至9月出行较佳。

在张家界，情侣们融于自然美景中，不知不觉增进了彼此之间的感情。穿行于深壑幽谷之中，漫步于林海苍翠之间，两旁千峰耸立，高入云霄，溪旁树木繁茂，浓荫蔽日，这就是有名的“情人旅游线”。

张家界有四奇。一是奇声。在张家界的神堂湾旅游，你会发现湾内深不见底，神秘莫测，更令人惊奇的是，只要人走近湾边，耳际便会隐隐约约响起敲锣击鼓、人喊马嘶的声音，似有千军万马正在鏖战。二是奇月。每逢春夏季的农历月中，久雨初晴的晚上八九点钟，在天子山月亮垭看到的圆月是红色的，就像早晨初升的太阳，血红血红，发出红色的光环，把贺龙公园、石家檐、神堂湾一带照得通红，这种现象可持续一个多小时。三是奇影。如果你沿金鞭溪源上游览，在秋高气爽、晴空万里时，你会惊讶地发现，你的影子会由一变二、由二变三，人动影随，任你前进后退，左跑右窜，跟随你的始终是三个影。四是奇光。茫茫西海是一个奇特的石林世界，石峰数以千计。在神堂湾与贺龙公园之间，有一根高达200米的石柱，石柱顶部的两个石峰之间嵌着一块小石头。这块神奇的石头和石峰每年发一次光，亮光就像烧电焊那样，火花四射，光芒可照亮神堂湾一带。

阳朔适合爱独立的情侣，是黄金周的大热之选。随处可见的倒影成趣的山水，清澈的江水一望见底，沿岸的青草上随性点缀着牛儿和鱼鹰，坐上四五个竹竿拼成的竹排随江漂流，江底的鱼儿低头可见，如至仙境……此生若居此山水之间，但有何求。

夜间的阳朔，将给你一份清新的感受和一种如痴如梦的感觉。行走于滨江道，沿江散步，一天的疲惫都会立刻消除。在县城的各色灯光中，此刻的西街，帷幕也徐徐地拉开了，彻底地散发出它特有的异国风情，毫无保留，像玫瑰般完全、自我、热烈地绽放。漓江的夜，更是梦幻的夜。在闪烁的灯光下，静坐在江边，江上渔火、鱼鹰捕食、渔民撒网……一点一滴尽收眼底。要是你喜欢，还可以选择乘游船夜游漓江。在游船的探照灯照射下，漓江和它的两岸又是另一个奇幻的世界。

凤凰古城风景秀美，东岭迎晖、南华叠翠、奇峰挺秀、溪桥夜月、龙潭渔火、梵阁回涛、山寺晨钟、兰径樵歌并称“凤凰八大景”。清亮的沱江水、翠绿的南华山、成排的吊脚楼、古朴的石板街、雄壮的“天下第一大石桥”、溶洞景王“奇梁洞”与中国南方长城、黄丝桥石头城、熊希龄故居、沈从文故居、虹桥风雨楼以及浓厚的民俗风情等构成一幅天人合一的风景画，一道自然和人文相互交融的独特旅游景观。凤凰古城是湖南省著名的风景名胜区，有“中国最美丽的小城”之誉。

九寨沟的活水泉异常洁净，加之梯田状的湖泊层层过滤，其水色愈加透明，能见度深达20米。翠海、叠瀑、彩林、雪峰、藏情，被誉为九寨沟“五绝”，水乳交融，美不胜收。九寨沟四季景色都十分迷人。春时嫩芽点绿，瀑流轻快；夏来绿荫围湖，莺飞燕舞；秋至红叶铺山，彩林满目；冬来雪裹山峦，冰瀑如玉。“九寨沟、黄龙”一向被誉为“童话世界，人间仙境”，有着无比美妙的山水风光。

珠海四季都有盛开的鲜花，有清新的空气，有恬静的生活，还有一片属于情侣的海滨，你是否愿意让爱在这里绽放？一条海滨“情侣路”当然不足以勾勒珠海这座既古朴又稚拙，既温情又躁动的城市，但它完全可以作为这个浪漫城市的标记。

珠海的“情侣路”很长，车未入珠海市区，沿海的路就可以算是情侣路了。情人拍拖谈情的路，当然是越长越好。夜色朦胧，温馨细语，漫步在夜色下的情侣路上，听着“执子之手，与子偕老”的诺言，夫复何求？

情侣路沿海边从南向北，长达28千米，分为3个主要地段：香洲，吉大和拱北。拱北与澳门相连，是海关口岸。游客多结伴于此瞭望大海，窥视澳门，浮想连天，流连忘返。珠海渔女塑像是这里的标志性建筑物。海神女儿手捧宝珠屹立于海上，给珠海人民送来希望和幸福。情侣路是珠海人民举行重大活动的地方，被誉为珠海的“万里长城”，珠海的旅游观光胜地。路上设置有专用的两人、三人的连体自行车，别开一面。

浪漫的海南岛，适宜爱寻刺激的情侣，是黄金周的大热之选。如果有一天你想和你的情人一起从人群中失踪，独享一下甜蜜的二人世界，那么海南的蜈支洲岛最合适。住在竹子和芭蕉叶搭建的小屋里，观海、赏月、听涛。想冒点险吗？那么岛上有神秘洞穴等着你你呢。这个岛好像是专门为情侣准备的。在蜈支洲岛，你们的世界只有彼此。

点评与建议

执子之手，带子旅游。旅游是最幸福的示爱方式，上面的情侣旅游线路，总有一条适合你俩。

出国体验别样的浪漫之旅

二人世界，二人游世界，这该是多少情侣的终极梦想呢！其实，现实生活中两个繁忙的都市人，可能很少有机会可以一同出国度假旅游。所以，你们得来不易的出游绝对值得一个五星级方案。下面的情侣二人旅游胜地，可以让两个人对出游享乐的感受尽善尽美。它们是芬兰的赫尔辛基、比利时的布鲁塞尔、希腊、阿联酋的迪拜、法国的比亚利兹、 西班牙的塞维利亚、意大利的锡耶纳、摩洛哥的非斯、肯尼亚的马赛马拉和拉姆小城、日本的东京、东南亚海岛、马尔代夫、大溪地。

芬兰的赫尔辛基是欧洲味蕾地图上最重要的地标之一，如果美食是你的第二生命，你算是来对了。餐厅里的每一种材料都散发着新鲜纯净的气息，每一道菜都能在第一时间击中你的味蕾，菜与菜之间更是搭配得当，相辅相成。尝过“功成名就”咖啡厅的肉桂面包，你就可以开始一天的浪漫旅行了。你可以去光泽餐厅品尝主厨比卡的新式北欧料理，也可以去位于浪漫排行榜首位的萨沃伊餐厅俯瞰郁郁葱葱的广场和翡翠一般的群岛。

比利时的布鲁塞尔本身就是一件华丽的艺术品。大文豪雨果心中最美丽的广场就在此地。你可以和爱人一起吃着手工巧克力，在广场附近的巧克力博物馆徜徉，把甜蜜的记忆推到久远的年代。从广场出来再走几步就到了市政厅，各国君主的肖像画将市政厅点缀得庄严浑厚，而画家们巧夺天工的技艺更让你大饱眼福。看完国王肖像，当然也不能错过国王大厦，里面的织锦绣画、黄铜器皿、白金饰品、陶瓷用具绝对让你不虚此行。

到希腊，不需要什么原因，也不需要什么特别的计划，纯粹为投奔那湛蓝的海就足够了。水蓝的天、洁白的屋、浪漫的爱琴海、热力无比的天堂海滩、令人称奇的日落……光是这一切，就已经是足够的理由了。希腊有1.5万千米的海岸线，3000多个岛屿星罗棋布于爱琴海和地中海，整个国家差不多都“浸泡”在海洋里。从窗户或阳台凭栏远眺，就能看到洁白的沙滩和湛蓝的海水。无数个小岛，就像散落在海上的明珠，许多人将希腊作为自己的梦想之地。

在希腊众多的小岛中，米高诺斯岛最是好玩。岛上有300多间小教堂和16世纪的风车，所以这里也被称为“风车岛”。在这里漫步，你永远可以发现一些叫人欢喜的东西：画廊、豪华的法式餐厅、传统风格的教堂、金饰店、可以上网的咖啡店……

圣托里尼岛是个火山岛，从海平面高高跃出的火山口宛如上帝赐予人间的一幅美丽的杰作。漫步在海滩，火山岩、火山灰的沉积混着白沙，看起来沙是黑的，水也是黑的，但当你用手托出一捧水细看，却发现它竟出人意料地清凉、干净。与爱人一起点上两杯香浓的希腊咖啡，远眺着迷人的爱琴海，亲昵的气氛在两人间蔓延，此时无声胜有声。

希腊是《申根协定》（申根协定的目的是成员国取消相互之间的边境检查点，并协调对申根区之外的边境控制，持有任意成员国有效身份证或签证的人可以在所有成员国境内自由流动）的国家之一，取得申根签证便可前往希腊旅游。雅典城里有3条地铁线，乘完全程，差不多也游完了全城，非常方便。希腊人的英文水平不低，倘要问路，便可领略如火山爆发的地中海人的热情。在希腊，最好的旅游季节是每年的4月至10月。在冬季（11月至次年3月）由于阴冷和下雨的原因，游客较少，很多酒店关门。

迪拜一直都是奢华的代名词。在这里，不仅有世界著名的七星级金帆船酒店，还有充分发挥了人类想象力的水下城市以及浓郁的阿拉伯文化。对新人们而言，蜜月旅游期间要感受迪拜的奢华，首先是从酒店开始。在海洋与沙漠的交相辉映下，在满溢金光的夕阳中，一座帆船形的建筑耸然而立，这便是七星级金帆船酒店。同时，迪拜还有一个失落的海底世界，此乃仿造传说中失落海底的古城亚特兰蒂斯而建的水世界，透过玻璃可以近距离观赏到里面超过6.5万种海洋生物。

除了酒店之外，迪拜的奢华可以说是无处不在。迪拜购物中心众多，新人们可到中东地区最受欢迎的购物中心“迪拜缩影”享受购物的乐趣。还有香料街，除了将香料用于食物调味、入药以外，当地女性还用它来熏衣。

迪拜的美食主要为阿联酋特色菜，包括阿拉伯烤鸡、阿拉伯甜品、阿拉伯烤牛、阿拉伯烤羊等。

法国的比亚利兹小镇曾是粗陋的港口，它的命运转折点是那位传奇性的女孩欧仁妮，她令来此度假的拿破仑三世为之倾倒，而比亚利兹也借着她的光芒“飞上枝头变凤凰”，一夜之间成为欧洲的时尚所在。游客可以在这里寻得一片静谧的天堂。给自己预订一次奢华的浪漫温泉之旅，让每个器官都放轻松，做完温泉浴后再品尝一下著名的鳕鱼料理，这种胜似神仙的幸福，恐怕连欧仁妮都享受不到呢。

诗人拜伦将西班牙的塞维利亚描述为“美丽之城，女人令人遐想，橘子万里飘香”。然而塞维利亚却绝非诗句所能概括。在这里，穿着艳丽波点长裙的女人随处可见，弗拉明戈舞的踢踏声清晰可闻，更让你心旌摇曳的，则是西班牙人火一般的热情。你可以顺着歌剧《卡门》，寻找吉卜赛女郎的踪迹，你也可以到斗牛博物馆里听火辣辣的斗牛士舞曲，体验那惊心动魄而又让人大开眼界的“死亡芭蕾”。

意大利的锡耶纳拥有着不同于主流艺术的美感，引人入胜的街道处处是浪漫所在。锡耶纳商人和银行家曾在欧洲市场和教堂宫廷中享有极高声望，倘若情侣们想追随他们的足迹，可以一路驶向西北，在15世纪的贸易中心梅尔坎齐亚里重温历史。还有，尤其不要错过扇贝形的坎普广场，这个建筑史上的杰作绝不逊于悉尼歌剧院，可谓是锡耶纳的城市之魂。

摩洛哥有非斯被誉为“活着的博物馆”，在这座神奇的城市里，有保存完好的城墙和蔚为壮观的伊斯兰建筑，狭窄的街道上也少有现代化的交通工具，一辆辆驴车往来穿梭。在旅馆里，爱人们可以在烛光浴缸中放松神经，也可以穿着丝质睡衣躺在庭院里，看着天上的繁星自然入睡，相信你的美梦也一定洋溢着浪漫的味道。

广阔的东非大草原可以提供独一无二的蜜月浪漫之旅。无论是马赛马拉还是赛伦盖蒂，这些国家公园里不乏五星标准的住处，异国情调十足，整个草原上游客稀少，足以让你们体验一回“动物园园主”的奇特经历。除了大自然物竞天择的残酷一面，草原上也不乏生物界的浪漫镜头：长颈鹿饮水时的迷人舞步，斑马情侣互相轻咬鬃毛时的相依相偎，火烈鸟的粉色诱惑。一切都会让你们应接不暇。

曾经荣膺1986年度奥斯卡最佳影片的《走出非洲》，是对于草原纯真爱情的最好见证。在非洲，女主人公卡伦拥有过农场，拥有足迹，也拥有一段可歌可泣的爱情，那弥漫着淡淡忧伤的唯美画面，一直是各国情侣造访肯尼亚时渴望体验的场景。在内罗毕郊外，可以找到卡伦·布里克森的故居，老房子里的家具还是当年卡伦生活时的样貌，在花园里走一走，和爱人一同体会遗落在大草原上的刻骨铭心的爱吧。

质朴的非洲其实也有匪夷所思的海洋和沙滩，如果不想去坦桑尼亚的桑给巴尔岛和众多欧洲游客抢位子，肯尼亚的海滨小城拉姆会是一处绝佳的替代之地，这里人称“小桑给巴尔”。曾经被阿拉伯人统治过200年的拉姆交融着非洲土著、阿拉伯和印度文化。在老城往北的香蕉屋租一间浪漫海景房，预订一顿屋顶餐厅里的烛光海鲜晚餐，就可以享受纯粹的“非洲式”的了浪漫。

日剧是演绎经典爱情的鼻祖，东京则是上演这些爱情故事的舞台。似乎涉及爱情的所有元素都已经在这里发展到极致——随处可见的浪漫景致、精美绝伦的爱情信物，还有如同艺术作品的日式料理……两个人，不用刻意准备，就能轻易收获一场属于自己的“东京爱情故事”。

最适合情侣悠然漫步的莫过于东京湾的台场海滨，一座流线造型的彩虹大桥横跨水面，桥上桥下真真正正是许多浪漫日剧的发生场地。二月的海边，乍暖还寒，牵手的恋人悠然漫步，逆着光成为一幅美妙的剪影。台场遍布精致的店铺和餐厅，路边还会偶见表演高超技艺的艺人，夜晚的景色更是无敌浪漫，彩虹大桥的倩影倒映水中，小号的自由女神像和各式灯饰将海边装饰得别具情调，在这里逛上一天，感觉自己真的就成了爱情故事的主人公了。

日本京都的美，在于它的传统和不张扬。告别摩登的东京，来京都寻一份古朴的爱情。挑一款中意的和服，漫步在京都的窄巷子里，共同感受最原汁原味的日式文化。在街角的小寺庙，为彼此求根签，橱窗里的古典玩偶最适合赠与佳人，粉色的桃花猫是日本人眼里的爱情使者，樱花做的糕点则把甜蜜溶进了心里……在这里，有太多精美的小东西，少有复制，最适合送给自己的唯一。

关西的大阪有着和东京迥异的风情，热情、奔放。来大阪就一定要来大名鼎鼎的道顿堀。这里是大阪的潮人聚集地，各式新鲜靓丽的商品层出不穷，而只有在白色情人节发源地的日本，才能淘到只属于这个唯美节日的特殊商品。美食是爱情的催化剂，道顿堀的美食真是令人目不暇接：堆成宝塔的各式寿司、新鲜松软的抹茶蛋糕、引来排队人群的章鱼小丸子、街边香喷喷的骨汤拉面，甚至还能吃到土耳其式的“拉茶”冰激凌！牵着手吃遍所有的美食，这趟爱情之旅才是真的回味无穷!

海岛永远被贴上浪漫的标签，相比较而言，去东南亚的确比去海南度假还要便宜得多，签证也方便，何乐而不为?

位于泰国中部的小城华欣仿佛一座远离喧嚣的世外桃源，宁静悠闲。一个多世纪以来，华欣一直是泰国王室的海边度假胜地，这里虽然不及其他海岛热闹繁华，却有一番自己的味道。选择一家舒适的高档度假村好好地过一个天堂假日，在这里真是一件易如反掌的事情。但是这里的豪华酒店的房价却远远低于其他国家，酒店的设施和服务却丝毫不逊色。

华欣虽小，却一样有着丰富的活动等待你来参加。在这里，你找不到充斥着泰国其他地方的艳情表演或者颓唐的夜生活，却可以找到其他同样具有泰国特色的活动：骑大象、观看泰拳。华欣的夜市非常有名，也是游客们不容错过的晚间生活场所，无论是青木瓜色拉还是冬荫功汤，舌尖上全是爱意的触动。

从华欣到越南芽庄的行程非常有名。在芽庄，除了游泳之外还可以报名参加海岛一日游，一天的行程包括船费、浮潜、4个海岛的游览、午餐、乐队表演和水上品红酒活动，加起来才6美元。船行深处，会有海员潜水下去打捞上新鲜海胆，即刻在船上煮成海胆粥，和心爱的人在海上御风而行，嘴里还有最新鲜的美味，何乐不为?如果还嘴馋，海边游泳时可以直接向当地渔民购买大龙虾、海蟹，通常贝壳海螺不用算钱随便吃。谈定价钱后，卖家一声口哨，便不知从哪里跑来几个帮手，端椅子的、调醋汁的、还有人专门负责把烤好的龙虾里的肉剔出来，放在小碟中蘸好小料，就差喂到你们嘴里了。如果需要，还会有人立刻跑出海滩去帮你们买回冰镇啤酒，绝对一条龙的管家式服务。

马尔代夫是世界著名的童话婚礼地点，也是甜蜜的蜜月度假目的地，纯净的环境和特色的婚礼吸引着世界各地的新人们。

梦幻岛有着独特的自然景观，整个岛屿有着热带旖旎的美丽。白色的沙滩，蔚蓝的海水，还有岛上随处可见的特色建筑，与周围的自然环境融为一体，是全世界新人都梦想的蜜月度假地点。

新人们来到梦幻岛，当然少不了感受一下梦幻婚礼的浪漫。除此之外，梦幻岛拥有最经典的马尔代夫海岛装饰风格，新人们还可以在蜜月旅程中，拍摄一辑浪漫的梦幻岛婚纱照，将那里的海岛风情收进婚纱照中，留下最美艳动人的甜蜜时刻。

对新人们来说，这里别具特色的奢华蜜月房也是一种享受。全程安排入住豪华水上别墅，可以让新人们在海浪声中入眠，清晨醒来，睁眼就可以看到蔚蓝色的海面，而在一望无际的海面上，正有人脚踏滑板，迎风冲浪，在海面自由自在地滑翔。

马尔代夫饮食带有典型的热带风光特色，当地几种著名的佳肴有炸鱼球、金枪鱼及椰子煮成的辣鱼糕、椰奶加白饭布丁的浮尼玻阿绮巴和一种称为其露撒把特的甜奶饮品。

大溪地又名塔希提岛，散落在南太平洋上，位于夏威夷以南。从空中俯瞰，它就像安徒生童话里的美人鱼，海水湛蓝透明如水晶一般，纯净得让人感动，带着花冠的俏女郎独坐在船尾，岸边细沙如银、椰影婆娑，空气中夹杂着香草和海风的清新。

大溪地阳光明媚，气候宜人，一派绮丽的热带风光。岛上热带水果四季不断，特产珍珠。岛上多海滨浴场，海滩优良，适于游泳、泛舟、休息。如果说野性代表热情，优雅代表浪漫，那么也不难解释为何大溪地被称为“恋人的天堂”。

在大溪地的岛屿群落中，波拉波拉岛是最著名的蜜月圣地。整座岛卧于天然的礁湖之上，最令人惊艳的是海水那种透明忘我的蓝绿色，犹如梦幻的玻璃，让人迫不及待想投入其中，却又怕惊扰它宁静深邃的美。沿岸，一排排屋顶镀锡的茅草房点缀在浅水之中，在阳光下熠熠生辉。

在大溪地，每位女士都会戴一朵花在耳边：戴在左边表示已婚，告诉其他男士不要追求自己；戴在右边是未婚，但暂时不想被追求；戴在中间是给心仪的人看的。

由于大溪地是法属外岛，因此前往大溪地需要办理“法国外岛签证”，签证费为人民币360元。

点评与建议

浪漫不只是富丽堂皇的宫殿、历史悠久的城堡，不只是繁花似锦的庄园、古朴温馨的小镇……浪漫可以是一顿色香味俱全的大餐，可以是一次风情独具的艺术展览，浪漫可以是一场活力四射的舞蹈，也可以是一次放松身心的冥想。只要用心感受，浪漫其实很简单！